|台湾研究系列|

两岸关系和平发展研究丛书

两岸投资与产业合作研究

张厚明 著

九 州 出 版 社 JIUZHOUPRESS ｜全国百佳图书出版单位

图书在版编目（CIP）数据

两岸投资与产业合作研究／张厚明著. —北京：

九州出版社，2013.6

ISBN 978－7－5108－2168－4

Ⅰ.①两… Ⅱ.①张… Ⅲ.①海峡两岸－区域经济合

作－研究－中国 Ⅳ.①F127

中国版本图书馆 CIP 数据核字（2013）第 125730 号

两岸投资与产业合作研究

作　　者	张厚明　著
出版发行	九州出版社
出 版 人	黄宪华
地　　址	北京市西城区阜外大街甲 35 号（100037）
发行电话	（010）68992190/2/3/5/6
网　　址	www.jiuzhoupress.com
电子信箱	jiuzhou@jiuzhoupress.com
印　　刷	北京京华虎彩印刷有限公司
开　　本	720 毫米×1020 毫米　　16 开
印　　张	19
字　　数	328 千字
版　　次	2014 年 1 月第 1 版
印　　次	2014 年 1 月第 1 次印刷
书　　号	ISBN 978－7－5108－2168－4
定　　价	56.00 元

目　录

图表目次

导　言

党的十一届三中全会以后，中国揭开了改革开放的大幕，开始以经济建设为中心，逐步发展外向型经济，大力发展对外贸易。在台湾问题上，党的十一届三中全会明确指出，中美关系的正常化，使我国神圣领土台湾回到祖国怀抱，实现国家统一大业的前景，进一步摆在我们面前。[①] 1979 年 1 月 1 日，全国人大常委会发表《告台湾同胞书》，提出"和平统一"的对台政策，并发出"三通四流"（通邮、通航、通商和探亲旅游、学术交流、文化交流、体育交流）的倡议。1983 年 6 月 26 日邓小平进一步阐述了"一国两制"的伟大构想，在祖国大陆"和平统一"政策的作用下，两岸对立的气氛有所缓和，两岸局势从对峙时期进入和平共存与相互竞争的时期。两岸产业合作就发端于这一时期。此后，大陆于 1988 年 7 月 6 日颁布《关于鼓励台湾同胞投资的规定》，1994 年 3 月 5 日通过《台湾同胞投资保护法》，1999 年 12 月 5 日颁布《台湾同胞投资保护法细则》，等等。这些法律和政策为台湾地区企业与祖国大陆开展经贸合作提供了关税、知识产权等方面的保障。[②]

与大陆方面一贯地积极推进两岸经贸交流与合作相反，台湾当局在上个世纪八九十年代则是不断地采取一系列消极的政策，阻碍两岸的经贸往来与产业合作。例如，1985 年 7 月台湾当局出台"不接触、不鼓励、不限制"的"三不政策"等。受到上述政策的影响，早期台商投资大陆表现为隐蔽、零星、分散等特征，其数量

---

① 参见中共中央文献研究室编：《十一届三中全会以来党的历次全国代表大会中央全会重要文件选编》（上），北京：中央文献出版社 1997 年版，第 19 页。

② 参见林毅夫，易秋霖：《海峡两岸经济发展与经贸合作趋势》，《国际贸易问题》，2006 年第 2 期，第 12 页。

和规模均有限。伴随着 1987 年台湾当局解除"戒严法"和开放台湾居民赴大陆探亲等政策的实施，以及 1991 年台湾地区终止"动员戡乱时期"，并准许台商间接赴大陆投资，台湾的资金和技术随着人员的流动开始大量进入大陆，从而在 1992—1993 年形成了台湾居民赴大陆投资设厂的热潮。1996 年 10 月 21 日，李登辉提出"戒急用忍"，并推行"西进暂缓，推动南向，台湾地区优先"的政策，重新规范并限制台湾大企业赴大陆投资。

进入 21 世纪，随着 2000 年民进党的执政，陈水扁奉行"台独"政策，两岸关系一度陷入危机之中。2008 年，国民党重新在台湾执掌政权，两岸多年"政冷经热"的局面被打破。海峡两岸关系协会与海峡交流基金会恢复协商，在短时间之内两岸通过"两会"协商取得多项有关两岸经贸合作的共识。2009 年 6 月，台湾放开了大陆企业赴台投资的门槛。2010 年 6 月 29 日，海协会会长陈云林与海基会董事长江丙坤在重庆签署了《海峡两岸经济合作框架协议》。协议中提出将逐步减少或消除关税和非关税壁垒，就货物贸易协议问题展开磋商，成立"两岸经济合作委员会"，建议加强两岸多领域的合作。2011 年 1 月 6 日，两岸"经济合作委员会"正式成立。2012 年 8 月 9 日，海协会会长陈云林和海基会董事长江丙坤在台北签署了《海峡两岸投资保护和促进协议》。

受以上诸多利好因素的共同推动，近年来，大陆与台湾的投资与产业合作取得了巨大的成绩。从 2000 年起，大陆就已经超越美国成为台湾最大的贸易伙伴、最大的出口市场、最大的贸易顺差来源地和台商最大、最青睐的投资地区，台湾则成为大陆第七大贸易伙伴、第四大进口市场。从两岸贸易方面看，2012 年台湾对大陆出口占台湾总出口的比例、台湾自大陆进口占台湾总进口的比例、台湾对大陆进出口贸易总额占台湾进出口贸易总额的比例，分别达到 26.8%、15.1%、21.3%；同期大陆对台湾出口占大陆总出口的比例、大陆自台湾进口占大陆总进口的比例、大陆对台湾进出口贸易总额占大陆进出口贸易总额的比例分别为 1.8%、7.3%、4.4%；1992 年到 2012 年 12 月，台湾对大陆的贸易顺差累计达 2855.7 亿美元，台湾对大陆的贸易依存度日益加深。[①]

从投资方面来看，据国家商务部统计，截至 2012 年 12 月底，大陆累计批准台资项目 88001 个，实际利用台资 570.5 亿美元。按实际使用外资统计，台资在大陆

---

① 参见台湾"行政院大陆委员会"网站，http://www.mac.gov.tw/。

累计吸收境外投资中占 4.5%。① 如果将大量转经第三地的投资考虑在内，台资占大陆累计吸收外资的实际比重将会更高。因台商对大陆投资而形成的两岸产业分工合作关系，已成为国际资本转移和国际产业分工的一个成功范例。另外，从大陆企业赴台投资方面看，据台湾"经济部投资审议委员会"统计，2012 年全年核准陆资赴台投资件数为 138 件，较前一年增加 35.29%；投（增）资金额约 3.28 亿美元，较前一年增加 650.11%。从 2009 年 6 月 30 日开放陆资赴台投资，至 2012 年 12 月，累计核准陆资赴台投资件数为 342 件，累计投资金额约 5.04 亿美元。② 尽管大陆企业赴台投资的规模和台商投资大陆相比仍然较小，但从最新的数据来看，其增长速度还是非常快的，未来发展空间巨大。

在台湾与大陆 30 多年的经济合作与交流中，两岸产业分工与合作的方式也随着产业发展的不同阶段与国内外环境的变化而变迁。总的来看，两岸经济合作关系从 20 世纪 80 年代开始起步，90 年代日益兴盛，至 21 世纪初期形成相当规模。从发展进程看，从第一波以轻纺为代表的劳动力密集型产业，到第二波以石化为代表的资本密集型产业，再到第三波以电子为代表的技术密集型产业，已先后出现三次热潮。③ 当前，大陆正处于工业化阶段的转型时期，投资环境与政策发生了较大变化。一方面，大陆调整利用外资的政策，出台规范引进外资的文件，更加重视吸引资金的质量。同时，大陆实施的新的《劳动合同法》和"两税合一"的制度，使外商包括台商的企业所得税率由 15% 提升至 25%。随着大陆工资、用地及能源价格不断攀升，台商的生产成本大幅提高。另一方面，由于国际竞争的加剧，制造业企业的产品价格大幅下降，利润摊薄，成本竞争趋势更加明显。此外，始发于 2008 年的国际金融危机及其衍生的欧美国家的主权债务危机对世界经济以及对两岸经济的冲击至今仍未完全散去。为了扩大岛内需求和提高投资率，避免产业过度"空心化"，台湾当局近年来采取各项积极鼓励政策，吸引台资回流投资台湾。上述诸多因素均对新时期的两岸投资与产业合作构成巨大挑战。

在经济全球化和区域经济一体化深入推进的大背景下，随着 2008 年以来海峡两岸关系出现重大积极变化，两岸经贸呈现出大交流、大合作、大融合的良好趋

---

① 参见国家商务部台港澳司网站，http：//www.fdi.gov.cn/pub/FDI/wztj/tgajmtj/t20130131_148834.htm。
② 参见台湾"经济部投资审议委员会"网站，http：//www.moeaic.gov.tw/。
③ 参见李非《海峡两岸经济关系通论》，厦门：鹭江出版社，2008 年版，第 10 页。

势，两岸产业分工合作面临着十分难得的历史机遇，有望迎来一个加速升级的新阶段。但是，我们也要看到，当前两岸的投资与产业合作也面临着诸多问题和挑战。在新的历史时期，正确看待和分析海峡两岸间的投资和产业合作，不仅对研究两岸经贸关系的发展前景具有重要理论价值，而且对把握两岸产业发展趋势，进一步规划和发展两岸产业分工合作，促进两岸相互投资及经济互惠互利发展，具有重大的理论和实践意义，进而对加速两岸产业融合，进一步扩大两岸相互投资，从而有效遏制岛内分裂势力，最终实现祖国的和平统一大业，将产生深远的影响。

本书的主要内容从结构上看，共分成三篇十六章来展开论述。

第一篇是"大陆赴台投资"，包括第一章至第七章。台湾当局于 2009 年 5 月 12日通过"大陆地区人民来台投资许可办法"及"大陆地区来台投资设立分公司办事处许可办法"，对陆资企业的定义、投资领域、投资形式作出规定，并于 2009 年 6月 30 日正式对外公布。这标志着封闭了数十年之久的大陆对台湾投资的大门正式开启，两岸关系也同时进入历史最好时期。本书首先对大陆赴台投资的背景、意义和原则、台湾的投资环境以及大陆企业赴台投资的现状进行了详细阐述和分析，在此基础上围绕大陆企业赴台投资的方式与路径、投资的重点领域、赴台投资的机遇与挑战等展开论述，最后从国家、行业主管部门和企业这三个层面分别提出对策建议，供有关方面参考。

第二篇是"台商投资大陆"，包括第八章至第十一章。台商投资大陆数十年来，在促进台湾经济增长、带动台湾产业结构升级和提升台湾企业国际竞争力的同时，也为大陆带来了充沛的资金、先进的生产管理技术和众多的就业机会，并推动了大陆进出口贸易的快速发展和商品结构的优化，加快了大陆产业结构的升级。尽管台商投资大陆成就斐然，但在新的历史时期，台商投资大陆也存在着一些突出的矛盾和问题需要两岸携手解决。本书首先分析了台商投资大陆的背景，并对台商投资大陆的历史与现状进行了全面论述。然后深刻剖析了台商投资大陆的特点与存在的问题，最后对台商投资大陆对两岸的影响分别进行了研究和探讨。

第三篇是"两岸产业合作"，包括第十二章至第十七章。两岸经济合作是在全球化的大背景下展开的。同属于一个中国是两岸经贸关系发展的基础，在市场机制与大陆单方面市场开放因素的推动下，两岸经贸合作通过"民间、单向、间接"的方式，突破台湾的相关政策限制，从原先的分散、零星状态发展到密不可分的经济互动，进而迫使台湾方面正视两岸经贸交流交往的现实及对台湾经济的正面影响，以默认既成事实的方式应对两岸经济合作的新情势，从而使两岸之间形成了在"一个中国"框架下、市场开放基础上，双向的密切互动的经济关系。本书以国际直接投资理论和国际产业分工理论为指导，以台湾重点产业和中小企业发展情况为铺垫，重点论述了两岸产业分工合作的发展演进、合作效应以及两岸产业合作的分工机制和模式。结合两岸签署 ECFA 协议这一热点事件，本书着重围绕"ECFA 与两岸产业合作"展开论述和探讨。最后在展望和明确未来两岸产业合作方向的基础上，有针对性地提出了若干政策措施建议。

本书的特点表现在以下四个方面：第一，采用历史分析法、实证分析法等系统地对大陆赴台投资进行了全面客观的分析和论述，由于台湾当局开放大陆企业赴台投资的时间并不久，因此，在学术界与此选题相关的图书等出版物还并不多见。第二，本书对近期两岸的投资与产业合作的阐述中采用了大量一手的调研资料和两岸官方以及有关研究机构公布的最新的数据和材料，并就有关专题以专栏形式进行介绍和阐述，具有一定的资料参考价值。第三，本书中既有对两岸相互投资和产业合作的发展演进历史、现状及发展趋势的一般描述，也有关于当前 ECFA 等热点问题的讨论与聚焦。第四，关于当前和今后如何进一步促进两岸相互投资和加强产业合作，本书结合当前世界经济和两岸发展中出现的新情况、新问题，提出了一些建设性的建议。

第一篇
大陆赴台投资

第一章 大陆赴台投资的背景、意义与原则

第一节 大陆赴台投资的背景

随着经济全球化的深入与两岸经贸关系对台湾经济发展的贡献与日俱增，台湾当局在 1991 年开放台资投资大陆后，时隔 18 年，于 2009 年 6 月 30 日正式宣布开放大陆资金赴台投资。

长期以来，由于台湾当局的限制，两岸投资呈现出只有台商到大陆投资，而大陆企业不能赴台投资的单向格局。2001 年"入世"前，台湾相关部门就"循序开放陆资来台"达成共识，但进展缓慢；2002 年 1 月，台湾"陆委会"宣布分阶段开放大陆企业赴台从事服务业投资清单，并比照 WTO 其他会员处理；2002 年 8 月，台湾"内政部"公布"大陆地区人民在台湾地区取得设定或移转不动产物权许可办法"，正式开放大陆企业到岛内投资房地产，但因为过多的限制性规定，进展缓慢；2003 年，台湾"经济部"开始研究"大陆地区人民来台投资许可办法"，台湾"陆委会"也制定了"大陆地区人民来台从事商务活动之规划方向"，但均无实质性进展；2008 年，台湾政治局势发生了重大变化，马英九表示将采取"原则开放、例外限制"的方式开放大陆资金赴台投资不动产与生产事业，并鼓励陆资参与"爱台 12 建设"；2009 年 4 月底，第三次"陈江会谈"达成关于大陆企业赴台投资原则性共识后，台湾当局于 2009 年 5 月 12 日通过"大陆地区人民来台投资许可办法"及"大陆地区来台投资设立分公司办事处许可办法"，对陆资企业的定义、投资领域、投资形式作出规定，并于 2009 年 6 月 30 日正式对外公布。

　　大陆方面则一直是两岸双向投资的积极推动者。2008 年 4 月 18 日，温家宝总理在博鳌亚洲论坛召开期间公开表示要推动大陆企业赴台投资。2008 年 12 月 15 日，国家发展和改革委员会与国务院台湾事务办公室联合公布了《关于大陆企业赴台湾地区投资项目管理有关规定的通知》，规定了大陆企业赴台投资的审批程序。同年 12 月 31 日，胡锦涛在纪念《告台湾同胞书》发表 30 周年座谈会的讲话中明确表示，鼓励和支持有条件的大陆企业到台湾投资兴业。

　　在 2009 年 5 月 17 日的首届海峡论坛大会上，中共中央台办、国台办主任王毅宣布了包括"推动大陆企业赴台投资、扩大对台产品采购、推动协商建立两岸经济合作机制"等八项惠台新政策。同日，商务部、国台办正式发布了《关于大陆企业赴台湾地区投资或设立非企业法人有关事项的通知》，明确了大陆企业赴台湾地区投资的办理程序。

第二节　大陆赴台投资的意义

1. 有利于推动两岸经济大合作

　　自台湾上世纪 90 年代开放对大陆地区投资，20 余年以来，两岸已基本实现经济关系的正常化。20 年来，两岸在世界经济格局中的地位发生了巨大的变化。中国大陆的经济实力显著增长，经济规模已由 1978 年的世界第十增长为 2010 年的世界第二。截止到 2009 年底，大陆的经济规模约是台湾的 15 倍，累计对外直接投资已近台湾的 4 倍，外汇储备余额是台湾的 8 倍。大陆企业已具备较强的对外投资实力，开放大陆企业赴台投资，不仅符合大陆企业"走出去"的发展需求，而且有利于推动两岸经济大合作，更好地实现资源优化配置。

2. 有利于为两岸企业带来新的发展空间

　　开放大陆企业赴台投资，将为两岸企业合作带来更多的机遇和发展空间，能更好地结合双方优势，实现双方在更广泛领域的优势互补、互利双赢。台湾拥有天然的地理优势，企业具有一定经济实力，并拥有成熟的管理经验以及优秀的管理人才和技术；大陆企业的资金、劳动力、市场优势明显，而且投资台湾对大陆企业来说，既可以强化合作，又可以分享利润，从而更好地掌握全球商机，为两岸企业带来更广阔的发展空间。

3. 有利于促进台湾经济良性健康发展

近10多年来，由于台湾岛内政治社会经济环境的不利冲击，以及曾经的李登辉、陈水扁当局奉行"对抗性"的两岸关系政策，造成台湾岛内投资环境恶化，投资人看淡台湾经济的发展前景，不仅岛内原有资本与产业不断外移，而且岛外资本也不愿意在岛内投资，使得台湾经济发展的资本严重不足，制约了岛内技术与产业的创新与升级，从而造成台湾岛内产业空洞化，经济停滞不前。在此形势下，开放陆资入台，不仅可以直接吸引部分陆资入岛投资，提升两岸经贸关系发展对台湾经济发展的贡献度，而且将便利于岛内企业的全球化运作，有效提升海内外投资人对岛内经济发展环境与投资环境的信心，刺激岛内外资本投资台湾，从而促进台湾技术与产业的创新与升级，最终促进台湾经济的良性健康发展。

4. 有利于台湾经济全球化战略目标的实现

台湾经济的全球化战略目标旨在"以台湾为核心整合全球与大陆市场商机"。包括利用台湾地理优势推动东北亚及东南亚"双黄金航圈"计划并推动"双营运中心"（即台商在台湾设立全球营运总部，外商在台湾设立亚太营运总部）计划；利用台湾科技产业基础及经营大陆市场优势，构建高科技产业之"双黄金三角"（即以台湾为中心的"硅谷—台湾—上海"以及"东京—台湾—上海"这两个三角），提升台湾在全球高科技发展中的关键角色，最终实现台湾经济发展的"全球连结新蓝图"。台湾经济的发展与竞争力的提升在相当程度上依赖于其经济开放性，特别是全球化运作。陆资赴台将加快包括资本在内的两岸生产要素的正常流动，显然有助于台湾"全球连结新蓝图"战略目标的实现。

5. 有利于祖国统一大业的早日实现

大陆企业赴台投资能促使大陆方面逐步深入了解台湾居民生活，同时也会令更多的台湾居民分享到大陆经济发展带来的好处，改善台湾经济发展环境，从而有助于打破"台独"势力散布的谎言，化解由于"台独"势力灌输而形成的敌意，促进祖国统一大业的早日实现。

第三节　大陆赴台投资的原则

1. 一个中国原则

一个中国原则是处理两岸关系所必须遵循的首要原则。只有在承认和明确这个前提的基础上，才能够寻找正确的解决问题的方式和途径。涉台事务是中国国内的特殊事务。陆资入台作为一个主权国家内的经济活动，其性质是中国主体与台湾单独关税区之间的经济合作关系，其目的在于促进两岸区域经济一体化，为和平统一创造和奠定坚实的经济基础。陆资入台虽然有其特殊的国际因素，但却无法抹杀它作为一国国内投资关系的实质。

在陆资入台的实践过程中，应始终坚持一个中国原则。首先，应将其作为大陆制定鼓励陆资入台的法律、法规、政策等规范性文件的指导方针；其次，应将其作为处理各种具体促进陆资入台法律事务的首要原则，同时在促进陆资入台具体操作细节中也应该遵守一个中国原则。

2. 互利双赢

互利双赢原则是指在相互尊重对方经济利益的前提下，平等对待和协商处理两岸贸易的有关事宜。

在促进陆资入台的具体操作过程中，大陆地区一方面要注意把握政策尺度，避免在利益上作无原则的优惠和退让；另一方面又要在关键问题上把握好分寸，不过分纠缠于利益上的细枝末节。只有在此过程中凸显互利双赢原则，才有可能使台湾地区各方面尤其是普通民众解除政治上的戒备心理，最大程度地获取他们的支持。

第二章 台湾投资环境分析

第一节 台湾经济发展情况

1. 相关重要经济指标

台湾位于亚洲大陆东南沿海、太平洋西岸，介于日本和菲律宾之间，正居于东亚岛弧的中央位置，西邻世界经济增长重心与全球第二大经济体——中国大陆，北连全球第三大经济体——日本，东边为全球最大经济体——美国，南接东盟10国及印度，是亚太地区海运、空运交通要道，地理位置优越。人口约2300万人，总面积约为36000平方公里。台湾虽然土地面积狭小，但蕴藏的自然资源十分丰富。

自20世纪80年代中后期以来，台湾以信息、电子产业为导向的高科技社会兴起。随着全球信息、电子科技带动的技术变革的深入推进，其所产生的产业形态已彻底改变了台湾以往的经济体制。同时，台湾目前为世界贸易组织、亚太经济合作会议和亚洲开发银行等国际组织会员，与全球超过140个国家有频繁的经贸往来与交流。

根据世界经济论坛（WEF）发布的2012年"全球竞争力评比"，共有144个国家和地区参评，新加坡、日本、台湾、韩国及中国大陆排名分别为第2、10、13、19及29，台湾在亚洲地区位居第四，仅次于新加坡、香港及日本，在144个国家和地区中台湾居第13，全球及亚太地区的排名都与去年相同。台湾的竞争力分数连续3年进步，2012年台湾竞争力得分5.28，继2010年进步0.1分、2011年进步0.05分后，再进步0.02分，是6年来最佳分数。在144个受评国家和地区中，台湾排名继 2010 年以来维持在全球第 13 名，台湾排名仍能保持在全球前 10% 之内，显示台湾竞争力在全球经济复苏趋缓下仍然坚实（详见表 2 - 1）。

表 2 - 1　世界经济论坛（WEF）2012 年"全球竞争力"排名

国家和地区	2012 年	2011 年	2010 年	2009 年	2008 年	2011—2012 变动
瑞士	1	1	1	1	2	0
新加坡	2	2	3	3	5	0
芬兰	3	4	7	6	6	+1
瑞典	4	3	2	4	4	-1
荷兰	5	7	8	10	8	+2
德国	6	6	5	7	7	0
美国	7	5	4	2	1	-2
英国	8	10	12	13	12	+2
中国香港	9	11	11	11	11	+2
日本	10	9	6	8	9	-1
中国台湾	13	13	13	12	17	0
韩国	19	24	22	19	13	+5
中国大陆	29	26	27	29	30	-3
泰国	38	39	38	36	34	+1
印度	59	56	51	49	50	-3

注：2012 年参评国家和地区数目为 144 个（2008 年至 2011 年分别为 134、133、139、142 个）。

资料来源：世界经济论坛：www. weforum. org.

世界经济论坛的评比标的有"基本需要、效率增强、创新与成熟因素"三大方向，三大项指标台湾皆遥遥领先于大陆[1]。2012 年台湾排名在全球前 10 名的细项数目为 26 项（如表 2 - 3 所示），较去年增加 5 项。再观察细项指标 26 项，其中有 10 项居前五名，包括：产业集聚、当地市场竞争度、通货膨胀率、金融业能提供低廉服务费的竞争力、疟疾发生率等。其余 16 项中，政府行政法规累赘程度（10 名，进步 20 名）与开创新事业需要的行政程序（8 名，进步 26 名）的排名都大幅跃升，显示台湾当局长期推动提升行政效能、法规松绑、增加企业经商便利度的努力已获初步成效。

---

① 参见北上北投资网：http：//www. bestinvest. com. cn/Compare _ Show. asp？Page _ ID = 300。

表 2 - 2　世界经济论坛（WEF）2012 年台湾 "全球竞争力" 各项排名

指标	2012 年	2011 年	2010 年	2009 年	2008 年	2007 年	2006 年	2011—2012变动
全球竞争力指数	13(5.28)	13(5.26)	13(5.21)	12(5.20)	17(5.22)	14(5.25)	13(5.35)	0
1. 基本需要	17	15	19	18	20	19	19	-2
（1）体制	26	31	35	38	40	37	30	+5
（2）基础建设	17	20	16	16	19	20	21	+3
（3）总体经济环境	28	22	20	25	18	26	22	-6
（4）健康与初等教育	15	11	11	15	20	6	8	-4
2. 效率增强	12	16	16	17	18	17	15	+4
（1）高等教育与训练	9	10	11	13	13	4	5	+1
（2）商品市场效率	8	11	15	14	14	17	14	+3
（3）劳动市场效率	22	33	34	24	21	22	16	+11
（4）金融市场效率	19	24	35	54	58	58	47	+5
（5）技术准备度	24	24	20	18	15	15	13	0
（6）市场规模	17	16	17	17	16	16	167	-1
3. 创新与成熟因素	14	10	9	8	10	10	7	-4
（1）企业成熟度	13	13	13	13	14	14	13	0
（2）创新	14	9	7	6	9	9	6	-5

注：1.（）内为评比分数。

2. WEF 自 2006 年开始正式以 "全球竞争力指标" 取代过去的 "增长竞争力指标"，这两个指标的内涵有所不同，难以进行比较。

3. 2012 年参评国家和地区数为 144 个（2006 至 2011 年分别为 125、131、134、133、139、142 个）。

4. 2010 年以后，WEF 将中项 "金融市场成熟度" 改为 "金融市场发展"，"总体经济的稳定" 改为 "总体经济环境"，这两个项目下的细项略有变动。

资料来源：www. weforum. org.

表 2 - 3　台湾 WEF 竞争力排名前 10 名的细项指标数目

	2012 年	2011 年	2010 年	2009 年	2008 年	2007 年	2006 年
第一名	5	8	5	3	2	1	1
前十名	26	21	24	20	16	15	15

资料来源：台湾 "行政院经济建设委员会" 统计。

另外，根据瑞士洛桑国际管理学院（IMD）的 "世界竞争力报告"，在 59 个受评比的国家和地区中，台湾总排名第7。在亚太国家和地区中，台湾仅次于新加坡、香港，排名第3。分析台湾总体竞争力排名，台湾2012年在"经济表现"上由第8名下降至第13名，"政府效能"由第10名上升至第5名，"企业效能"由第3名下降至第4名，"基础建设"由第16名上升至第12名，这些都是台湾总体竞争力提升的表现。此外，据IMD"2012年世界竞争力年报"对企业家精神指标项目所进行的问卷调查，在满分为10分的情况下，台湾的得分为7.67，在全球排名第一，较上年进步3名，且为历年最佳表现，这显示台湾企业面对金融海啸冲击，在弹性灵活的应变能力上表现优异。台湾在公平交易法法规效率、重视社会凝聚力、对外开放程度、设立事业便利度、财政结构健全、企业经理人年金制度、公司税率、不打击个人工作意愿等项目上，进步幅度相当显著。

2008年以来的全球金融海啸重创各地，台湾经济相对其他新兴经济体而言较为健全，且具有长期投资价值。台湾银行系统的流动资金较充裕，经常账户保持盈余，外债与平均债务额度低，这些因素都使台湾经济体经得起金融海啸的洗礼。2010年4月，台湾外汇储备高达3575亿美元，世界排名第四。与之相比，韩国及菲律宾的外债占GDP比重接近40%，台湾外债比重在25%以下，显得相对安全。而台湾的本土银行与外国银行在台分行于2011年放款占存款的比率为80.21%，与超过130%的韩国相比具有更充裕的存款，本土银行逾放比0.43%，低于合理上限2%，截至2011年9月底资本充足率为11.71%，高于合理下限8%，显示对外支付能力良好。台湾因拥有巨大的经常账盈余，可吸收资金外流的冲击，有助降低信心危机的风险。

目前来看，由于全球经济增长乏力，岛内消费不振，这将持续影响台湾的出口与民间消费表现，根据台湾"行政院主计总处"2012年11月预测，2012年经济增长1.13%，2013年则为3.15%。具体来看，经济指标表现方面，2012年10月工业生产增加4.56%；商业营业额12199亿元，减少0.7%；外销订单金额383.8亿美元，增加3.2%；出口值265.3亿美元，减少1.9%，进口值232.7亿美元，减少1.8%，贸易顺差32.6亿美元；批发价格指数（WPI）下跌3.64%，消费者物价指数（CPI）上涨2.36%；失业率4.33%。

就未来经济发展看，受全球经济走缓影响，国际贸易增长减弱，挤压了台湾出口增长空间，加上消费信心低迷，导致出口及消费表现均不如预期；国际油价继续维持高价位波动，近期气候稳定，蔬菜价格显著回落，且消费低迷等因素共同影

表 2-4 2010—2012 年台湾经济相关重要指标

	指标	2010年	2011年	2012年											
				1月	2月	3月	4月	5月	6月	7月	8月	9月	10月	1至当月	全年预估
经济成长	经济增长率（%）	10.76	4.07	第1季 0.59			第2季 -0.12			第3季 0.98			第4季 2.97		1.13
	民间投资增长率（%）	29.76	-1.26	第1季 -9.10			第2季 -5.71			第3季 2.01			第4季 9.09		-1.35
	民间消费增长率（%）	3.96	3.13	第1季 1.92			第2季 1.61			第3季 0.89			第4季 0.14		1.13
产业	工业生产指数年增率（%）	26.93	5.03	-16.75	8.35	-3.43	-1.78	-0.21	-2.23	0.13	1.89	3.00	4.56	-0.93	
	制造业生产指数年增率（%）	28.60	5.12	-17.18	8.18	-3.95	-2.02	-0.37	-2.10	-0.12	1.80	3.08	4.50	-1.11	
	商业营业额（亿元）	136675	142685	11259	11063	11897	11459	12048	12008	12212	11973	12155	12199	118191	
	年增率（%）	9.6	4.4	-7.3	6.4	-0.9	-2.4	2.6	-1.1	-1.0	-1.2	-0.8	-0.7	-0.8	
	综合商品零售业营业额（亿元）	9170	9786	978	761	770	822	838	809	866	888	809	959	8499	
	年增率（%）	7.1	6.7	10.7	-2.7	8.6	6.0	7.5	9.0	7.6	7.0	2.8	1.8	5.8	
对外贸易	出口（亿美元）	2746.4	3083	210.8	234.0	263.4	255.4	261.0	243.6	248.5	246.9	271.7	265.3	2501.3	
	年增率（%）	16.7	12.3	-16.8	10.3	-3.2	-6.4	-6.3	-3.2	-11.6	-4.2	10.4	-1.9	-3.7	
	进口（亿美元）	2514.0	2816.1	206.6	205.7	239.9	248.6	238.3	217.7	239.4	213.8	230.9	232.7	2272.6	
	年增率（%）	16.7	12.1	-11.9	1.3	-5.8	2.1	-10.5	-8.4	-3.2	-7.6	1.3	-1.8	-4.7	
	外销订单（亿美元）	4067.2	4361.3	314.8	339.5	383.7	360.9	364.7	363.8	359.4	361.5	376.6	383.8	3608.9	
	年增率（%）	26.1	7.2	-8.6	17.6	-1.6	-3.5	-3.0	-2.6	-4.4	-1.5	1.9	3.2	-0.6	
物价	消费者物价指数年增率（%）	0.96	1.42	2.36	0.24	1.26	1.44	1.74	1.77	2.46	3.43	2.96	2.36	2.00	1.93
	批发价格指数年增率（%）	5.45	4.32	4.37	1.83	-0.22	-0.56	-0.37	-1.87	-1.56	-0.90	-2.35	-3.64	-0.60	-1.02
金融	货币供给额 M2 年增率（%）	4.6	5.79	5.22	4.92	5.05	4.72	4.40	4.19	3.80	3.69	3.96	3.29	4.32	
就业	就业人数（万人）	1049.3	1070.9	1080.8	1079.0	1080.6	1081.8	1083.4	1085.4	1088.3	1090.1	1087.8	1089.7	1084.7	
	失业人数（万人）	57.7	49.1	47.2	47.9	47.0	46.3	46.6	47.7	49.0	50.2	49.1	49.3	48.0	
	失业率（%）	5.21	4.39	4.18	4.25	4.17	4.10	4.12	4.21	4.31	4.40	4.32	4.33	4.24	

资料来源：台湾"行政院主计处"、台湾"经济部"和"中央银行"。

响，台湾"行政院主计处"预测2013年台湾经济增长3.15%，世界银行预测2013年台湾经济增长3.9%，其他机构关于台湾2013年经济增长率的具体预测值详见表2-5。

表2-5 各主要机构对台湾2013年经济增长率预测 单位:%

预测机构	2013（f）
ADB（2012.4）	3.8
IMF（2012.10）	3.9
Global Insight（2012.11）	3.3
"行政院主计总处"（2012.11）	3.15
台湾经济研究院（2012.11）	3.42
"中华经济研究院"（2012.10）	3.59
"中央研究院"（2012.7）	—

注：f表示预估值。

资料来源：台湾"行政院主计处"。

2. 产业结构

自1949年以来，台湾地区产业结构的变化主要呈现出以下四个发展趋势：

（1）农林渔牧比重逐年降低，2011年仅占地区生产总值的1.75%

1952年，台湾第一产业净产值比重为35.9%，第二产业的比重为18.0%，第三产业比重达46.1%，第三产业比重已远远超出第一产业，是第二产业（18%）的2.6倍。从1952年至2011年，台湾农林渔牧业的比重逐年降低。截至2009年，第一产业的比重仅占GDP的1.75%，第二产业的比重为29.49%，第三产业的比重为68.76%。详见下图2-1。

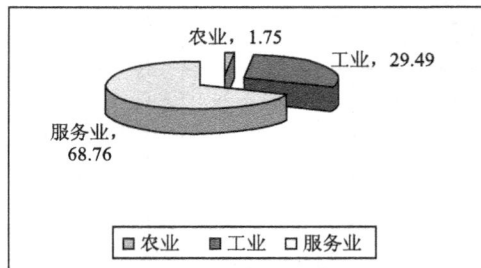

图2-1 2011年台湾三次产业占GDP的比重 单位:%

资料来源：根据台湾"行政院主计处""国民所得统计"相关数据绘制。

（2）1960年至上世纪80年代，经济以工业为发展重心

上世纪60年代初期，由于台湾市场狭小，进口替代工业的产品市场已趋饱和，若继续发展将导致经济后劲乏力。台湾抓住当时国际分工变化的机遇，利用低廉工资的国际比较利益，大力发展加工出口工业带动经济发展，并陆续修正或制定旨在促进出口的政策与措施，如进行外汇贸易的改革、实施"奖励投资条例"、鼓励民间储蓄、对外销厂商实行税收和融资的优惠、设立出口加工区和保税仓库等。这个时期外资对台湾工业化和出口扩张起了重要作用，民间企业从进口替代转向出口产业，成为经济增长的主力。台湾企业从日本进口生产资料，向美国出口工业品，形成了生产依赖日本、市场依赖美国的三角贸易关系。台湾工业得到了高速发展。1963—1973年，工业年均增长率高达18.3%，其中制造业的年均增长率达20.1%，工业产值在台湾GDP中的比重由1960年的26.9%提高到1973年的43.8%；出口贸易额中工业制品的比重由1960年的32.3%增至1973年的84.6%。至此，台湾工业建立起了一个以出口加工区为依托，以轻纺、家电等加工工业为核心的产业支柱，由此带动了经济的发展。

（3）服务业比重不断提高，上世纪90年代起进入以服务业为主的经济结构

台湾经济向服务产业主导迈进始于上世纪80年代初，至上世纪80年代末初步完成转型，正式进入服务经济时代。就产业结构指标变化而言，1981年服务业产值在GDP中的比重首次超过工业产值的比重，达到50%，表明台湾经济在上世纪80年代处于产业结构从工业主导向服务业主导转变的过渡期。从上世纪90年代初期起，服务业在经济结构中的优势地位明显加强，1990年三次产业比重结构为4.04%：38.39%：57.58%，处于中等发达地区向发达地区转变的过程。此后，服务业比重不断上升，并逐步拉大与工业在GDP中所占比重的差距，并于2001年达到70.53%，到2007年达到71%，而工业在GDP中的比重降为27.5%，其产业结构已经达到发达国家和地区的水平。2005年岛内农业产业同比下降2.85%，只占岛内GDP的1.80%；工业增长3.11%，占GDP的24.64%；服务业增长3.48%，占GDP的73.56%。可见，服务业增长率最高，比重最大，其主导地位进一步强化。

（4）产业结构朝高端化、知识化、低碳化转型

目前，台湾逐渐朝知识密集的高新技术产业发展，研发创新成为产业发展主要驱动力量，产业结构朝高端化、知识化、低碳化转型。详见下表2-6。

表 2 - 6　台湾产业发展趋势

潜力产业	汽车电子、电动车辆、文创（设计）、软件显示、先进医疗器材、智能机器人、4G
中坚产业	数位内容、食品、先进电子材料、纺织、通讯、信息服务、生物科技
主力产业	智能生活、医疗照护、基本金属、流通服务、机器设备、 石化、运输工具、半导体、平面显示、绿色能源

资料来源：台湾"行政院经济建设委员会"。

综上所述，经过几十年的发展演进，台湾产业结构升级已经取得显著的成效，表现最为明显的是第三产业蓬勃发展，出口导向产品结构进一步优化，资本密集型和技术密集型产业发展迅速。

3. 产业基础

台湾除了具有灵活弹性的企业、完善的基础建设以及适合先进科技研发的产业环境外，目前更是世界最密集的产业聚集区域，产业发展基础雄厚。台湾科技产业竞争力主要依赖优异的高科技基础建设与研发人才聚集，已成为全球高科技产品的供应基地。WEF 的"2012—2013 年全球竞争力报告"评选，台湾的产业集群发展排名世界第一。近年来由于当局有效推动了产业集群的发展与形成，充分发挥创新效益，台湾产业发展陆续得到了国际机构的肯定。

台湾在电子、资讯等特定产业，已具有全球布局的经验与上下游整合的基础，可有效运用较少的时间与资源，达到全球资源的整合。台湾高科技产业的技术长期与国际密切接轨，以 OEM/ODM 作为全球品牌厂商的合作伙伴，近年来随着海外投资增加，订单海外生产比率日益提高，海外生产中以大陆为最主要的代工地区。根据台湾工业技术研究院统计，目前台湾有 20 多项科技产品在全球排名前三名，甚至有些产品在全球市场占有率超过一半以上，在国际生产供应链上，处于关键地位。美国《商业周刊》2010 年评选出世界科技厂商 100 强，亚洲公司表现亮眼，包括台湾地区、日本、韩国、中国大陆、印度、新加坡在内，共有 39 家企业入榜，展现亚洲企业的强悍实力。台湾共有 8 家入选，名列第四，只占亚洲国家和地区入榜数的四成，略逊于日本与中国大陆。另外，2011 年英国经济学人咨询中心（EIU）针对全球 66 个国家和地区的高科技产业竞争力进行调查，台湾位居第 13 名。①

---

①　参见投资台湾入口网：http://investtaiwan.org/。

第二节 台湾经济发展定位

1. 全球创新中心

知识经济和全球化时代，创意的国际流动（international flow of ideas）是强化一个国家或地区创新能力的关键要素。创业家精神是反映企业创意、创业、创新和价值创造的核心指标，也是决定一个国家或地区经济活力与竞争力的关键要素。经济学家熊彼特（Joseph Alois Schumpeter）曾指出，创造性破坏是一个国家或地区长期经济发展最重要的驱动力。而企业家精神就是持续引发企业追求创造性破坏的关键要素。

台湾创新研发活力旺盛，产业集聚全球第一，是优异的创新研发基地及创业乐园。所谓的全球创新中心，一是要从高科技产品供应链的制造中心走向创新中心；二是要将科技创新政策纳为经济政策最优先、不可或缺的部分，以科技与产品创新作为提升生产力、竞争力的主轴。目前，台湾正致力于营建产业创新基础环境，通过建构"六大产业"创新走廊，并加强科研及技术人力培育，从而为把台湾建设成为研发创新中心奠定坚实基础。此外，台湾产业目前正由高效率生产制造（供应链）转型为生活应用创新（产品/系统/服务），而制造服务业将成为发展重点，涵盖前端的研发服务业及后端的金融、运输服务业等。服务业积极发展并导入创新机制，包括"制造服务化"与"服务工作外包"，尤其医疗照护新商机、替代能源优势将逐渐显现，对开拓中国大陆市场，具有极佳的机会。

台湾近年来创新能力的大幅提升，主要表现在以下几个方面：

首先，根据瑞士洛桑国际管理学院（IMD）"2012年世界竞争力年报"对创业家精神项目进行问卷调查，台湾的评分为7.67（满分10），全球排名第一，较2011年进步3名，为历年来最佳表现。显示岛内企业面对金融海啸的冲击，在弹性灵活的应变能力方面表现优异。台湾具有"知识密集型产业"发展优势，岛内科学与技术潜力正快速增长，并扮演起主导台湾经济转型的关键角色。

其次，根据经济学人咨询中心（EIU）公布的2009—2013年全球创新指标，台湾排名全球第六，仅次于日本、瑞士、芬兰、德国及美国，为新型工业经济体第一名。

再次，经济合作与发展组织（OECD）2012 年 11 月 4 日发布的《2012 网络经济展望》（Internet Economy Outlook 2012）报告指出：ICT 产业的研发支出占 GDP 比重超过 1% 的仅有芬兰、台湾地区、以色列和韩国，该报告同时指出，研发投资显示了一个国家或地区的创新能力，企业的研发投资金额对经济增长率有很大的影响。显示出台湾在国际创新研发资源链条上属重要角色，这有助于把台湾打造成为亚洲知识的枢纽，进而成为"全球创新走廊"。

第四，从 2010 年发明型专利核准件数上来看，台湾为 8243 件，排名次于美国、日本、德国与韩国，为全球第五名。若就相对规模来评比，台湾每百万人口在美国发明型专利的件数 353 件，超越美国与日本，位居全球第一名。台湾的研发强度处于较高且快速增长的位置，在全球具有相对竞争优势。2010 年台湾发明型专利强度，是位居全球第五名，仅次于美、日、德、韩。另以美国专利商标局（USPTO）的指标衡量，台湾在电子、资讯、通信、光电领域的专利量平均名次为全球第四名，台湾在此领域的优势技术为"半导体"以及"电力设备、工程与电能技术"，均排名第三。

最后，台湾在世界多项发明设计大奖中屡传佳绩：2012 年日内瓦国际发明展台湾一举拿下 45 金、52 银、25 铜及 8 项特别奖，所得金牌数量为历年最高，获奖率高达 97.6%，也是全球第一，而荣获 8 个特别奖更打破大会 40 年来的纪录，并创下台湾参展 20 多年来的新高纪录。2012 年德国慕尼黑 IF 工艺设计大奖获 3 件金奖。2012 年德国 Red Dot 设计奖，全球有两百六十三件获奖，其中 46 件作品夺得最佳奖"best of the best"，台湾就占了 6 件。以上情况表明，发明、设计与创新等活动在台湾社会十分活跃。①

2. 亚太经贸枢纽

亚太经贸枢纽是指亚太地区跨国企业营运管理、产业集资、金融服务、仓储运转的平台。

台湾位居亚太地理枢纽，到西太平洋主要七大城市的平均最短飞行时间仅约 2.55 小时。从台湾最大的国际港高雄港到海外五大主要港口（香港、马尼拉、上海、东京、新加坡）的海运平均航行时间约为 53 小时。两岸直航后，台北位居亚

---

① 参见投资台湾入口网：http://investtaiwan.org/。

太双黄金航线中央，可向北连接东京与首尔，西连上海，南接香港、新加坡及东南亚国际协会各成员国首都。台湾位居亚洲经济重要战略地位，成为欧、美、日及亚太新兴市场的连接枢纽与产业策略的重要桥梁，也是跨国企业在亚太地区营运总部的首选。

根据世界经济论坛（WEF）定义，将一个国家或地区的发展过程——人均GDP由低至高分为"要素驱动（Factor - Driven）"、"效率驱动（Efficiency - Driven）"以及"创新驱动（Innovation - Driven）"三个阶段，而其中"创新"是竞争力的核心价值。台湾人均地区生产总值于2011年底已突破2万美金（约为20122美元）。另一方面，2011年台湾服务业就业人数占全体就业人数的58.6%，而服务业生产净值占地区生产总值比重更已达68.7%，显示台湾正如同其他发达国家和地区一样，服务业已成为创造产业价值的发展主力。

台湾紧邻中国大陆市场，占有地理与华语文化的优势，同时对新事物和新科技的接受度高，可成为全球华人市场产品研发及测试中心。台湾企业本身不但是众多世界级大厂的第一级供应商，更具备在次系统上的开发能力，再加上台商与国际品牌间紧密的伙伴关系，可在研发创新方面与其建立联盟关系。其次，台商在大陆享有语言、文化优势，也将有助于跨国企业在中国大陆进行投资生产。台湾产业通过与国际市场的连接，突显出其成为亚洲市场或大中国市场的"开发测验平台"（test - bed），以利于台湾未来进军东亚新兴市场。此外，外商可运用结合台湾"世界第一级"零件供应商的能力，在台湾设立市场开发与研发中心。具体而言，台湾可以把2300万人作为一个生活实验室，以此发展各类创新商品与服务。厂商可同时整合资讯、通信与服务领域专业知识，结合台湾的优势在本地进行创新实验，进而将成功经验复制为跨境服务，以台湾为基地创造出各类商品与服务，推销并开拓全球华人市场。

自2008年5月海峡两岸两会恢复联系之后，已经签署了多项协议，两岸两会的协商制度化已迈入常态化的阶段。另外，2010年6月29日两岸正式签署经济合作框架协议（ECFA），同年9月12日生效，自2011年1月1日起货品贸易和服务贸易早期收获计划全面实施，清单内货品开始降税或免税，惠及两岸民众。ECFA不仅是两岸市场开放与推动经济合作的基础，更是未来检验两岸关系重要的试金石，有助于台湾持续扮演全球跨国企业运筹大陆市场门户的角色，也有利于岛内企业全球布局。

当前，全球经济重心正由西方转向东方，市场重心也将从成熟市场转向新兴发展中市场。高盛证券分析了劳动力增长、资本存量与技术增长三项指标，推算 GDP 增长率所挑出的"新钻 11 国"，① 亚洲国家占了 7 席，显示亚太区域成为全球经济重心趋势。以中国、印度为中心的亚太地区，以其强劲的经济发展速度成为世界新的经济驱动力。而中国台湾在地理距离与文化层面，具有紧邻世界增长中心的优势。凭借此优势，台商布局中国大陆设立海外生产基地，拥有模组化及量产能力，同时拥有多项关键技术，是支撑东亚成为全球最大制造业生产基地的重要力量。据台湾"经济部"统计，累计至 2011 年底止，台商赴大陆投资有 575 件，金额 131 亿美金，超越同期台湾对外投资总额约 2 倍。另外，WTO 指出，中国大陆已成为台湾的"出口平台"，也就是由日、台、美三角贸易转向日本、中国大陆、中国台湾、美国四角贸易，基于此种因比较利益而自然形成的国际分工，台湾正不断维持本身的竞争优势。

目前，台湾正积极促进两岸经贸正常化，解除不必要的管制，进而充分链接于国际价值链，达成台湾、外商与大陆三赢的局面。对台湾与外商而言，两岸产业合作后，台湾产业将充分整合于大中华经济圈，创造新投资商机，而台商更可成为跨国企业经营亚太地区最佳伙伴。两岸贸易正常化后，岛内外厂商可充分运用台湾潜在的比较优势，更可通过"平台"的角色，与跨国企业建立合作伙伴关系，深化两岸产业布局，提升全球市场竞争力。

3. 台商和外商运营总部

台商和外商运营总部是指为台湾企业和外部企业提供布局全球时在资金、人才、技术和营运管理等方面必要的支持，帮助企业发展壮大。台商累积丰富的生产经验，妥善运用亚太地区的生产资源与市场，以加速达成量产规模及商业化，是跨国企业最佳的策略联盟基地及亚太营运总部，即全力将台湾打造为台商在台设立全球运营总部、外商在台设立亚太运营总部的"双运营总部"，并以此为契机，在台湾大力发展总部经济。

---

① 新钻 11 国是著名投资银行——高盛在 2002 年前后首创"金砖四国"之后，再次首创的一个投资新概念（Next - 11）。新钻 11 国分别为墨西哥、印度尼西亚、尼日利亚、韩国、越南、土耳其、菲律宾、埃及、巴基斯坦、伊朗和孟加拉。这 11 个新兴市场经济潜力仅逊于金砖四国，高盛预测"4 + 11"的 GDP 在 2035 年可望超越七大工业国家，2050 年"新钻 11 国"的 GDP 将与美国比肩。因此，"新钻 11 国"将是继"金砖四国"后，又一吸引全球投资市场眼球的投资新概念。

自 2011 年年底以来，在欧债危机的冲击下，台湾经济下行压力不断增大，面临 "保 1" 的严峻挑战。为应对不利的经济形势，马英九当局于 2012 年 10 月出台了 "经济动能推升方案"，制定了一揽子刺激经济的政策措施，其中就包括 "促进投资建设" 等政策举措。马当局希望通过推动台商回流，扩大民间投资，为台湾经济不断注入新的活力。

马英九上台后岛内经济社会环境不断改善，为其加强推动台商回流创造了良好的客观条件。民进党执政时期就曾出台租税优惠等政策吸引台商回流，但成效并不理想，一个重要原因在于民进党大力推动 "台独" 分裂活动，两岸关系动荡不安，导致台湾经济长期低迷，严重影响台商返台投资的意愿。2008 年以后，尤其是 2010 年 6 月两岸签订了具有重要里程碑意义的两岸经济合作框架协议（ECFA）以后，岛内社会经济环境获极大改善，不仅使台湾在多个国际机构投资环境评比中名次大幅跃升，也使诸多大陆台商出于重新布局两岸市场的考虑不断扩大返台投资的规模。2011 年台商。返台投资规模达 469 亿元（新台币，下同），是 2007 年的 3 倍以上，预计 2012 年还将突破 500 亿元①马当局认为应抓住岛内社会经济环境不断改善的有利契机，因势利导，制定更积极的政策推动台商回流，以产生 "鲑鱼返乡" 的效果。

为吸引台商回流设立营运总部，台湾当局自 2010 年 5 月 28 起将营所税由 25% 调降至 17%，并保留营运总部的租税减免，另外，台湾正在建立台商经贸特区，给予区内厂商租税优惠、人力及货物流动便利，并协助与大陆地区建构完整分工体系，鼓励从事高附加值的生产及品牌推广。

未来，台湾将从 "双航圈" 发展到 "双总部"。2007 年 3 月 20 日，马英九就首度提出台湾经济发展蓝图，表示其将调整赴大陆投资的管制政策，实行 "原则开放，例外管制"；同时凭借两岸直航推动 "双黄金航圈"，带动 "双营运总部"。"双黄金航圈" 包括北航圈、南航圈，北航圈向北连接上海虹桥机场、东京羽田机场、首尔金浦机场，南航圈向南连接香港和新加坡。"双营运总部" 指通过 "双航圈" 的建立，以及台商赴大陆投资的新办法，实现台商在台设立全球运营总部，外商在台设立亚太运营总部。②

---

①　参见 "台当局强力推动台商回流影响复杂成效难言乐观"，http：//www. china. com. cn/news/tw/。

②　参见 "马英九四年磨一剑打造台湾总部经济"，http：//roll. sohu. com/20110506/n306904547. shtml。

第三节　软硬件基础设施

1. 优质的人力资源

优质的人力资源是台湾产业发展的最佳后盾。台湾优质的人力资源主要表现在以下几个方面：（1）台湾人口素质优秀。据台湾"行政院主计处"统计，高等教育人力素质方面，2011 年平均 15 岁以上人口的教育程度，以大专及以上者最多，占 37.9%。台湾 2012 年约有 1134 万劳动人口，占总人口约 49.3%。每年有 32 万专科或大学以上毕业生，可以充分满足企业对高级人才的需求；（2）台湾劳工薪资比香港、日本、韩国和新加坡低。（3）台湾拥有成熟的管理经验以及大量与国际接轨的管理人才。

根据世界经济论坛（WEF）于 2012 年 9 月 5 日所发布"全球竞争力排名"，台湾因研发人力充足的优势在全世界排名第 13。根据台湾"科学委员会"《2011 年科技动态调查报告》，每千名就业人口中之研究人员数呈现稳定增长，均高于韩国、英国、美国等国家。台湾每千名就业人口中的研究人员数，仅次于芬兰，并与日本同为每年 10.6 人，略高于美国的每年 9.6 人。研究人员总数近年来增长显著，年平均增长率为 8.3%。

此外，从科技产出方面来看，台湾 SCI 论文发表篇数从 2003 年的 13128 篇，逐年增长至 2010 年的 23715 篇，年平均增长率约为 7.7%。EI 论文发表篇数则由 2003 年的 8011 篇增长至 2010 年的 20302 篇，年平均增长率约为 7.8%。至 2010 年，SCI 与 EI 论文篇数国际排名分别为第 16 与第 9。全球 ESI 论文及被引用次数排名前 1% 的学校，2012 年台湾有 50 所高校进榜，比 2011 年增加 9 所学校。

最后，台湾当局近年来持续推动国际科技合作，鼓励学术界进行科研人员互访、共同举办学术研讨会，以及共同合作研究计划等，并在亚太、欧洲及美洲等地区设有驻外科技组，培养了台湾广大科技人员的国际观，开阔了他们的国际视野。

2. 交通信息基础设施完善

交通基础设施方面，台湾位居亚太海空交通运输的枢纽，是世界经济增长中心。台北向北连接东京、首尔、上海；向南连接香港、新加坡及东协各国的首都，

产业总体统计资料

案数

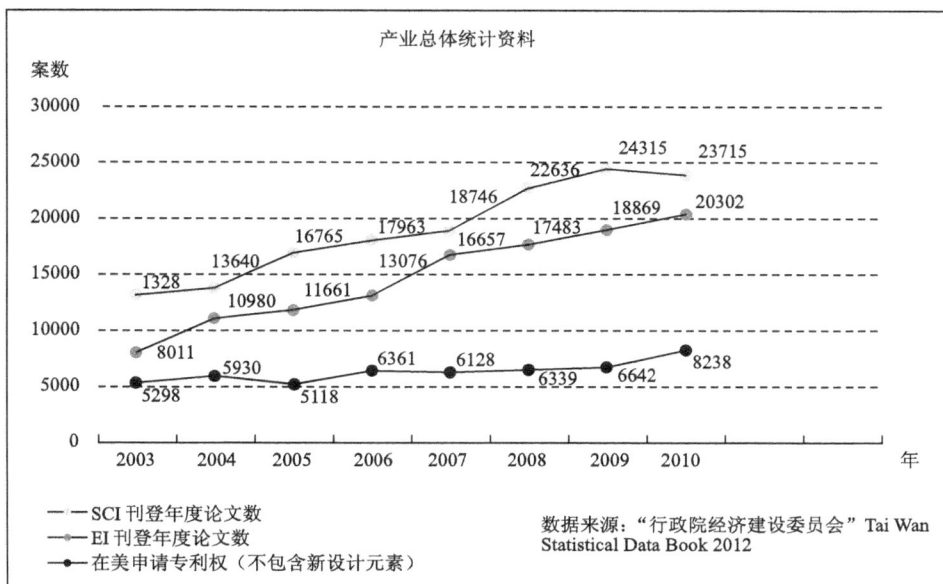

图 2 - 2 台湾 2003—2010 年科技产出情况

资料来源：台湾"行政院经济建设委员会"。

形成"双黄金航圈"，岛内共有 18 个航空站，其中包括台北、桃园、高雄三个国际航空站。由于台湾四面环海，港口很多，国际商港则有七个，依业务量排序分别为高雄港、基隆港、台中港、花莲港、安平港、苏澳港与台北港，具备完整的国际交通与运输能力。另外，台湾境内主要长途交通涵盖客运、铁路、公路及岛内机场，特别是具有完整的环岛铁路网，高速铁路也于 2005 年开始运营，大幅缩短了台湾南北的往来时间；岛内机场则有台北、台中、花莲、台东、嘉义、台南、屏东和离岛的金门、马祖等地。

从信息通讯设施方面看，台湾网络资讯中心公布 2012 年"台湾宽频网络使用调查"报告显示，截至 2012 年 5 月 27 日，台湾上网人口约有 1753 万，上网率达75.44%，较 2011 年增长 3.4 个百分点；台湾 12 岁以上曾经上网人口达 1594 万，上网率达 77.25%，其中曾经使用宽频网络人数为 1530 万人，占曾经上网人口的97.16%，显示宽频已经是台湾上网民众的主要上网方式。世界十项以上的通讯产品市场占有率世界第一，显示台湾资讯方面具有高度的科技应用普及能力。

世界经济论坛（WEF）发布"2012 年网络就绪指数（Network Readiness Index，

NRI）"排行，台湾排名全球第 11 名。此次共有 142 个国家和地区参评。WEF 网络就绪指数是全球最具代表性的国家资讯竞争力评比指数。台湾在 2012 年 WEF 竞争力排名中进步最多项目为：三大类别中的"效率增强"（第 12 名）进步 4 名，中项"劳动市场效率"（第 22 名）进步 11 名，"金融市场发展"（第 19 名）进步 5 名。

根据最新国际电信联盟（ITU）的《2011 年信息社会度量》（Measuring the Information Society 2011）的报告，在光纤到户（FTTH/B）与网络普及率项目上，台湾为第五名。台湾网络普及率高，有七成的家庭使用互联网（71.7%）、八成的家庭拥有电脑（79.3%）、九成联网家庭采用 2Mbps 以上宽频上网。

从水电等服务费用方面看，相对于其他国家和地区，台湾供应优质且廉价的水电与电信服务，无论在石油及天然气费用、环境保护费用、交通运输费上均提供较优惠的费率（根据美国能源署［IEA］《Electricity Information（2011 Edition）》及马来西亚 TNB 电力公司 2011 年统计资料）。另外在亚洲工业新兴国家和地区中，除韩国外，日本、新加坡、中国香港等的平均单位水价均高于台湾；欧洲国家的平均单位水价几乎为台湾的 3.8 至 9.1 倍左右，参见下表 2 - 7。

表 2 - 7　台湾与其他国家和地区水价比较

排名	国家或地区	水价（新台币元/m³）
1	德国（柏林）	98.85（3）
2	比利时	95.79（3）
3	英国（伦敦）	77.83（3）
4	丹麦	73.76（3）
5	法国（巴黎）	65.55（3）
6	奥地利	62.03（3）
7	荷兰（阿姆斯特丹）	60.23（3）
8	澳洲（堪培拉）	59.60（3）
9	日本（东京）	49.1 - 115.4（2）
10	意大利	51.82（3）
11	西班牙（马德里）	42.95
12	瑞典	42.04
13	芬兰（赫尔辛基）	41.77

续表

排名	国家或地区	水价（新台币元/m³）
14	新加坡	33.8－45.1（2）
15	加拿大（渥太华）	33.56（3）
6	南非	33.50（3）
17	美国（华盛顿）	24.33（3）
18	中国大陆（香港）	17－36（2）
19	中国台湾	10.84（1）
20	韩国（首尔）	8.7（2）

资料来源：（1）台湾自来水公司 2007 年度审定决算数。

（2）台湾"行政院经济建设委员会"，稳定物价执行成效汇整，2008 年 2 月。

（3）各国水价依据台湾"行政院主计处"统计资讯网 2007 年度价格排名，并采用 2007 年度平均汇率 1 美元＝32.84 新台币计算。

此外，2009 年 11 月，台湾"行政院"通过了"爱台 12 建设总体计划"，"爱台 12 项建设"由"行政院经济建设委员会"会同相关部门进行整体规划及推动。①预计自 2009 年至 2016 年，优先推动 12 项基础建设，包括：交通运输、产业发展、城乡发展及环境保育等。该计划总经费需求约为新台币 3.99 兆元，包括财政预算约新台币 2.79 兆元，约占总经费需求的 70%，以及民间投资约新台币 1.20 兆元，约占 30%。台湾"行政院"已成立全球招商联合服务中心。未来 5 年有约新台币 4 兆元投资将投入公共建设，其中约 1/3 开放让民间厂商投资，以便于建立更良好的基础设施，提升岛内投资经济效益。

3. 完善的法规和知识产权保护

台湾对外商投资的法律保障相当完备，外商在台湾境内的投资受到外商投资条例的保障。其次，在法治教育的推广下，台湾人民及企业拥有良好法治观念，行为的可预期性及稳定性很高，社会秩序良好。就商业环境而言，台湾企业的会计制度，将逐步采用国际会计准则（IFRS），加上两岸政策进一步松绑，整体投资环境

---

① 参见"行政院通过爱台 12 建设，投资 3.99 兆台币，政府占七成"，http：//cn.reuters.com/article/asiaNews/。

已与国际接轨。

从完善的劳工保障制度方面看，台湾具备完善的劳工保障制度，以"劳动基准法"为主要劳动法规，规范雇主关于劳动条件的最低义务，包括最低工资、工作时间、假日与资遣费等。台湾的劳资关系良好，很少产生纠纷。依据台湾《劳动基准法》，设有"劳资会议"等促进劳资合作与提高工作效率的协商机制，由劳资双方分派代表，自愿共同参与劳资会议磋商，其目的在于改善劳动条件、筹划劳工福利，以及提高工作效率，进而促进劳资合作关系。就现行的法令规定而言，台湾劳工的社会安全保障制度，包括劳工保险、劳动基准法、就业保险与性别工作平等法等。在劳工保险的部分，以保费分摊结构来看，台湾当局对有一定雇主的劳工补助10%，无一定雇主劳工及自营作业者补助40%。劳保含有生育、伤病、失能、老年及死亡等给付项目，同时对被保险人提供帮助解决困难的贷款措施。此外，劳基法除针对工时、休假、基本工资等劳动条件有所规定外，并赋予雇主提高退休金责任。

从知识产权保护方面看，知识产权是国际经济竞争利器，也是衡量一国或地区现代化程度的重要指标，国际知名竞争力评比机构所列国力评比项目，无不以各国或地区研发环境、创新能力、获准专利数等相关知识产权项目作为国家竞争力的评比指标；世界各国如日本"知识财产战略大纲"、中国"知识产权战略"、美国"21世纪战略计划"、韩国"强化海外知识财产保护机制"等，均积极将知识产权政策定位为国家战略。台湾当局对保护知识产权向来极为重视，并致力于营造更优质的知识产权制度与环境，保护发明与创作人的心血以鼓励创新研发。例如，法制层面，台湾参照先进国家经验并结合台湾社会实际，已大幅度修正专利法、商标法及著作权法，使得台湾法制更为健全，并与世界接轨；执行层面，台湾在建设电子化环境、强化审查品质与效能，加强人才培育、强化教育宣导及协助创新发明等方面均取得显著成效；稽查层面，台湾当局已成立保护知识产权警察大队，并研究制定"贯彻保护知识产权行动计划"，通过跨部门统筹协调推动各项知识产权保护工作，也已经获得国际社会高度肯定；司法层面，台湾当局已完成"智慧财产法院组织法"及"智慧财产案件审理法"的制定，且智慧财产法院已于2008年7月正式展开运作，这将使台湾智慧财产案件的审判制度更趋于专业化。近年来台湾各项主动积极保护知识产权的政策与措施，已获丰硕成果，2009年台湾顺利从美国特别301①的"观察名单"上除名，台湾在保护知识产权上的进展及执法工作获得进一步肯定。

4. 金融市场发达

当前，全球化的趋势促使产业必须全球布局，世界各国和各地区的资本市场出于提升竞争力的考虑，争相打开门户，台湾也是其中快速开放的区域之一。台湾凭借其发达的金融市场，拟打造亚太地区的筹资中心。

台湾发达的金融市场表现在以下几个方面：

资本市场高度国际化。台湾股市在全球资本市场中具有以下几个特色：第一，台股市值占GDP比重高，2011年底市值占GDP的133.72%，显示台湾证券市场发展的成熟度较高及台股具有较高投资价值。第二，2011年底台股市场本益比为15.76，成交值周转率为119.87%，显示台湾证券市场交易量较大，台湾股市具有较强吸引力。第三，外资持股市值比重达31%以上，成交比重约20%，代表台湾资本市场正持续迈向国际化。

完善和发达的证券市场。截至2011年12月底，台湾上市公司数目约为790家，在亚洲四小龙之中，优于新加坡，且上市公司市值占GDP比重达163.76.%，与发达国家相近，上市公司市值达23066亿美元，证券市场成交值达2632亿美元，且成交值周转率达11.41%。台湾证券交易所的交易股票基金等交易对象种类繁多，包含普通股到认购权证、封闭型单位信托基金、ETF、债务证券等。此外，台湾汇率稳定，资金成本与利率水准相对低于其他亚洲国家和地区，而在台湾挂牌上市成本约为新台币1千万元，远低于香港、新加坡，这有助于吸引外来资金投资台湾资本市场。

开放健全的投资环境。一般而言，除了来自于中国大陆的投资资金，或基于岛

---

① 参考美国的《特别301报告》。该报告是美国贸易代表办公室公布的关于世界各国的知识产权保护的年度报告。主要针对的是盗版软件、盗版光盘等问题。美国贸易代表办公室根据美国1974年贸易法第182节的第301条款的规定（这就是《特别301报告》名字的由来），从1980年开始对各个国家是否对于知识产权提供充分有效的保护，以及是否对依赖知识产权保护的工业部门或商人提供公平的市场准入机会进行审查。每年年末，美国贸易代表办公室都会根据年度审议结果发行一份关于各国保护知识产权状况的年报。在报告中分三级将各个国家列为知识产权保护的"观察国家"名单、"优先观察国家"名单和"306条款监管国家"名单，以便于美国政府参照决定是否对不注重知识产权保护的国家进行贸易报复。

内安全考虑而对投资进行管制的产业外，台湾对于外商投资的产业并无任何限制。在少数情况下，适用法可能会限制外籍人士在某特定产业的公司持股比例，例如邮政、电信、运输业，以符合台湾在经济、社会或文化上的利益需求。大部分的发达国家或地区皆有类似的保护政策，台湾政策符合 FTSE① 发达市场经济地区标准。

台湾整体社会的资金流动性充裕。台湾 2011 年储蓄率达 29.77%，"超额储蓄率"为 9.60%。2011 年，金融及保险业、不动产业产值占 GDP 比重 15.09%，显示台湾金融市场发展日趋成熟；同时，台湾对外持有的国际投资资产总额达 8778 亿美元，创下历史新高，且台湾银行存款总额达新台币 27.1 兆元。②

5. 经济自由度高

作为 WTO、APEC 等国际组织的成员之一，台湾具有高度的经济自由，遵循国际规则，对财产权拥有完善的保护制度。根据美国传统基金会（Heritage Foundation）与华尔街日报（Wall Street Journal）共同发布的《2012 年经济自由度指数》（2012 Index of Economic Freedom），台湾在全球 179 个经济体中的排名由上一次的第 25 名，提升至第 18 名，进步 7 名。这是 11 年来的最高排名。台湾在亚太地区排名第 5，仅次于香港、新加坡、澳大利亚和新西兰。台湾在东亚国家和地区中排名第 3，优于日本（第 22 名）、韩国（第 30 名）。该报告说明，台湾排名的提升归因于坚持结构性改革以及经商环境的对外开放。并指出台湾法治发展相当好，私人部门经营灵活，市场开放已制度化，中小企业颇具竞争力。近年来台湾将公司税下调至 17% 以及取消公司设立最低资本条件等政策，改善了岛内的经商效率。

此外，在《2012 年经济自由度指数》总计 10 项的评价指标中，台湾有 6 项均较去年有所提升，分别是"免于贪腐"、"公共支出"、"财政自由度"、"企业自由度"、"劳工自由度"以及"货币自由度"。此 6 项指标得分较去年增加，表示自由度持续提升，主要归功于：维持低度通货膨胀率、简化公司设立程序、降低进出口限制与持续开放服务业以及下调营利事业所得税。其中"公共支出"是台湾 10 项

① 英国富时指数，又称金融时报指数，是由伦敦金融时报和伦敦证交所联合成立的 FTSE 国际公司编制和维护的。FTSE 制定的行业分类标准称为全球分类系统（Globe Classification System），被广泛接受为一个全球性的行业标准。执行 FTSE 的 GCS 机构有伦敦证交所、香港恒生指数（Hang Seng Index）、美国罗素指数（Russell Index）等。FTSE 全球分类系统的主要目的是通过把公司分为业务相同的子行业来为投资者服务。

② 参见投资台湾入口网：http://investtaiwan.org/。

评比表现最佳的指标，达到了 92.3 分；主要是得力于台湾当局推动公有事业民营化、松绑法规，以及公共支出仅占地区生产总值的 16%，公共债务则约为 GDP 的 39% 左右。

表 2 - 8　2012 年全球经济自由度指数排名亚太地区前 10 名

排名	国家或地区	总分	变化
1	中国香港	89.7	- 0.3
2	新加坡	86.1	- 1.0
3	澳大利亚	82.6	0
4	新西兰	82.1	0.1
5	日本	72.9	0.1
6	中国澳门	72.5	0.5
7	中国台湾	70.4	0.9
8	韩国	69.9	1.8
9	马来西亚	64.8	0.2
10	泰国	64.1	1.1

资料来源：台湾"经济部"。

6. 优惠的投资政策

陆资赴台投资可享政策优惠，主要包括提供土地优惠、资金协助、租税优惠、研发辅助等。详见表 2 - 9 所示。此外，值得强调的是，从税收优惠政策方面看，台湾的税负比较低，人民租税负担率不到 14%，较日韩及大部分欧美先进国家低。美国《福布斯》杂志（Forbes）公布 2009 年全球税负痛苦指数，台湾排名倒数第八，为低税负地区；在亚洲仅次于香港，排名第二。近年台湾以"低税简政"启动赋税改革，自 2010 年起，营利事业所得税税率由 20% 下调为 17%，可与香港并列为亚洲最低税率的地区。台湾已与多国签署避免双重课税协定，截至 2011 年 1 月 1 日，台湾已与 20 个国家签订全面性租税协议，另有 14 个海空运互免所得税协定。[①]

---

① 参见"台湾商务通"，http：//51utw. com/invest/invest_inst001. html。

表 2 – 9   陆资赴台投资优惠措施一览

提供建厂土地及优惠措施	工业区土地 789 优惠出售方案（2008.10.1 – 2010.12.31）
	延长并扩大 006688 措施
	协助利用毗连非都市土地扩大投资
	推动工业区更新及强化工业支持基础设施
工业区土地优惠及更新	推动工业区更新及强化工业支持基础设施
	推动工业区土地市价优化优惠方案
加强创新研发	主导性新产品开发辅导计划
	协助传统产业技术开发计划 CITD
	协助服务业研究发展辅导计划
	小型企业创新研发计划
	业界开发产业技术计划
	促进产业研究发展贷款计划
充裕产业专业人才	推动订定产业人才智能基准，辅助或辅导产业人才培训机构
	启动产业人力扎根计划，培育产业所需技术人力
	兼顾培育与延揽，引导产业人才培训做法转型
提供租税优惠	提供研究发展、人才培训、国际物流配销中心及营运总部等租税优惠

资料来源：台湾"经济部"。

第四节   科技创新研发

1. 多项科技产品排名世界前列

台湾地区科技业享誉全球，作为全球科技产业重镇，多项科技产品排名全球前列。台湾科技业与制造业具竞争优势，是全球第二大信息硬件生产区。半导体、光电、信息、通讯等产品全球市场占率超过 70%，晶圆代工业产值占全球 67.4%，与下游的封测业，皆位列全球第一。台湾占全球产值 21.5% 的 IC 设计业与高比重的 TFT – LCD 产值均居世界第二，PC 产品产值居全球第三位。台湾科技产品遍布全球。

台湾创新研发能力旺盛，拥有高优质产品与服务，得以发展国际品牌，如 HTC、华硕、宏碁等知名大厂，同时运用中国大陆的生产资源互补有无，迅速达成量产规模，是优异的创新研发基地。

表 2 - 10　台湾科技产品世界排名情况

全球排名	科技产品
1	晶圆代工、IC 封装、IC 测试、Mask ROM、可携式导航产品（Portable Navigation Device；PND）、电解铜箔、光盘片、电动代步车与电动轮椅
2	IC 设计、DRAM、OLED 面板、WLAN、IC 载板、TPE、发光二极管、玻纤布、主机板（含系统出货）、TFT - LCD 面板、ABS
3	印刷电路板、聚酯丝、PTA、Notebook PC、PU 合成皮、尼龙纤维

注：以上产品产地均在台湾，不包含台商在海外生产。

资料来源：台湾"经济部"技术处 ITIS 计划。

2. 数目众多的企业研发中心

台湾拥有数目众多的企业研发中心，具有丰沛的创新研发能力。台湾企业在岛内各市县范围内共设有 116 个研发中心，如表 2 - 11 所示。另据统计，外商在台湾共设有 43 个研发中心。

表 2 - 11　台湾企业研发中心数量概况

县/市	数目
台北市	24 家
北县	17 家
桃园县市	15 家
新竹县市	29 家
苗栗县	1 家
台中县市	4 家
彰化县	4 家
云林县市	1 家
台南县市	11 家
高雄市	2 家
高雄县	4 家

资料来源：台湾"经济部"。

第五节　投资风险

台湾投资风险较低，具有投资环境上的优势。美国商业环境风险评估公司（Business Environment Risk Intelligence；简称 BERI）2012 年 8 月发布的最新"投资环境风险评估报告"指出，台湾的投资环境评比（Profit Opportunity Recommendation；POR）总分为 72 分，排名全球第 4；在列入评比的全球 50 个主要国家和地区中，仅次于新加坡、瑞士及挪威，在亚洲地区排名第 2。

从投资环境看，台湾的投资环境在此次评比中列为 1B 等级，BERI 对投资人的建议是保持投资承诺，并表示台湾将积极对外签署更多的自由贸易协定，而两岸关系在未来几年仍然处于稳健的水准；展望 2013 年台湾评分将上升为 73 分，排名全球第 3；2017 年再升至 75 分，排名上升为全球第 3。

从营运风险看，台湾营运风险指标排名全球第 2（上次第 1 名），仅次于新加坡。BERI 表示，近年来台湾竞争力正逐渐提升，排名全球最具竞争力国家和地区第 7，另在物流表现指数也处于上升趋势。BERI 预测，台湾企业营运风险低，2013 年排名全球第 1，2017 年排名全球第 2。

从政治风险看，台湾政治风险指标项目则排名全球第 7（上次第 7 名）；次于新加坡、瑞士、奥地利、挪威、澳大利亚及芬兰；在亚洲地区排名第 2。BERI 表示，台湾政治风险较低。在解除 6 年来对于莱剂美牛进口禁令下，① 近期可望与美国恢复"台美贸易暨投资架构协议"（TIFA）商谈。而与中国大陆的关系，短期内将保持密切。BERI 预测，2013 年及 2017 年台湾政治风险均排名全球第 7。

从汇兑风险看，台湾汇兑风险指标项目排名全球第 4（上次为第 4 名）；次于瑞士、荷兰及新加坡；在亚洲地区排名第 2。BERI 表示台湾汇兑风险指标在 2012 年存在一些压力，但极为短暂。并预测 2013 年台湾汇兑风险排名全球第 4；2017 年排名全球第 3。

此外，在全球化的时代，各国都在努力吸引外来投资；在国际投资者的关注之下，世界银行的经商容易度评比，已经成为全球各国重视的指标。2012 年世界银行

---

① 台湾是美国牛肉的出口市场之一，2003 年美国爆发"疯牛病"疫情后，台湾多次禁止进口美国牛肉，但迫于美国压力，台湾当局的"美牛"政策常在禁与解禁之间游移。莱剂即莱克多巴胺，属瘦肉精的一种类型。

于 10 月 23 日公布了"2013 年全球经商环境报告"（Doing Business 2013）最新评比结果，在 185 个受调查国家和地区中，台湾经商容易度（Ease of Doing Business）排名第 16，较去年进步 9 名，超越加拿大、德国及日本等国，再创台湾历年最佳成绩。针对 2012 年世界银行发布的评比指标中，台湾具有优势的指标依次为"电力取得"（排名第 6）、"申请建筑许可"（第 9）、"破产处理"（第 15）、"开办企业"（第 16）、"投资人保护"（第 32）等 5 项指标。

第三章　大陆赴台投资的现状

第一节　大陆赴台投资历史回顾

1. 对台投资的禁止阶段

从 1979 年到 2001 年间，台湾当局严格禁止大陆企业直接投资台湾，两岸投资出现了严重失衡的现象。该期间受台湾当局"三不政策"的影响，两岸的许多民间经贸交往均被严格限制与禁止。当时台湾当局不但严格禁止大陆资金进入台湾，而且明确规定两岸经贸往来只能经香港等第三地间接进行，但大陆对台资的流入则采取较为开放的姿态，所以这一时期两岸间的投资主要呈现间接、单向、不对等的局面。

2. 对台投资的松绑阶段

2001 年到 2008 年间，台湾当局开始为大陆企业的入岛投资松绑，逐步开放陆资入岛投资。2001 年 8 月 12 日，台湾当局初步确定三阶段循序开放陆资来台的方向与原则。2002 年 2 月 13 日，台湾"经济部"取消了两岸贸易的买方或卖方须经第三地间接进行的限制，开放两岸商人直接交易。2002 年 8 月 8 日，台湾"内政部"规定自 2002 年 8 月 10 日起，有条件开放陆资来台投资不动产。虽然这一时期是两岸相互投资的冰释期，但台湾对大陆企业入岛投资的限制仍然较多，致使大陆企业入岛投资的计划最终没有真正实现。

3. 对台投资的真正实施阶段

2008 年至今，台湾当局正式放开大陆企业的入岛投资，大陆对台投资进入了真正实施阶段。此阶段的主要标志为：第一，2008 年 5 月台湾当局提出了欢迎大陆企业到台湾投资的"爱台 12 建议"。第二，2008 年 7 月 13 日，台湾当局正式开放大陆合格境内投资者 QDII 投资台湾证券及期货市场。据台湾证券交易所资料，到 2010 年 10 月底，大陆 QDII 在台登记的有 6 个，提出额度申请的有 5 个，已汇入资金投资的有 4 个，其中有两个申请汇入资金已接近单一 QDII 汇入上限8000 万美元。第三，2009 年 6 月 30 日，台湾"经济部"依据"两岸人民关系条例"拟定了"大陆地区人民来台投资许可办法"、"大陆地区的营利事业在台设立分公司或办事处许可办法"，并自同日起生效实施并正式受理陆资来台投资或设立办事处的申请案件。第四，2009 年 11 月 6 日，两岸正式签署了《海峡两岸金融合作监管备忘录》（MOU），标志着作为两岸经济交流核心部分的两岸金融交流进入实质性合作阶段。第五，2010 年两岸签署的《海峡两岸经济合作框架协议》（ECFA），标志着两岸经贸关系以及和平发展进程取得了重大的历史性突破。[①] 第六，2011 年 1 月 6 日，两岸经济合作委员会正式成立。第七，2012 年 8 月9 日，海协会会长陈云林和海基会董事长江丙坤在台北签署了《海峡两岸投资保护和促进协议》。

表 3 – 1　1979—2010 年台湾对大陆企业赴台投资的政策演变情况

阶段	政策演变	大陆企业对台投资的阶段描述
1979—2001 禁止阶段	严格禁止：第三地限制	间接投资
2001—2008 松绑阶段	2001.8 三阶段循序开放 2002.1 开放 58 类服务业项目 2002.2 取消第三地限制 2002.8 有条件开放对不动产的投资	没有真正实现直接对台投资

---

① 俞毅：《大陆企业对台投资的现状、障碍及对策》，《国际经济合作》，2011 年第 6 期，第 27—28 页。

阶段	政策演变	大陆企业对台投资的阶段描述
2008 至今 真正实施阶段	2008.5 鼓励大陆企业赴台投资 2008.6 分阶段实施人民币在台兑换业务 2008.7 开放 QDⅡ投资台股 2009.6 正式受理陆资来台投资或设立办事处的申请案件 2009.11 签署 MOU 备忘录 2010.6 签署 ECFA 协议 2011.1 两岸经济合作委员会正式成立 2012.8《海峡两岸投资保护和促进协议》正式签署	对台投资逐年增长

资料来源：根据中国台湾网有关资料整理。

第二节　台湾对陆资开放的内容

1. 关于陆资的界定

按照台湾"两岸人民关系条例"，不管是大陆民众设立的大陆企业，或台商、外商依大陆法律成立的大陆外资企业，统称"陆资公司"。按照 2009 年 6 月 30 日公布实施的"大陆地区人民来台投资许可办法"及"大陆地区之营利事业在台设立分公司或办事处许可办法"，除来自大陆的企业外，经第三地赴台投资的外国公司，只要含陆资比例达 30%，或陆资对公司具有实质控制力者，都视为陆资进行管理，必要时主管机关可以要求陆资企业申报资金来源。依目前规定，所谓"具有实质控制力"，是指陆资股权即使未达 30%，但在该企业董事会具有董监事过半人事权、经营权及财务掌控能力的外资，也视为陆资。实收资本额超过新台币 8000 万元的陆资投资事业，有接受检查的义务，须每年向主管机关申报财务报表。

2. 第一阶段开放内容①

为开放陆资赴台投资，台湾"经济部"依据"两岸人民关系条例"拟订了

---

① 本文以 2009 年 6 月 30 日为起点，将台湾对陆资的开放分为三个阶段，第一阶段为 2009 年 6 月 30 日至 2011 年 3 月 7 日，第二阶段为 2011 年 3 月 7 日至 2012 年 3 月 30 日，第三阶段为 2012 年 3 月 30 日至今。

"大陆地区人民来台投资许可办法"、"大陆地区的营利事业在台设立分公司或办事处许可办法"，自2009年6月30日起生效实施，并自同日起，正式受理陆资来台投资或设立办事处的申请案件。上述文件主要内容包括①：

一、采取事前许可制：大陆地区人民、法人、团体、其他机构或来自第三地区投资的公司，须事先取得"经济部"许可后，才能来台设立子公司、分公司、独资或合伙事业。大陆地区的营利事业，也须事先取得"经济部"许可后，才能在台湾地区设立分公司或办事处（设立办事处需向"经济部商业司"申请许可）。

二、设定严谨的管理门坎：为避免陆资经由第三地投资事业来台投资，规避"大陆地区人民来台投资许可办法"的适用，许可办法也设定了管理门坎，对于大陆地区的人民、法人、团体或其他机构，直接或间接持有第三地区公司股份或出资额逾30%，或其对该第三地区公司具有控制能力②，也视为陆资，应适用该许可办法的规定。

三、证券投资超过一定比率视同直接投资：大陆企业投资上市、上柜及兴柜公司的股票，如果单次或累计投资股份在10%以上者，视为直接投资，应依"大陆地区人民来台投资许可办法"办理。

四、制定防御条款：投资人如为大陆地区军方投资或具有军事目的的企业，主管机关应限制其来台投资。此外，陆资来台投资在经济上如具有独占、寡占或垄断性地位，在政治、社会、文化上具有敏感性或影响地区安全，或对岛内经济发展或金融稳定有不利影响，台湾当局应禁止其投资。

五、建立后续查核机制：为了加强对资金通过第三地公司来台投资的查核，必要时，主管机关应要求投资人申报资金来源或其他相关事项。另外，针对实收资本额新台币8000万元以上的陆资投资事业，明确要求其应每年向主管机关申报财务报表，以及接受相应检查。

---

① 本部分内容参考"开放陆资来台，实现两岸双向投资——优势互补、互利双赢"，台湾"经济部投资审议委员会"网站：www.moeaic.gov.tw。

② 依据台湾"经济部"2010年8月18日经审字第09904605070号解释令，"具有控制能力"是指有下列情形之一：（1）与其他投资人约定下，具有超过半数之有表决权股份之能力；（2）依法令或契约约定，可操控公司之财务、营运及人事方针；（3）有权任免董事会（或约当组织）超过半数之主要成员，且公司之控制操控于该董事会（或约当组织）；（4）有权主导董事会（或约当组织）超过半数之投票权，且公司之控制操控于该董事会（或约当组织）；（5）依据财团法人台湾会计研究发展基金会公布之财务会计准则公报第五号、第七号所规定之其他具有控制能力。

台湾"经济部"以"先紧后宽"、"循序渐进"、"先有成果再行扩大"为开放原则，并采用正面表列方式明定开放陆资来台投资的项目。第一阶段共开放192个项目，自2009年6月30日起生效。第一阶段开放的项目均以岛内发展成熟的产业为主，分别为制造业64项、服务业117项、公共建设11项。

（1）制造业部分

制造业部分共开放64项，占台湾行业标准分类－制造业细类212项的30%。主要包括纺织业、橡塑料制品制造业、计算机、电子产品及光学制品制造业、汽车及零组件制造业等。主要考虑以下因素：一是"侨外投资负面表列－禁止及限制侨外人投资业别项目"、"在大陆地区从事投资或技术合作禁止类制造业产品项目"（晶圆、TFT－LCD等）暂不开放；二是配合两岸产业合作，纳入搭桥项目的重点产业项目（汽车等）；三是上下游产业链完整，在国际市场上具有竞争力并具有制造及管理能力的产业（如纺织业、橡胶制品制造业、塑料制品制造业等）。

（2）服务业部分

服务业部分共开放117项，占台湾行业标准分类－服务业细类326项的36%。主要包括批发业、零售业、住宿服务业、餐饮业、数据处理及信息服务业等。需注意的是，第二类电信业设有不得持股超过五成以上的限制；其余项目多为生活日用品的批发零售业以及对应直航开放的海运及空运业。此类开放主要考虑以下因素：一是有助于商业活动及营销渠道的服务业，且从业者具有相应能力（批发业、零售业）优先开放；二是配合两岸已签署的相关协议，开放大陆籍人员来台设立船舶运送业、民用航空运输业的分公司或办事处。三是凡涉及学历认证、专业证照（律师、会计师），或需考虑从业人员相应能力的服务业（营造及相关工程服务业）暂缓开放。

（3）公共建设（非承揽）部分

公共建设（非承揽）部分共开放11项，占台湾"促进民间参与公共建设法"中公共建设次类别分类81项的14%。仅开放以民间参与公共建设的方式进行投资，但对于公共工程，其承揽部分暂不开放。即陆资仅能投资公共建设，不能承包工程。同时，"民用航空站及设施"仅开放投资航空站陆侧（指"人活动的区域"，航站大厦、候机楼、行李转盘等）及非涉及管制区。民用航空站及港埠的开放，陆资持股不得高于五成。港埠投资设有10—25亿元的投资金额下限。

3. 第二阶段开放内容

（1）制造业部分

本次制造业部分开放 25 项，累计开放 89 项，占台湾行业标准分类 – 制造业细类 212 项的 42%。包括：

第一，染料及颜料制造、清洁用品制造、金属模具制造、金属结构制造、金属建筑组件制造、金属热处理、金属表面处理、电池制造、风力发电设备制造、产业用机械设备维修及安装等 10 项，无限制条件。

第二，肥料制造、冶金机械制造、其他金属加工用机械设备制造、木工机械设备制造、化工机械设备制造业、橡胶及塑料加工用机械设备制造、未分类其他专用机械设备制造、原动机制造、污染防治设备制造、其他通用机械设备制造等 10 项，开放陆资得参股投资现有事业，持股比率不得超过 20%；合资新设事业，陆资持股比率须低于 50%；对该投资事业不得具有控制能力。

第三，为确保台湾关键技术产业的发展优势及掌握主动权，策略性引进陆资，投资人得参股投资或合资新设集成电路制造业、半导体封装及测试业、液晶面板及其零组件制造业、金属切削工具机制造业、电子及半导体生产用机械设备制造业等 5 项。陆资参股投资现有事业，持股比率不得超过 10%；合资新设事业，陆资持股比率须低于 50%；对该投资事业不得具有控制能力。此外，陆资投资前述业别项目，应提出产业合作策略，并经项目审查通过。

（2）服务业部分

本次服务业部分开放 8 项，累计开放 138 项，占台湾行业标准分类 – 服务业细类 326 项的 42%。主要系配合公共建设开放项目的服务业项目，包括其他陆上运输业（限观光用空中缆车运输服务）、停车场业、游乐园及主题乐园（非属森林游乐区）等 3 项，无限制条件；另陆资投资港埠经营有关的服务业包括港埠业、其他水上运输辅助业、其他运输辅助业、普通仓储业、冷冻冷藏仓储业等 5 项，除限依"促进民间参与公共建设法"投资公共建设案的营运区域及业务范围外，其持股比率须低于 50%；对该投资事业不得具有控制能力。

（3）公共建设部分

本次公共建设部分开放 9 项，累计开放 20 项，占促参法公共建设次类别分类 83 项的 24%。包括民用航空站与其设施的维修棚厂、交通建设的停车场、环境污染防治设施的5项、污水下水道、重大商业设施的国际会议中心等,其中针对民用航空站与其设施的维修棚厂,除军民合用机场不开放外,其持股比率须低于50%。

4. 第三阶段开放内容

(1) 制造业部分

本次制造业部分新增开放115项,若算上以往开放的89项,制造业已累计开放204项,开放幅度达97%。本次开放项目,计有33项分别依据产业发展规模及其对应的能力,制定了不同的限制条件:

第一,限投资现有事业且持股比率不得超过50%:包括食品制造业(17项)、非酒精饮料制造业、纸浆纸及纸制品制造业(5项)、化学制品制造业、原料药药品制造业(非属中药原料制造者)、生物药品制造业、钢铁冶炼业、金属手工具制造业、螺丝螺帽及铆钉制造业、机车制造业、机车零件制造业等31项。

第二,限制不得具有控制能力,并应提出产业合作策略并经过项目审查:新增开放发光二极管制造业、太阳能电池制造业等2项,投资前述事业不得具有控制能力,且须由项目小组审查产业合作策略,陆资投资人对项目进行审查时应承诺陆资股东不得担任或指派其所投资事业的经理人、担任董事的人数不得超过其他股东担任的总人数,以及不得于股东大会前征求委托书等限制条件。

第三,另有7项与侨外投资项目订有相同的限制条件。至于其余75项,无限制条件。

第四,同时,为满足台湾从业人员全球布局及策略联盟实务运作需求,针对前一阶段已开放的集成电路制造业、半导体封装及测试业、液晶面板及其组件制造业、金属切削工具制造业、电子及半导体生产用机械设备制造业等5项的限制条件进行调整,即陆资投资前述产业不得具有控制能力,且须由项目小组审查产业合作策略,陆资投资人于项目审查时应承诺陆资股东不得担任或指派其所投资事业的经理人、担任董事的人数不得超过其他股东担任的总人数,以及不得于股东大会前征求委托书等限制条件,以确保台湾关键技术产业的发展优势与掌握主动权。

总体来看,与前二阶段的开放相比,第三阶段的开放步伐明显加大,但较之于侨、外资入台投资依然设定不平等的歧视性限制条件,两岸投资正常化尚有较长的路要走。

(2) 服务业部分

第一,本次新增开放23项,若算上以往开放的138项,服务业已累计开放161

项，开放幅度达 51%。

第二，本次开放项目，主要以"经济部"主管及与公共建设相关的服务业为主，总计有 8 项依业别特性定有不同的限制条件：

①大众捷运运输系统业、其他陆上运输辅助业，限依"促进民间参与公共建设法"投资公共建设案的营运区域及业务范围，并经目的事业主管机关项目审查，对投资事业不得具有控制能力。

②创业投资公司，对投资事业及其转投资公司不得具有控制能力。

③广告业，不开放一般广告，仅开放户外广告及其他广告。

④未分类其他专业科学及技术服务业，仅开放能源技术服务业。

⑤其他机器设备租赁业，不开放电信设备、医疗机械设备及电力设备。

⑥清洁服务业，限建筑物清洁服务。

⑦汽车维修业，限依"促进民间参与公共建设法"投资公共建设案"国道服务区"的营运区域及业务范围，或投资汽车制造业、汽车批发业所附带经营。

第三，其余 15 项，则无限制条件。

（3）公共建设（非承揽）部分

第一，本次新增开放 23 项，若算上以往开放的 20 项，公共建设（非承揽）总计开放 43 项，开放幅度达 51%。

第二，本次开放项目，总计有 14 项附带限制条件：

①公路，限国道服务区；大型物流中心，限采用合资且对投资事业不得具有控制能力；转运站、车站、调度站等，限公路客运；依法核准设置的殡葬设施，限殡仪馆及火化场。

②其他经主管机关认定的社会福利设施，采用个案认定；市区快速道路，大众捷运系统，轻轨运输系统，桥梁及隧道，其他经主管机关认定的社会福利设施，公立文化机构及其设施，依法指定的古迹，登录的历史建筑及其设施，其他经过目的事业主管机关认定的文化、教育机构及其设施等，均定有持股比例等限制条件，且对该投资事业不得具有控制能力。

第三，其余 9 项，则无限制条件。

第四，前述开放的公共建设（非承揽）项目，均应先依"促进民间参与公共建设法"及其相关规定办理。①

---

① 参见台湾"经济部投资审议委员会"网站：http：//www. moeaic. gov. tw/。

专栏3-1　大陆资本赴台投资审查作业流程图

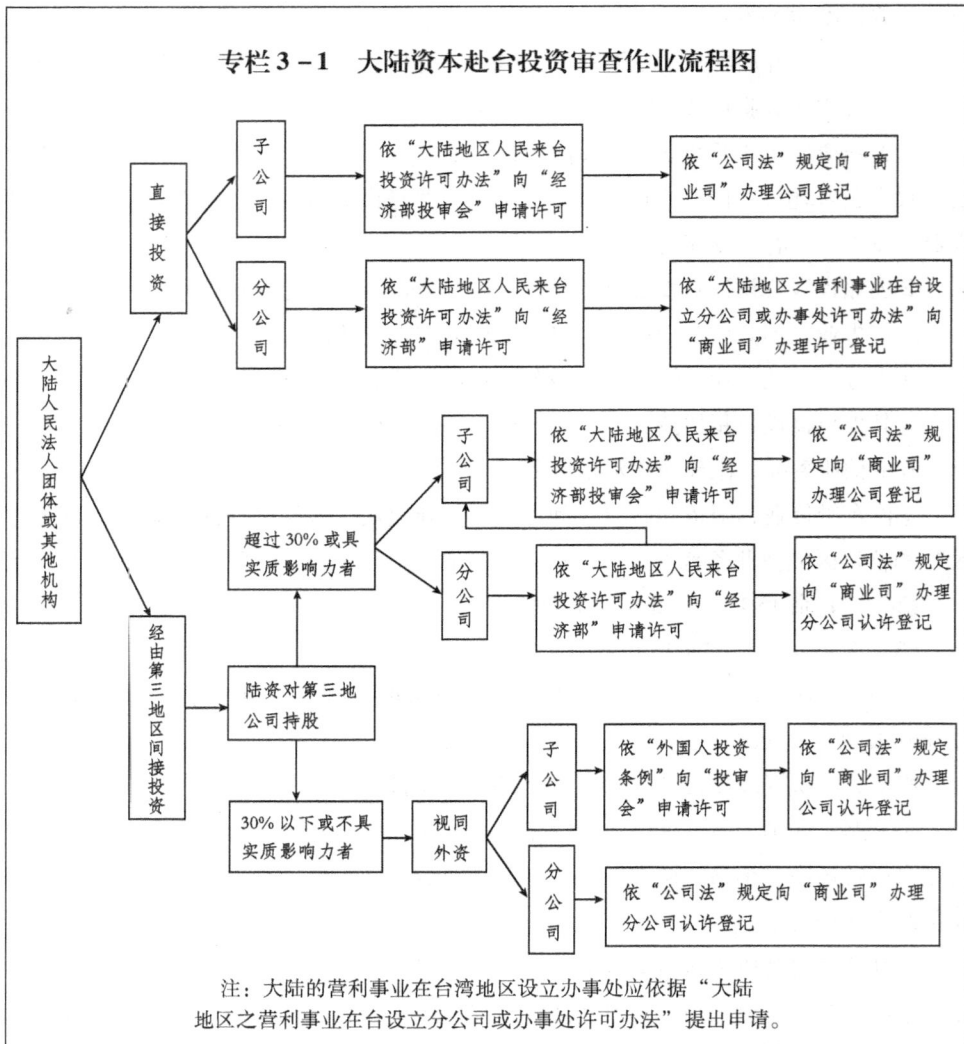

注：大陆的营利事业在台湾地区设立办事处应依据"大陆
地区之营利事业在台设立分公司或办事处许可办法"提出申请。

第三节　大陆赴台投资情况分析

1. 投资规模

在开放陆资入台投资问题上，台湾当局一开始就以保守主义的开放思维为指导，确定了"先紧后松、循序渐进、先有成果，再行扩大"的陆资开放原则。这种保守主义的开放思维与开放原则，贯穿于台湾开放陆资入台投资政策的方方面面，从根本上制约了陆资入台投资的意愿与规模。据台湾"经济部"统计，2012 年 1—11 月核准陆资来台投资件数为 126 件，较上年同期增加 28.57%；投（增）资金额计 1.75 亿美元，较上年同期增加 309.61%。其中 11 月份重大投资案件有香港商联滔电子有限公司申请以约新台币 4.56 亿元等值的外币投资台湾岛内上柜公司宣德科技股份有限公司，持股比例 25.20%，从事电线及电缆制造、有线通信机械器材制造等业务。自 2009 年 6 月 30 日开放陆资来台投资以来，累计核准陆资来台投资件数为 330 件，核准投（增）资金额计 3.51 亿美元。三个阶段开放陆资来台投资合计 408 项，总的开放幅度达 66.78%（如表 3-2、图 3-1、表 3-3 所示）。

表 3-2　第一、二、三阶段开放陆资来台投资业别项数统计

	第一阶段开放项数	第二阶段开放项数	第三阶段开放项数	合计（分类总项数）	开放比例
制造业	64	25	115	204（211）	96.68%
服务业	130	8	23	161（316）	50.95%
公共建设	11	9	23	43（84）	51.19%
合计	205	42	161	408（611）	66.78%

注：制造业及服务业项数于第一、二阶段发布时，是采取台湾行业标准分类第 8 次修订版，第 3 阶段则改为采取台湾行业标准分类第 9 次修订版。

资料来源：台湾"经济部投资审议委员会"。

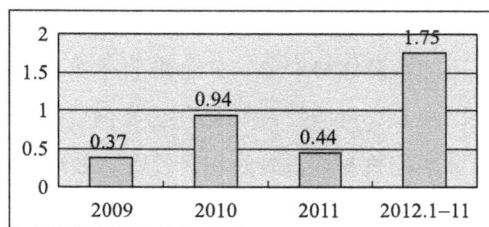

图 3-1　大陆赴台投资趋势　单位：亿美元

资料来源：根据台湾"经济部投资审议委员会"公布数据绘制。

表 3-3　2009 年 6 月 30 日至 2012 年 1—11 月大陆赴台投资概况

年（月）	数量（件）	金额（亿美元）
2009 年	23	0.37
2010 年	79	0.94
2011 年	102	0.44

年（月）	数量（件）	金额（亿美元）
2012 年 1 - 11 月	116	1.57
1 月	13	0.97
2 月	12	0.06
3 月	8	0.02
4 月	9	0.01
5 月	9	0.11
6 月	12	0.06
7 月	17	0.11
8 月	10	0.02
9 月	9	0.04
10 月	17	0.17
11 月	10	0.19
2009 年以来	330	3.51

资料来源：台湾"经济部投资审议委员会"。

2. 投资结构

据台湾"经济部"统计，大陆企业赴台投资的投资行业主要集中于劳动密集型、资源消耗型的传统产业，但这些产业在台湾内部发展相对饱和，成本高，利润低，市场竞争激烈。真正的台湾优势产业，如金融服务业、专业服务业以及高科技等产业，大陆企业均难以涉及。台湾"经济部"公布的数据显示：近两年侨商对台湾投资中，金融保险与金融控股业约占外商在台投资总额的 40%；电子零组件与电脑配件、电子产品约占 9.2%。但这些对非大陆资本开放的投资领域却以危害台湾经济安全或冲击岛内本土产业为由而拒绝对大陆资本开放。台湾对大陆资本的歧视以及限制是造成大陆对台投资结构较低、行业分布不均衡的主要原因。

此外，依投资金额统计，2009 年 6 月 30 日至 2012 年 1 - 11 月，大陆赴台投资前 3 名为：银行业，占 26.07%；批发及零售业占投资金额次之，占 21.33%；计算机、电子产品及光学制品制造业，占 16.17%。

根据投资件数统计，2009 年 6 月 30 日至 2012 年 1 - 11 月，投资台湾的陆资中，排名前 3 位的是：批发及零售业占 54.55%、信息软件服务业占 7.27%，电子零组

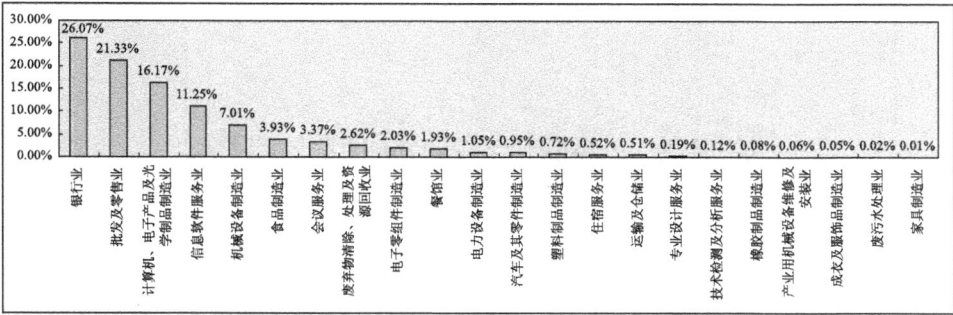

图 3 - 2　2009 年 6 月 30 日至 2012 年 1—11 月陆资赴台投资结构——依投资金额统计

资料来源：根据台湾"经济部投资审议委员会"公布数据整理绘制。

件制造业占 6.36%。如图 3 - 3 所示。

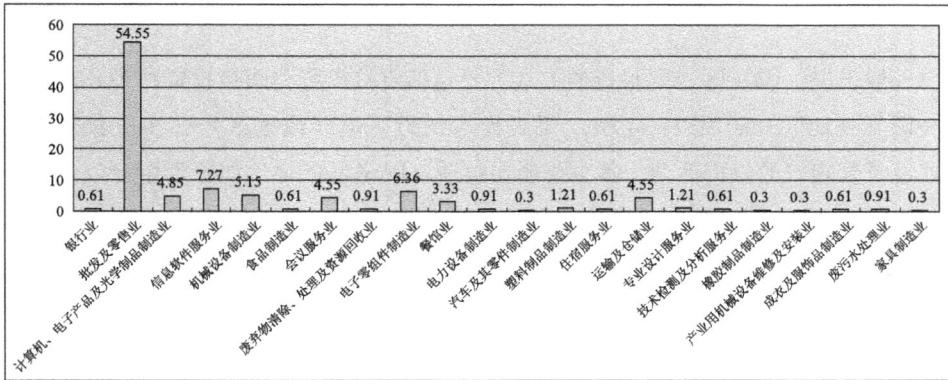

图 3 - 3　2009 年 6 月 30 日至 2012 年 1—11 月陆资赴台投资结构——依投资件数统计

资料来源：根据台湾"经济部投资审议委员会"公布数据整理绘制。

第四章　大陆赴台投资的方式与路径

第一节　大陆企业赴台投资方式概述

一般来说，国（区）际投资的方式主要包括直接投资和间接投资两种。前者是指一国（或地区）居民以一定生产要素投入到另一国（或地区）并相应获得当地企业经营管理权的投资活动，其主要形式包括：创建新企业（如独资企业或合资企业）、设立子公司或分公司、利润再投资、非股权参与式投资、BOT 投资、建立国际战略联盟、设立办事处等，后者则是指投资者通过在国际证券市场上购买外国企业或者政府发行的债券、股票所进行的投资活动，亦即证券投资，其主要形式为：债券投资、股票投资、基金投资等。鉴于台湾市场的特殊性和两岸关系的复杂性，预估大陆企业赴台投资会选取一些风险性较小、方便易行的投资方式。以下几种是可能性较大的投资模式选择：

一是设立子公司或分公司。作为一种直接投资方式，子公司是指一定数额的股份被另一公司控制或依照协议被另一公司实际控制、支配的公司。子公司具有独立法人资格，拥有自己所有的财产，自己的公司名称、章程和董事会，以自己的名义开展经营活动、从事各类民事活动，独立承担公司行为所带来的一切后果和责任。但涉及公司利益的重大决策或重大人事安排，仍要由母公司决定。分公司是指在业务、资金、人事等方面受本公司管辖而不具有法人资格的分支机构。分公司属于分支机构，在法律上、经济上没有独立性，仅仅是总公司的附属机构。分公司没有自己的名称、章程，没有自己的财产，并以总公司的资产对分公司的债务承担法律责任。

二是合资或合作经营模式。投资者赴另一国家或地区创办新企业，是目前最为普遍的国（区）际直接投资模式。受到政策、政治与社会环境的影响，大陆企业很难以独资的形式投资岛内。相形之下，以合资或合作的形式投资台湾则是比较安全可行的投资方式。

三是收购或兼并模式。主要是通过直接购买现有的投资地企业，或是购买企业一定比例的股票，以取得对该企业全部或部分资产所有权的投资行为。这种投资模式由于手续简单，投资成本较低而经济效益较高，将会成为大陆企业投资台湾的重要模式之一。未来大陆企业可以通过两种渠道，实现对台湾企业的收购兼并：首先是通过收购国际跨国公司及其在台业务的方式，实现间接进入岛内投资的目的，如联想集团收购 IBM 公司，就实现了这种投资；其次是直接收购兼并岛内企业，实现对台直接投资。

四是非股权参与式投资模式。这种投资模式正成为当代国（区）际资本流动的一个主要形式。其特点在于无须资本注入，是一种合约投资，技术含量高，投资风险性较小。对于大陆企业来说，这种投资模式是赴台投资的理想模式。因为其操作比较简单，所受限制比较少，大陆企业不须进入岛内，不必直接经营，就可以和岛内企业进行合作，达到投资目的。目前，在陆资入岛投资个案中，青岛啤酒在台投资就是采取此种模式。由于这种投资方式风险相对较小，且简便易行，未来许多大陆企业选择此种投资模式的可能性很高。

五是证券投资模式。对于企业投资者来说，拓展新市场是其对外投资的重要因素，因而前三种投资模式就成为其常用的对外投资方式。然而，对于非企业投资者来说，证券投资模式则是更加方便易行的投资方式。台湾早已开放外资投资台湾股市，累计投资金额高达 1400 亿美元，占台湾股市总值的 36% 左右。目前，台湾当局正着手拟定开放大陆居民投资台湾股市、基金等政策规划，已开放大陆合格境内投资者（QDⅡ）投资台湾证券及期货市场。预计未来这一模式的投资会有较大的发展，将成为大陆广大的非企业投资者投资台湾的主要方式。[①]

此外，大陆企业赴台投资，还应着重考虑以下几点：

一是采取集群式入岛投资。该模式是以大陆固有的"块状经济"为基础，创造

---

① 李非，汤韵：《海峡两岸双向投资的方式和领域》，《两岸关系》，2009 年第 2 期，第 29—30 页。

"走出去"的整体竞争优势。集群式对台投资的重要载体就是在台湾的一些典型区域兴建大陆工业园区。工业园区的建立，可为大陆企业实现集群式对台湾投资搭建一个良好的信息提供与运营服务平台。事实上，这方面的投资，大陆一些民营企业已经在其他海外地区进行了尝试，如大陆的华立集团与泰国安美德集团在泰国东部海岸创立的泰中罗勇工业园，康奈集团牵头建设的俄罗斯乌苏里斯克远东康吉工业园等。这些经验，均可为大陆企业对台湾投资提供借鉴。

二是在台湾开展境外生产加工。大陆企业在台湾投资兴建生产加工企业，可实现资源在全球范围内的有效配置和原产地的多样化，减轻大陆的资源和环境压力，转移大陆传统优势产业的过剩产能，促进产业结构的升级和优化。这方面的行动，大陆企业同样已经在其他国家和地区进行了尝试，例如，大陆的宁波海天机械公司已在土耳其、加拿大、墨西哥等多个国家设立了境外加工企业，已成为亚洲举足轻重的塑料机械生产商。

三是投资台湾建立东南亚营销新网络。根据规划，到 2012 年，浙江要在台湾等境外建设 50 个优势行业的地区营销总部，重点扶持 100 家龙头企业建设营销网络。可借此平台扶持优秀的大陆企业通过投资台湾，设立营销起点，从而构建东南亚甚至整个海外销售新网络，推广自主品牌，从而占领价值链的高端环节；另外，也可以通过并购台湾知名品牌及其销售网络，利用已有的成熟销售网络，迅速打开台湾市场以及东南亚市场。

四是在台设立研发机构。为积极利用台湾地区的技术、人才和资金等方面的诸多优势，大陆企业可以在台湾设立研发机构，从而服务于台湾市场，反哺大陆市场，面向全球市场需求，提升大陆企业的国际竞争实力。此外，投资于台湾的研发机构，不仅可以利用台湾本地的技术和人才，还可以提升大陆传统制造行业的创新能力。这一方面，大陆的企业已经进行了一些尝试，并取得了良好的回报。在海外设立研发机构的大陆企业主要还是少数行业龙头企业，如大陆的康奈集团、奥康集团、吉利集团等，主要方式是并购海外企业或其技术部门，新建独立研发机构和设立合资境外研发机构等。[①]

---

① 肖文等：《浙江民企入台投资的机遇与挑战》，《今日浙江》，2011 年第 20 期，第 31 页。

第二节　大陆赴台投资的路径：案例剖析

（一）直接投资

1. 设立办事处模式——三一重工股份有限公司

企业简介：三一重工股份有限公司是三一集团的核心企业，于 2003 年 7 月上市。三一集团主业是以"工程"为主题的机械装备制造业，目前已全面进入工程机械制造领域。主导产品为建筑机械、路面机械、挖掘机械、桩工机械、起重机械、非开挖施工设备、港口机械、风电设备等全系列产品。其中混凝土机械、桩工机械、履带起重机为大陆第一品牌，混凝土泵车全面取代进口，大陆市场占有率达 57%，为大陆首位，且连续多年产销量居全球第一。2011 年三一集团实现了销售收入约 800 亿元，净利润超过 100 亿元，同比增长 50%–60%。

三一集团是全球工程机械制造商 50 强、全球最大的混凝土机械制造商，建有上海、北京、沈阳、昆山、长沙等五大产业园。在全球，三一集团建有 30 个海外子公司，业务覆盖达 150 个国家，产品出口到 110 多个国家和地区。目前，三一集团已在印度、美国、德国、巴西相继投资建设工程机械研发制造基地。

路径：就地开设办事处。

效果：是对台贸易窗口，有助于深入挖掘台湾岛内专业资源，深入当地交流，掌握赴台的相关政策，方便开拓市场，并借此更好地开展公司与台湾合作企业的业务经营，寻找新的合作伙伴。

表 4 – 1　三一重工股份有限公司赴台投资方式

审批时间	2009 年 12 月 29 日
大陆投资主体	三一重工股份有限公司
投资形式	设立办事处
投资总额	无
注册资本	无
台开放类型	制造业
备注	总公司派驻 6 人

资料来源：根据相关网站资料整理。

2. 设立分公司模式——昆山联德精密机械有限公司

企业简介：联德精密机械成立于 2003 年 5 月，是一家从事精密金属模具和五金冲压件生产的企业，主要客户为电子、通信、计算机及终端产品行业的外资企业。主要产品为各类精密冷冲模具、精密高速冲压（笔记本散热模组）、新型电子元器件、汽车零配件。公司在 2003 年 10 月 13 号通过了 ISO9001：2000 质量管理体系认证。台湾 HTC、宏达、华硕等多家知名电子企业是其重要客户。

表 4-2   昆山联德精密机械有限公司赴台投资方式

审批时间	2009 年 12 月 29 日
大陆投资主体	昆山联德精密机械有限公司
投资形式	设立子公司
投资总额	40 万美元
注册资本	30 万美元
台开放类型	制造业
备注	在台名称为龙大昌精密工业有限公司

资料来源：根据相关网站资料整理。

路径：在台湾地区台北县投资办厂，设立全资子公司——龙大昌精密机械有限公司。

效果：该项目为 2009 年 6 月 30 日台湾地区对大陆企业赴岛投资开放以来苏州市首个完成大陆部分审批手续，获得批准证书的项目。将在台湾地区从事相关市场调研，并与台湾知名企业联合设计、研发电子通讯类产品的关键部件。昆山联德还将以龙大昌为基地开展各类产品的售后服务。

（二）间接投资

1. 直接并购台湾企业模式——福建财茂集团

企业简介：财茂集团是一家集进出口贸易、服装生产、品牌经营的大型外向型集团企业，在福建童装产业居龙头地位，旗下拥有 TOPBI（淘帝）童装、STILLO（史帝欧）婴童装等自创品牌，在大陆拥有 150 家连锁店。历经 20 年的艰苦创业，集团拥有一套集自主品牌研发、设计、生产、销售为一体的完善的经营管理体系。销售遍及美国、加拿大、日本、澳大利亚、阿根廷、巴西、南非、中东等 80 多个国家和地区。集团拥有职工6500多人，旗下10家控股子公司，大陆外1700多家连锁店和多达数百家的伙伴工厂。集团连续五年入选中国民营百强出口企业、中国企业信息化500强、产品质量信用500强，年销售额超过46亿元人民币，年出口额超过5亿美元，年创利税2.25亿元人民币。2007—2011年的出口额分别为：1亿美元、1.5亿美元、2亿美元、3亿美元、5亿美元。

路径：财茂集团收购台湾志伟实业51%的股权，还得到了22条尼龙丝生产线，及生产制造尼龙丝6和尼龙丝66所需的所有技术与数据。

效果：这是台湾开放陆资一周年后的最大一笔投资，也是首宗陆资企业赴台并购案。无论在投资金额，还是投资模式上，都显示了两岸经贸合作的深化。收购将财茂集团的产业链继续延伸到童装的高端面料领域，有助于财茂集团掌握服装面料生产核心技术，提升国际市场价格竞争力。此外，福建财茂集团2010年就打算投资500万美元在台湾设立分公司，并以"10＋1"的方式进入台湾10大百货公司开设淘帝专柜，以及设立1家淘帝旗舰店，未来3年内在岛内拓展100家淘帝专卖店。2012年4月，国家发改委正式核准了福建财茂集团有限公司在台湾地区投资建设TOPBI（淘帝）品牌童装营销中心项目。[①]

表4-3 福建财茂集团赴台投资方式

审批时间	2010年6月
大陆投资主体	福建财茂集团
投资形式	斥资6000万美元收购股权
投资总额	6000万
注册资本	无
台开放类型	服装
备注	获得国家发改委核准

资料来源：根据相关网站资料整理。

2. 间接并购台湾企业模式——福建新大陆电脑股份有限公司

企业简介：新大陆科技成立于1999年，年营业额20亿元人民币，旗下新大陆电脑公司在境内的深圳证券交易所上市，成立于1994年，主要致力于计算机外部

[①] 参见"福建财茂集团有限公司在台湾地区投资建设TOPBI（淘帝）品牌童装营销中心项目通过核准"，国家发展和改革委员会网站，http：//www.sdpc.gov.cn/xmsphz/t20120921_506124.htm。

设备的研究发展、行业应用软件开发与系统集成服务。目前，公司主力产品为二维条码的辨识硬体制造，拥有亚洲地区独有的二维条形码核心技术，业务横跨移动通信、数字高速公路、电子政务、金融、保险、税务等多个领域，成为大陆领先的行业信息化整体解决方案提供商。并与中国移动通信集团公司合作，在境内推动二维条形码的商务应用。公司先后在美国、日本、荷兰以及东南亚等地投资设立境外子公司，形成了以资本、技术、市场为纽带的具有战略管控能力和辐射效应的全球营销管理架构。

路径：新大陆电脑股份有限公司出资 28 万欧元收购荷兰史利得公司在台独资设立的帝普科技公司 58% 股份。收购后，帝普科技更名为"台湾新大陆股份有限公司"，主要从事电子产品、电子材料批发与零售、资料处理服务和国际贸易。

效果：台湾的经济比大陆的经济起步早，其产业化能力、科技创新能力，特别是供应链的管理以及知识产权管理等方面，比大陆更有经验，通过台湾这个平台，新大陆可以弥补自己的短板。新大陆可以通过投资台湾让更多国际客户了解"新大陆"品牌，同时增强企业的科技创新能力。通过台湾这个市场，新大陆还把原来在大陆比较成功的或者比较好的一些商业模式应用推广到台湾，并通过台湾走向全球。

表 4-4　福建新大陆电脑股份有限公司赴台投资方式

审批时间	2009 年 7 月 24 日
大陆投资主体	福建新大陆电脑股份有限公司
投资形式	收购 58% 股权并设立子公司
投资总额	28 万欧元（约合 40.5 万美元）
注册资本	无
台开放类型	制造业
备注	收购荷兰史利得公司在台湾独资设立的帝普科技有限公司58% 股份并设立台湾新大陆股份有限公司

资料来源：根据相关网站资料整理。

3. 借道并购台湾企业模式——中国移动公司

企业简介：中国移动通信集团公司（简称"中国移动"）于 2000 年 4 月 20 日

成立，注册资本 3 千亿元人民币，资产规模超过万亿元人民币，拥有全球第一的网络和客户规模。中国移动全资拥有中国移动（香港）集团有限公司，由其控股的中国移动有限公司在大陆 31 个省（自治区、直辖市）和香港特别行政区设立全资子公司，并在香港和纽约上市。2011 年列《财富》杂志世界 500 强 87 位，品牌价值位列全球电信品牌前列，成为全球最具创新力企业 50 强。中国移动主要经营移动话音、数据、IP 电话和多媒体业务，并具有计算机互联网国际联网单位经营权和国际出入口局业务经营权。除提供基本话音业务外，还提供传真、数据、IP 电话等多种增值业务，拥有"全球通"、"神州行"、"动感地带"等著名客户品牌。

目前，中国移动的基站总数超过 90 万个，客户总数接近 6.5 亿户。中国移动连续七年在国务院国有资产监督管理委员会考核中获得最高级别——A 级，并获该机构授予的"业绩优秀企业"称号。连续四年进入《金融时报》全球最强势品牌排名。上市公司连续四年入选道琼斯可持续发展指数，是中国大陆唯一入选的企业。同时，中国移动积极投身社会公益事业，连续三年荣获慈善领域最高政府奖"中华慈善奖"。此外，中国移动是联合国全球契约（Global Compact）正式成员，认可并努力遵守全球契约十项原则，并加入该组织倡导的"关注气候变化"（Caring For Climate）行动。中国移动是气候组织（The Climate Group）成员，努力在应对气候变化中发挥积极作用。

路径：2009 年，中国移动通过一家荷兰设立的公司（Zong B. V.）名义，以全资子公司在台筹设纵信股份有限公司，借此投资台湾远传电信。2009 年底中国移动的申请获准，2010 年 4 月底取得设立登记表，正式成立纵信子公司。以此为跳板，投资台湾远传电信。

效果：2009 年 4 月中国移动董事长与远传电信签署协议，中国移动将入股远传 12% 的股份。纵信公司的成立代表中国移动实现对台投资策略的第一步，子公司的成立有助于缩短台湾开放陆资投资第一类电信事业后入股远传的交易时间，加速双方的业务合作进展。中国移动将与远传电信在联合采购、漫游、资料、增值服务、网络及技术等方面建立合作关系，双方也计划在大陆成立子公司，远传进军大陆电信服务市场。2010 年 5 月台湾监管部门已正式批准中国移动在台湾成立全资子公司——纵信股份有限公司。①

---

① 参见"中移动台湾子公司获批"，中国通信网，http://www.c114.net/news/118/a506105.html。

表 4 – 5　中国移动赴台投资方式

审批时间	2009 年底
大陆投资主体	中国移动
投资形式	入股远传 12% 的股份
投资总额	177.7 亿元新台币
注册资本	200 万元
台开放类型	电子材料批发业
备注	根据纵信在台登记公司资料显示，位于台北市信义区的纵信资本总额为 200 万元，登记的事业项目为电子材料批发业

资料来源：根据相关网站资料整理。

第五章 大陆赴台投资的重点领域

第一节 汽车工业

1. 台湾汽车工业发展概况

台湾汽车工业的发展进程大致可以上世纪 80 年代中期为界划分成两个阶段。80 年代以前，台湾以保护幼稚工业为目的，实施进口替代和出口导向战略。这一阶段虽然实行了较高的保护，但汽车工业并未因此形成自主开发能力，竞争力很弱。80 年代中期以来，台湾经济实行一系列较为开放的政策，特别是 1985 年开始实施《六年汽车工业发展方案》，大幅度降低汽车进口关税，放宽整车装配厂的设立标准，为汽车企业的竞争创造宽松的条件。1992 年开始在车型开发、生产及销售方面努力与国际接轨，特别是汽车零部件开始进入美、日等国市场。台湾采取积极的产业政策，引导整体素质较好的福特六和、"中华"、国瑞、裕隆、三阳等五家厂商，采取扩大规模、减少车种、降低开发成本等方法提高竞争力，争取在区域分工中发挥作用，并逐步参与全球汽车产业分工。这一时期，台湾汽车工业的竞争力有所增强，但国际竞争力仍然较弱。

2009 年台湾汽车产业的总产值估计为新台币 2490 亿元，其中汽车整车产值估计为 1103.2 亿元，较 2008 年同期增长 13.8%；零组件产值约为 1386.8 亿元，较 2008 年同期衰退 8.9%。

（1）整车产业竞争力弱

台湾真正属于自己单独发展起来的汽车整车厂几乎不存在，从一开始就与外资紧密结合。由于地理和历史的原因,台湾汽车产业的发展主要是以与日本汽车公司的合作为主,如在台湾11家汽车厂中,与日本合作的占80%—90%,且日系汽车的市场占有率高达95%,进口汽车绝大部分为日系车,并且进口其零部件。台湾汽车在与日本汽车公司的合作中,并没有迅速获得自己发展所需的各种资源,日本对技术出口的限制使整个台湾汽车产业到目前为止,对日本汽车技术还有很强的依赖性,甚至迄今没有自己的汽车整车设计平台。这些外资厂只是将台湾当做满足本地市场的一个加工基地,并没有完全带来母厂拥有的资金、先进的技术和管理以及人才等资源,台湾的汽车工业充其量只是一个汽车装配厂。

(2)汽车市场处于饱和

自1994年以来,台湾汽车市场开始饱和,销售持续下降,最近15年中市场缩水超过150%,由高峰时期的57.5万辆,最低下降到2008年的22.9万辆,创下22年来新低。2008年汽车总销售量较2007年下滑29%,连续三年下滑,台湾产汽车下滑幅度超过30%。

受台湾减征3万元货物税的刺激计划以及全球经济景况渐趋稳定的影响,2009年台湾汽车市场销量达294000余台,比2008年增长近三成。未来,面对全球车市较大回升和本地许多新车上市,特别是两岸签署ECFA框架协议,对台湾整体汽车产业更是利好。

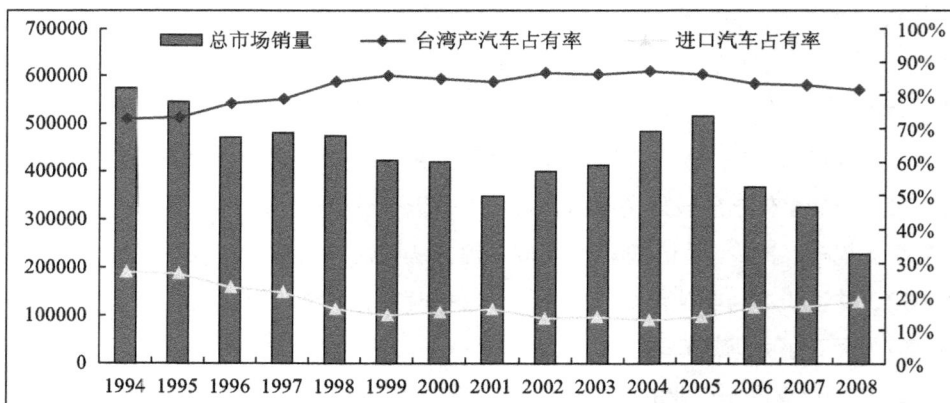

图5-1 台湾地区本地及进口汽车总市场销售状况

资料来源:台湾"交通部",台湾车辆工业同业公会整理。

表5－1　台湾地区本地及进口汽车总市场销售状况

年份	台湾产汽车	进口汽车	合计	增长率
1994 年	419772	155727	575499	3.28%
1995 年	400983	145651	546634	－5.02%
1996 年	364864	105772	470636	－13.90%
1997 年	379845	101718	481563	2.32%
1998 年	398576	75493	474069	－1.56%
1999 年	363066	60474	423540	－10.66%
2000 年	356546	63809	420355	－0.75%
2001 年	291307	56113	347420	－17.35%
2002 年	345211	53671	398882	14.81%
2003 年	357285	56629	413914	3.77%
2004 年	422410	61882	484292	17.00%
2005 年	444470	70157	514627	6.26%
2006 年	306388	59928	366316	－28.82%
2007 年	271665	55116	326781	－10.79%
2008 年	186753	42744	229497	－29.77%
2009 年	23910	54900	294000	28.1%

资料来源：台湾"交通部"，台湾车辆工业同业公会整理，2009 年数据来自台湾《产业杂志》，《台湾汽车产业回顾与展望》，作者王建彬为台湾工业技术研究院资深特助。

（3）日系品牌主导

由于台湾汽车整车市场被外国品牌的汽车垄断，基本没有本地的品牌。在 2008 年 12 月通用汽车撤出后，岛内外资品牌中，除日资外还有福特设有工厂，其余企业均已撤出。在 2009 年台湾汽车市场销量前六位的品牌中，除福特居于第五以外，均为日系品牌，其中和泰丰田总销量第一，市场占有率达 37.9%，"中华三菱"及裕隆日产各居 15.6% 及 11.3%，分属第二及第三名，第四、五、六名则各为台湾本田、福特六和、台湾马自达；进口车方面，丰田和泰以 21776 台、市场占有率 36% 夺得第一，但总量居第二的台湾奔驰，却是豪华车的销售冠军，其他分居第三、四、五、六名者，分别为福斯标达、宝马泛德、铃木及马自达。

表5－2　2011 年台湾汽车及其零件业优质企业综指排名情况

排名	企业	排名	企业
1	国瑞汽车股份有限公司	6	帝宝工业股份有限公司
2	裕隆汽车制造股份有限公司	7	堤维西交通工业股份有限公司
3	"中华汽车工业股份有限公司"	8	台湾电综股份有限公司
4	福特六和汽车股份有限公司	9	恒耀工业股份有限公司
5	东阳实业厂股份有限公司	10	信昌机械厂股份有限公司

资料来源："中华征信所"。

台湾的小汽车关税从 1985 年 65% 逐年降至 1991 年的 30%，2002 年加入 WTO 后再逐年调降至 2008 年的 19.8%，但 1998 年以来台湾产小汽车市场占有率仍维持在 82% 以上。

（4）汽车零部件具有一定的国际竞争力

台湾汽车产业上游零部件体系在整车生产的带动下，形成少量多样、弹性制造的专业细化分工模式，零部件研发力量和品质也已具有一定的国际竞争力，零部件的发展前景要远远好于整车。2008 年台湾汽车零组件外销金额达新台币 1526 亿元，增长 3.18%，相当于 35 万辆经济型轿车的价值。

由于台湾岛内汽车市场规模有限，台湾汽车零部件大多销往北美、欧洲及中国大陆等地，而且外销金额持续扩大，零组件产业国际竞争力较强，主要外销产品有钣金件、轮圈、车身、发动机与刹车零件以及碰撞零件等，并以供应汽车售后服务市场为主，且在全球售后服务市场占据重要份额。

（5）汽车电子优势明显

台湾汽车产业在系统化的零部件制造、电子控制器及车用电子领域等方面更具优势。近年来，台湾汽车电子的发展，呈现出功能多样化、技术一体化、系统集成化和通信网络化的特点，在 GPS 导航系统、CAN－BUS 总线、自动变速控制系统、防盗系统、车载 TV、汽车空调、安全气囊、检测总线等方面，都可以与国际汽车零部件巨头齐头并进。台湾多家工业计算机厂商已全面进军车用电子控制类产品领域，并取得了不俗的市场业绩。

2. 陆资进入相关领域的机会分析

（1）高端汽车：进入风险较大

首先，与大陆相比，台湾市场的狭小将是陆资入台的最大风险。台湾全岛仅

2300 多万人口，作为一个独立市场，市场需求几近饱和，发展空间十分有限；其次，由于台湾并无强势的自主品牌和领先的核心技术，日系合资公司已占据主导，台湾市场实际成了跨国公司的竞技场，竞争十分激烈。最后，大陆高端品牌入台能否被接受面临风险，即使是大陆的合资企业赴台投资也显得不现实，因为日系车的竞争力极强，欧美汽车巨头一直进入不了台湾市场。

（2）低端汽车：消费潜力有待挖掘

台湾本土汽车企业的弱势，使台湾低端汽车市场一直是空白，毕竟对于丰田等跨国企业而言，在中高端市场能获取更多的利润。可见，在低端汽车市场，台湾巨大的消费潜力还没有被挖掘。台湾摩托车密度为世界第一，2300 万人口中摩托车的数量竟超过了 1400 万辆。与之相反，大陆的自主品牌企业在中低端市场有较大的价格优势，尤其是吉利、奇瑞这样的民营企业，其产品价位最高也就七八万元人民币。一旦奇瑞、吉利这样的大陆自主品牌企业进入台湾，并能维持其质量稳定性，在台湾市场赢得一定的口碑，很可能直接促使 1400 万摩托车一族升级为有车族。

（3）电动汽车：市场前景较好

2010 年台湾已将电动汽车纳入新兴产业重点项目，台湾"经济部"随即推动"电动汽车发展方案"，给予电动车货物税全免，及购买新车现金补贴或贷款利息补贴，未来现金补贴额度约在 20—30 万元，争取六年达到 6.5 万辆销售量的目标，带动电动汽车产值约 2000 亿元，包括整车、马达、电池等零组件产值。台湾在电动汽车特别是在动力电池关键技术、关键材料和产品研发等方面与岛外先进水平比较总体相当。考虑到大陆电动汽车的比较优势，台湾的电动汽车市场需求对大陆有竞争力的企业来说是一个较好的投资机会。

（4）汽车电子：参股联合开发新产品和技术

台湾具有车用电子产业的优势，其具有全球竞争力的电子产业供应链，是全球资讯通讯产品的主要供应来源，有完整的电子零部件及机电产业集群，拥有电子零部件研发及制造能力、快速有效的科技整合能力、稳定的工程技术及大量的生产从业人员。中国大陆汽车电子产品与国际先进水平相比，要落后 10—15 年，主要差距是在电子控制单元的软硬件、系统的可靠性和控制精度方面。国产汽车的电子技术应用多数还处于初级阶段，只有少数厂家，主要集中在一些中外合资的汽车上，开始采用电子控制装置。对大陆的汽车电子厂商来说最紧迫的就是加强技术研发和新产品开发，向汽车产业链条中高科技含量、高附加值的环节发展。因此，大陆企业可以利用大陆的市场优势，参股投资台湾的汽车电子企业，联合研发新产品和技术，增强大陆汽车企业在全球的竞争力。

第二节　机械工业

1. 台湾机械工业发展概况

台湾地区机械工业自上个世纪 80 年代起，就被列为战略性工业，在产业融资、税收及技术等方面，给予相应优惠及协助。进入上世纪 90 年代，面对经济全球化发展的大趋势，台湾成立推动"亚太制造中心"，并于 1996 年配合成立"精密机械工业推动小组"，分别针对精密机床、半导体制造设备、高科技污染防治设备、医疗保健仪器设备及关键机械零组件研制等五项重点工作来推动。从整个机械工业分布上来看，台湾北部地区以模具、纺织机械为主，中部地区为机床、机械零部件、木工机械等产业大本营，南部地区则全力发展塑料橡胶机械、农业机械与皮革与制鞋机械等。

历经了 30 多年的发展，台湾生产机械产品已在国际市场上占有举足轻重的地位，在机床工业、金属模具加工业、食品饮料机械领域具有世界级水准，机械工业已成为促进台湾地区经济发展的支柱性产业。在 2010 年 6 月 20 日签订的 ECFA 早期收获清单中，台湾地区机械工业被纳入了 107 项产品，在 ECFA 生效后，这将对其机械工业的后续发展注入强劲的动力。

台湾机械工业自 1982 年至 2008 年间，产业发展迅猛，产值从新台币 766 亿元提升至 2008 年的 7840 亿元。根据台湾地区机器公会的统计，受全球经济危机严重影响，2009 年台湾地区一般机械工业产值比去年增长 −32.2%，为 5315 亿元新台币，整体机械产业产值为新台币 3984.8 亿元，较 2008 年衰退 34.6%。

（1）机械产品以外销为主

由于基础工业不够强大及本地市场规模存在严重瓶颈，台湾机械工业发展受到极大制约，主要以外销为导向，目前平约出口比率占七成，内销占三成，但有些机种外销比率高达八成多，主要销往中国大陆、中国香港、美国、日本、越南等国家和地区。

表 5 – 3   2007—2009 年台湾地区一般机械产品主要出口国家

单位：百万新台币

2009 排名	国家或地区	2009 年		2008 年		2007 年	
		金额	比率/%	金额	比率/%	金额	比率/%
1	中国大陆 + 香港	103392	27.6%	142623	27.3%	161525	31.9%
2	美国	61245	16.4%	82756	15.9%	79025	15.6%
3	日本	24126	6.4%	31321	6.0%	27730	5.5%
4	越南	14508	3.9%	19880	3.8%	16333	3.2%
5	泰国	13996	3.7%	16604	3.2%	16176	3.2%
6	德国	10632	2.8%	20444	3.9%	16691	3.3%
7	印度	10546	2.8%	12383	2.4%	10752	2.1%
8	印度尼西亚	9640	2.6%	13661	2.6%	11252	2.2%
9	马来西亚	9256	2.5%	12726	2.4%	11492	2.3%
10	韩国	7364	2.0%	9802	1.9%	8924	1.8%
11	新加坡	7335	2.0%	8259	1.6%	6563	1.3%
12	菲律宾	6002	1.6%	4243	0.8%		
13	加拿大	5690	1.5%	6954	1.3%	7307	1.4%
14	英国	5584	1.5%	8615	1.7%	9043	1.8%
15	巴西	5296	1.4%	9281	1.8%	5700	1.1%
16	澳洲	5178	1.4%	6531	1.3%	6436	1.3%
17	荷兰	5123	1.4%	8439	1.6%	8048	1.6%
18	意大利	4785	1.3%	10631	2.0%	9266	1.8%
	其他	64374	17.2%	96787	18.5%	93519	18.5%
	合计	374072	100.0%	521940	100.0%	505782	100.0%

资料来源：台湾地区海关统计年报 2009。

受全球经济危机严重影响，2009 年 1—12 月台湾机械设备出口大幅减少，据台湾地区海关统计，出口值为新台币 3740 亿元，较 2008 年同期增长 –28.3%。出口值排名前三的产品依次为：工具机产品出口值 575 亿元，较 2008 年同期增长 –51.2%；塑橡胶机械类出口值为 246 亿元，较 2008 年同期增长 –27.3%；特殊功

能机械排名第三位，出口值为242亿元，较2008年同期增长 –39.6%

（2）注重产业的战略联盟

面对竞争愈来愈激烈的经营环境，一方面，台湾地区的机械制造商为创造更佳的发展空间，许多制造商分别以合组贸易公司、共同组团参加岛外展览、筹组厂商联谊会、合组售后服务系统以及合作接单后分别生产等方式，以达到双方互利的目的；另一方面，为缩短技术开发过程，推动产业升级，台湾地区的机械制造商通过购并岛外公司或与岛外厂商合资，成为岛外厂商委托制造厂商，以及聘请技术人员来台担任技术顾问等策略，从全面的整合中来提高竞争力，巩固并强化其机械产品的竞争优势。

（3）产业配套体系完整

在台湾地区机械工业现有的生产、加工体系中，所有机械零部件都可以在台湾地区完成供货，基本部件如轴承、齿轮、钢材、电控组件等，在一定质量要求下皆可供应。而且机械零组件产业已实现集群发展，主要分布于中部地区（72%），北部地区（16%），南部地区（12%），相关零部件供应商及各种生产加工厂商多半集中在半径20公里的区域内，使其生产的机械产品无论在交货、零配件的供应、售后服务效率，甚至于产品质量等方面，均具有较强的竞争优势。

（4）关键零部件竞争力不强

近年来，台湾地区机械产品在技术革新、产品研发等方面有了长足的进步，产品质量已具有一定水平，但是关键零部件的稳定性、加工精确度、使用寿命、生产效率、系统整合能力、振动噪音及安全性设计等方面远落后日本、美国与德国等机械制造大国，亟待加强。所以，台湾的机械工业虽然在零部件供应及产业配套体系上相当完整，但是所需的关键零部件仍需大量倚赖进口，导致其竞争力相对不高。

（5）机床产品具备较强竞争力

台湾机床的品质、性能、价格在世界上具有相对的竞争优势。台湾有1400多家机床制造商，这些厂商经过几十年的全球市场考验，仿创结合，不断开发廉价实用量大面广的数控机床，关键部件优先购置世界名牌产品，一般的则自行改装，提高精度和效率，讲究"实用、实效和实惠"。其数控机床性能上略低于日本，但价格上要比同类日本机床低得多，从而以较高的性价比在世界机床市场上成为适销产品。目前，台湾的机床制造商不断加强与台湾机械工业研究院的合作，研发运动控制芯片，主要应用于五轴加工机等高端机床。整体而言，目前台湾的机床产品正朝高速、次微米系统、次世代机种等高端技术方向发展。

2008年，台湾机床产业（金属切削工具机和其他金属加工用机械设备）产值为新台币1446亿元，位居全球第五。2009年由于金融危机的影响，机床产值衰退47%，仅实现新台币674亿元。

2. 陆资进入相关领域的机会分析

（1）机床：携手研发高档数控机床

中国大陆是全球最大的机床工具消费主体，最近几年大陆机床企业增长迅速，在产量方面也已经超过台湾机床企业，但总体而言，在品质方面大陆机床企业与台湾企业相比还是有一定的差距，整个行业大而不强，高档产品明显不足。目前国产机床的大陆市场占有率虽然已经提高到61%，但是高档数控机床、高档数控机床部件、高档数控系统和刀具在大陆市场占有率还不到10%。

此外，基础零部件的生产研发是大陆装备制造行业大多数企业的"短腿"。国外供应商企业在基础零部件供给、价格、供货期、规格等多方面陆续开始对大陆采取限制。在这样的情况下，机床行业的大部分利润要被进口零部件供应商吃掉。为此，尽快解决关键、核心零部件长期依赖进口、受制于人的局面，是大陆与台湾机床生产企业所面临的共同问题。

所以，大陆企业可以通过兼并或者参股技术研发能力强、品牌知名度高、国际营销网络健全的台湾地区机床企业，设立合资企业，建立共同的研发中心，携手突破高档数控机床和关键功能部件被日本、德国、瑞士等国的厂商垄断的不利局面，推动两岸机床工业实现升级。

（2）塑橡胶机械：共同开发国际新兴市场

台湾目前塑橡胶机械生产厂商约有200—250家，虽多数是中小型企业，但是技术发展成熟，注塑成型机所使用的模具，有些在性能上更是超越了日本制造的相关产品，同时挤出螺杆系统的设计及技术也得到很大的提升。台湾厂商开发的其他高附加值产品还包括：用来生产PE及PP泡沫材料的泡沫成型机，可加工木屑与塑料混合挤出机，生产PS隔热材料及保护水管的PE、PP薄膜的机械，制袋机，以及各种高速复合注塑机。

目前，台湾塑橡胶机械行业年总产值约新台币400亿元，而外销比重较高，已达82%，主要外销国家及地区依2008年出口值依序为大陆与香港、印度、越南、泰国、印度尼西亚、日本、马来西亚、土耳其、巴西、美国等。台湾的塑橡胶机械所面临的最大问题，就是出口市场过度集中在大陆与东南亚地区，目前大陆约占出口值31%左右，而东南亚则占出口25%左右。因此，新兴消费主力市场如印度、埃及、沙特阿拉伯、伊朗、斯里兰卡、孟加拉国、巴西、阿根廷、波兰、俄罗斯等可以进一步拓展。大陆企业可以投资台湾的塑橡胶机械业，利用台湾本地企业的技术、销售优势，加强合作并共同开发潜力巨大的新兴市场。

（3）木工机械：优势互补，建立国际销售渠道

台湾地区是全球最主要的木工机械生产地区之一，生产排名居全球第四位，仅次于德国、意大利、美国，而出口更居第三位，仅次于德国、美国。台湾地区木工机械产业是世界上发展最成功的木工机械产业之一。

台湾木工机械在技术和质量方面对大陆保持了很长一段时间的优势。中国大陆改革开放后，巨大的市场需求使一些优秀的私营木工机械企业崛起，带动了木工机械行业的质量和技术的飞速发展。中国大陆通过吸收国外先进的设计和制造技术，产品质量性能迅速提高，大大缩短了与先进国家和地区的差距，目前正在追赶台湾木工机械产品的制造水平。以往台湾木工机械行业都认为其技术领先大陆5—10年，但近年来大陆技术和质量飞快进步，情况正在发生变化。受市场和本地制造水平的影响，台湾与大陆的木工机械的技术含量各有不同。台湾在小型木工机械和应用新技术方面仍具有领先大陆之处。而大陆在大型木工机械，尤其是人造板机械方面都要优于台湾。

大陆与台湾木工机械在设计制造过程中仍存在一些差距，主要表现在：一是台湾产品以外销为主，在满足客户需求上较为灵活。通过密切的对外联系和参加国际展览，能紧跟国际发展的新潮流。二是在产品标准方面，台湾木工机械厂标准制定都比较完善，这对提高产品质量和出口产生了积极的影响。大陆在标准制定方面仍存有明显的滞后，一些产品仍没制定出国家标准。三是在国际认证方面，台湾厂商普遍通过了欧洲的 CE 认证，产品可以直接打入欧美市场，而大陆方面只有部分企业通过了 CE 认证。

因此，大陆企业应与台湾企业优势互补，建立共同的国际销售渠道，并携手开拓欧美市场。

第三节　电子工业

1. 台湾电子工业发展概况

（1）电子信息产业在世界上居于举足轻重地位

经过数十年的发展壮大，台湾的电子信息产业在世界上占有重要地位。据2008年的统计数据显示，台湾笔记本电脑产量11238.3万台，约占全球总需求量的92.4%，电子计算机、外围设备及相关配套产品中有10项产品，包括监视器、主机板、不间断电源、扫描仪、绘图卡、键盘、声卡、集线器、数据机、网卡等市场占有率高居全球榜首，其中有九项产品全球市场占有率高达60%以上。半导体产业产值仅次于日本，居世界第二位。另外，台湾电子元器件产业结构完整，并且在不断研发更新科技含量更高的关键零配组件，用于手机、WLAN、蓝牙和IT产品的组件推动了台湾地区电子元器件产业的快速增长，2008年台湾地区仅凭岛内生产的电子组件，产值就达到1030亿美元，占全球的11%，如果加上海外地区的产量则电子组件产值占全球市场的比例可达16%，排在日本与祖国大陆之后，是全球第三大电子元器件生产中心。此外，台湾生产的可携式导航设备产值在全球市场占有率高达96%，产量的全球市场占有率达89%。

表5-4　2008年台湾制造世界排名第一的电子信息类产品

名称	产值		产量		备注
	金额：百万美元	全球占有率%	数量	占有率%	
笔记本电脑	57309	92	112383千台	92.4	
LCD Monitor	16484	68.4	111116千台	69.6	
晶圆代工	13918	67.2	67728千片	67.2	
主机板	6609	93.5	135914千片	92.4	
IC封装	7211	45.2	142亿颗	45.2	
可携式导航装置	3575	96	39461千台	89	
服务器（系统产品和主板）	3283	5.5	7559千台	86.9	以产量排名第一

资料来源：台湾"经济部"工业局网站。

（2）电子信息产业外移

上世纪90年代中期以前，个人电脑系统、主机板、监视器、扫描器乃至键盘、鼠标等是台湾电子信息产业的主力产品，这些产品以低成本作为主要竞争优势。但随着岛内生产成本的不断上升以及祖国大陆生产能力的迅速提高，台湾一般电子信息下游产品的竞争优势在不断丧失。因而，90 年代后期以后，台湾电子信息产业开始大规模外移。在 1994 年，台湾电子信息硬件产业的海内外生产总值为 115.8 亿美元，其中海外生产值为 30.03 亿美元，占整体产值的 20.6%。而 2000 年海外产值达到 38.6%，首次超过台湾本土产值。到 2008 年，台湾信息硬件产业在大陆制造的比重扩大至接近 56%。

（3）以高科技园区为核心，营造良好的产业发展环境

为了适应电子信息产业的高速发展，从 20 世纪 70 年代中期开始，台湾就筹划建立自己的"硅谷"。台湾电子信息产业的发展是以发展园区为先导的，通过努力营造有利于电子信息产业发展良好的资金、技术转化和人才环境。著名的台湾新竹科学工业园区是台湾信息产业的主要集聚地，已经成为著名的十大科学园区之一，为台湾信息产业的发展提供了一个良好的资金、技术和人才环境。上世纪 90 年代后期以来，台湾积极改变电子信息产业的分工布局，分别提出在北部的台北市兴建"南港软件工业园区"，在中部的云林县兴建科技工业区，在台南县兴建台南科学工业园区以及在台南市建立台南科技工业区，这些园区的兴建改变了电子信息产业高度集中于北部的格局，从而形成了台湾北、中、南三大电子信息产业园区。

（4）IC 产业具备国际影响力

台湾 IC 产业发展起步于 20 世纪 60 年代中期的 IC 封装业，经过 40 余年的长足发展，目前已形成以晶圆制造（代工）为基础，以 DRAM 产品为主轴，以晶圆设计、制造、封装为体系，以新竹科学工业园区为集中地的产业格局。台湾工研院产经中心调查显示，2009 年台湾整体 IC 产业产值（含设计、制造、封装、测试）达新台币 12497 亿元，排在日本之后，位居世界第二。其中设计业产值为新台币 3859 亿元，较 2008 年增长 2.9%，仅次于美国，位居世界第二；制造业为新台币 5766 亿元，位居美国、日本、韩国之后，居世界第四；封装业为新台币 1996 亿元，位居世界第一；测试业为新台币 876 亿元，稳居世界第一位。

（5）垄断全球笔记本电脑代工

20 世纪 90 年代以来，经济全球化已成为世界经济发展的重大特征和趋势，企业所面临的竞争日益加剧。戴尔（DELL）、惠普（HP）和苹果（APPLE）等国际品牌的笔记本电脑知名企业在市场竞争的需要下，纷纷将生产和研发甚至物流外包

给台湾代工厂商。除日本厂家仍然坚持自己生产部分笔记本电脑外，其他国际品牌制造商都将笔记本电脑的生产外包给台湾代工厂商。2008 年台湾厂商笔记本电脑产量占全球产量的 92%，占全球笔记本电脑代工总量的 95% 以上，其中戴尔（DELL）和惠普（HP）笔记本产量的 65%，苹果（APPLE）笔记本产量的 50% 均是由台湾地区代工的。

（6）进军新兴消费性电子和移动通讯领域

台湾已经选定 SOC、光存储、数字影像产品、发光器件、光通信器件及 MEMS、无线通信与光通信等为重点进行研发和生产，台湾"经济部"还资助日月光半导体等四家厂商组成研发联盟，促进手机与数码相机的功能结合，提升产业技术水平。岛内厂商与一些传统大厂，如数字消费电子领域的索尼、松下等，移动通讯的诺基亚、摩托罗拉等厂商建立了合作关系。

（7）大力发展软性电子产品

由于电子商品可能向软性化方向发展，朝可绕式的电子组件发展，如智能卡、电子报纸、电子书、超薄手机、腕带式数字表等，软性电子将对全球资讯电子业产生革命性变革。目前各国软性电子研发还处于起步阶段，台湾整合显示器、电子电路、软性构装等领域的技术，掌握关键知识产权，并逐步将其商业化，推动台湾成为全球软性电子设计与技术研发中心。

（8）基础技术薄弱，代工利润下降

基础技术是电子信息产业技术发展的基石。特别是上世纪 80 年代以来，电子信息产品之所以能表现出日新月异的发展，全赖于基础技术为其开辟道路。由于台湾企业规模大多以中小型企业为主，研发投入相对不足，所以基础技术领域是台湾的一大弱点，只能说台湾是在英特尔、微软等国际著名公司的"大伞"下做了些改良工作，没有自己独特的技术。从种子技术到关键组件，至今仍无法摆脱对工业发达国家的依赖。由于基础技术薄弱、关键零配件完全依赖进口，只能通过创造附加值来获得利润。而附加价值的空间是很有限的，造成了台湾代工工厂的边际利润不断下降。

2. 陆资进入相关领域的机会分析

（1）笔记本电脑：优势互补，前景看好

台湾笔记本电脑制造商的生产线已基本上转移到大陆，台湾 12 大笔记本电脑代工厂商都在大陆长三角地区建立了生产基地，像仁和、志宝、大众等基本将全部的生产能力都搬往大陆，岛内企业将主要负责产品的相关营销和研发。

相对大陆企业而言，台湾的笔记本电脑制造商有三个优势：一是能同时为多个国际知名品牌代工，拥有规模经济优势；二是创新研发能力强；三是拥有建立全球运筹系统的经验。台湾制造商长期从事 OEM 和 ODM 创新技术的开发，代工技术很强，产品品质高。大陆相关企业可以利用台湾笔记本电脑制造商的这些优势，投资建立共同的研发中心，发展品牌，打造高端和特色产品，开辟国际市场。

（2）IC 产业：资源整合，潜力巨大

台湾半导体产业的产业链非常完整，产业集聚效益难以超越。在台湾，半导体产业被区分为四大部分，即上游的设计、中游的代工制造与下游的封装与测试，各类公司分工明确，相互协作，各具优势。其中从事设计的约 150 家，代工约 20 家，封装约 50 家，测试约 40 家。台湾除代工业做得非常出色外，在下游的封装与测试方面，也拥有世界第一大的日月光公司与第三大的硅品精密公司。而设计公司方面，已从早期局限于消费类逐步发展到了信息类、网络类、通讯类等多种用途，全球规模仅次于美国。目前以台积电与日月光、联电与硅品精密两大主干为基础，以新竹、高雄与台中三大科技园区为中心，聚集了众多的半导体相关公司，产品从最基本材料的单晶硅与多晶硅到成品的内存模块，以及众多零配附件，具有非常完整的半导体生产链，其所具有的技术与成本优势非短时间所能复制。

大陆的半导体产业整体上落后于台湾，但由于政策的扶持与资金的巨额投入，大陆半导体的制造工艺与国际先进水准将日益缩小。目前，已经形成了半导体设计、晶圆制造、封测、设备材料企业以及下游整机生产完整的半导体产业链。此外，大陆市场规模庞大，目前占全球芯片 28% 的使用量，为全球之最。因此，大陆企业应利用市场与政策优势，投资参股台湾的半导体制造工业，开展两岸研发合作，发展自主知识产权，从而推动两岸 IC 产业整合发展。

（3）移动电话：借助优势，积极进入

中国大陆手机生产总量从 2001 年的 7954 万部发展到 2009 年的 61925 万部，增长了 8 倍，占据 2009 年世界手机生产总量的一半。但整个手机产业的经济效益却比较低下。缺乏核心技术与自主知识产权，大部分手机平台、芯片、嵌入式内存、PCB 板、相机模组等基本依赖进口，手机产业链发展十分不完善。目前，大陆整个手机行业基本被诺基亚、三星、索爱等国外品牌垄断。

　　台湾的厂商例如 HTC 宏达电、ASUS、OKWAP、BenQ 等在手机生产与研发设计方面拥有一定的优势，大陆厂商应借助 3G 机遇，利用 TD－SCDMA 是国际公认的 3G 通讯三大标准之一的契机，加强两岸合作，积极进入台湾的手机产业，发挥各自优势，通过两者的结合争取创造 1＋1＞2 的效果，逐渐打破手机市场被国外品牌垄断的局面。其中，中国移动和宏达电合作就是一次有益尝试，前者出资 4700 万人民币，联手后者研发生产手机终端。

　　随着智能型手机当道，两岸智能型手机的内需出货量占比也快速上升。台湾智能型手机出货量占比率先在 2011 年就突破 50%，达到了 54%，2012 年上半年的智能型手机出货量更攀升到 75%。大陆智能型手机市场出货量占比则由 2010 年的 11% 上升到 2011 年的 26%，到 2012 年上半年也已达 49%。同时自 2012 年 4 月起智能型手机出货量也已超越功能型手机。预计不久的将来大陆智能型手机市场出货量可达 2 亿，成为全球最大智能型手机市场。今后，两岸应着力强化在智能手机方面的合作与发展。

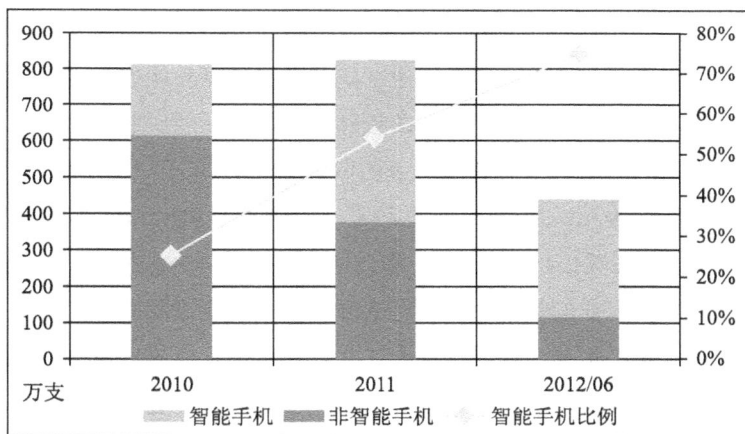

图 5－2　2010—2012 年上半年台湾智能手机市场占比情况

资料来源："中华征信所"。

　　（4）软件产业：两岸联合，走向世界

　　目前，台湾已有软件企业千余家，但规模均较小，并缺乏基础研究实力，软件产业整体上未形成气候。台湾软件工业的发展较为薄弱，其产值与硬件工业相去甚远，而且厂商规模偏小，软件研发人才极度缺乏，难以开发新兴软件技术，只是跟随先进国家或地区缓慢发展。软件工业主要包括套装软件、系统整合、转钥系统、

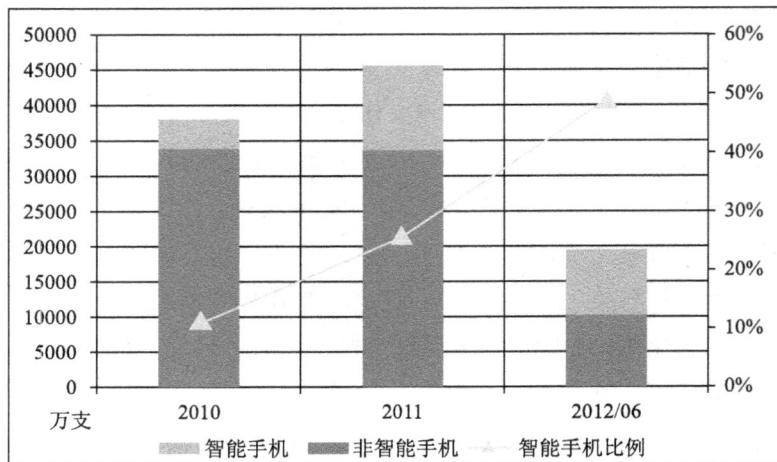

图 5 - 3 2010—2012 年上半年大陆智能手机市场占比情况

资料来源："中华征信所"。

专业服务、网络服务及资料处理服务等。台湾软件工业以内销为主，但近年来也有少量产品出口。

近年来，大陆软件产业发展十分迅速，呈现跳跃式成长状态，主要具备以下几个方面的优势：丰沛的研发人才，庞大的软件市场，雄厚的研发实力。在国家政策的大力扶持下，2009 年，大陆软件服务业的收入为 9970 亿元，是 2000 年的 16 倍。软件出口达到 196 亿美元，是 2000 年的 49 倍。受国际金融危机的影响，2011 年软件产业的增速有所放缓，出口有所下降，但业务收入增速在 2011 年依然高达 25.6%，体现出新兴产业的勃勃生机和竞争力众多的软件研发机构成功地推动了软件技术的成熟与发展。但是，还要看到大陆软件产业中企业规模总体偏小，缺乏能与国际级大公司相抗争的大型企业，随着跨国软件公司大举进军大陆市场，大陆优势软件企业也面临被跨国公司收购的压力。因此，大陆的相关软件企业应积极兼并、收购台湾企业，设立研发中心，从而不断开拓国际市场，做强做大软件产业。

第四节　纺织工业

1. 台湾纺织工业发展概况

台湾纺织工业早期主要以进口原料加工出口为主，进而转到以石化工业提供原料为基础，配合进口天然棉与人造纤维棉，发展出上中下游完整的生产体系，包括人纤制造、纺纱、织布、染整、成衣及服饰品等产业。自上个世纪 50 年代起，台湾纺织工业历经 50 余年的发展与增长，通过不断研发新产品、更新生产设备、拓展国际市场，目前已成为台湾产业结构中最完整的生产体系，台湾纺织品也已成为世界纺织品消费市场主要供应来源之一。

受国际金融危机的影响，2009 年台湾纺织业产值仅为新台币 3748 亿元，较 2008 年的 4467 亿元减少 19.2%，其中人造纤维业的产值为 1029 亿元，较 2008 年衰退 15.4%，占整体纺织业产值比重为 28%；纺织业的产值为 2381 亿元，虽然衰退幅度较人造纤维业缓和，但也达到 15.1% 的衰退幅度，但仍占整体纺织业产值最高比重达 65%；成衣及服饰品业产值为 247 亿元，较 2008 年衰退 22.5%，占整体纺织业产值比重 7%。

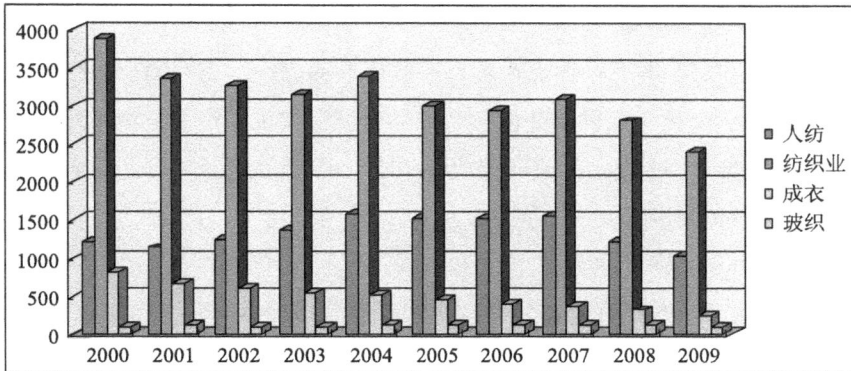

图 5 - 4　近 10 年台湾纺织业产值状况　单位：亿新台币

资料来源：台湾"经济部"。

2009 年台湾纺织产业出口值为 93.5 亿美元，较 2008 年减少 16.6%；进口值为 21.9 亿美元，较 2008 年减少 23.2%，但贸易顺差仍达 71.6 亿美元，为台湾第四大贸易顺差产业。

表 5 - 5　2000—2009 年台湾纺织业进出口值及贸易顺差金额

单位：亿美元

年份	纺织业出口值 A	纺织业进口值 B	纺织业贸易顺差金额 C = A - B	贸易顺差金额 D
2000	152.2	28.9	123.2	83.7
2001	126.4	23.6	102.8	183.4

年份	纺织业出口值	纺织业进口值	纺织业贸易顺	贸易顺差金额 D
	A	B	差金额 C = A - B	
2002	121.4	24.7	96.8	220.7
2003	118.8	24.0	94.8	225.9
2004	125.3	26.8	98.5	136.1
2005	118.1	26.1	92.0	158.1
2006	117.6	27.0	90.6	213.2
2007	116.0	26.5	89.5	274.3
2008	109.0	27.0	82.0	148.3
2009	93.5	21.9	71.6	290.4

资料来源：台湾"经济部"工业局。

（1）劳动加工成本高

台湾纺织业 2008 年平均劳动成本为每小时 7.89 美元，较 2007 年的 7.64 美元增长 3.3%；而大陆因为人民币升值与新劳动合同法实施，沿海及内地每小时劳动成本分别为 1.88、1.44 美元，较 2007 年的 0.85、0.55 美元，增长一倍以上，但因劳动效率高，与台湾相比极具竞争力。

（2）高度外销导向产业

台湾纺织业为高度外销导向产业。2009 年台湾纺织品第一大出口市场为大陆，出口值达 20.63 亿美元，占纺织品出口值的 22%，较 2008 年同期衰退 2%；其他主要出口市场依序为香港、越南、美国、欧盟。上述五大市场共计占台湾纺织品出口值的 64%，其中大陆与香港合计占台湾纺织业出口比重达 33%。

表 5 - 6   2009 年台湾纺织品主要出口市场

排名	主要出口市场	出口值（亿美元）	占总出口值比重（%）	同期比较（%）
1	中国大陆	20.63	22	-2
2	中国香港	12.70	14	-27
3	越南	11.75	13	-7
4	美国	8.47	9	-26
5	欧盟	5.27	6	-18
	合计	58.82	64	-15

资料来源：台湾海关进出口统计。

（3）对大陆贸易依赖度高

2009 年台湾纺织品的主要进口市场为大陆及香港，二者纺织品进口值占总进口值比重的45%。同时，以纺织品进口值占产值比重计算纺织品进口依存度而言，近年来，台湾纺织品自大陆进口依存度有所增加，由 2005 年的 26% 发展到 2008 年的 32%。而纺织品对大陆出口的依存度有所降低，由 2005 年的 39% 降至 2008 年的 35%。

表 5 - 7　2009 年台湾纺织品主要进口市场

排名	主要进口市场	进口值（亿美元）	占总进口值比重（%）	同期比较（%）
1	中国大陆	7.83	34	-6
2	中国香港	2.33	11	-28
3	越南	2.00	9	-22
4	美国	1.82	8	-11
5	欧盟	1.59	7	-28
合计		15.12	69	-16

资料来源：台湾"经济部"。

（4）出口以纺织品为主，进口则主要以成衣为主

从台湾纺织品进出口结构来看，台湾出口主要以纺织品（纱线面料）为主，进口则主要以成衣为主。相比而言，大陆出口主要以服装为主，从台湾进口的主要是纺织品（纱线面料），成衣很少。此外大量进口化纤单体、化学短纤及纺织机械。由此可见，台湾纺织业的技术优势与大陆相比十分明显。

（5）产业集聚发展

台湾纺织产业岛内分布较为平均，经过多年发展已形成多个产业集聚区：化纤原料大厂分布在台湾北、中、南部，涵盖全岛，提供世界级价低且高品质的化纤原料；在北部，林口、树林、龟山一带主要以针织及加工丝业为主，桃园一带主要以染整业为主；在中部，彰化和美一带主要以梭织业为主，彰化社头一带则以袜业为主；在南部，台南一带主要以梭织及成衣业为主。2007 年台湾纺织产业营运中企业总计 4519 家，其中，纺织业 3565 家，服装及服饰品业 1244 家，人造纤维业 49 家。

（6）产业供应链完整且具有竞争力

台湾纺织产业具有上中下游整体一贯的产销体系（人纤制造—纺纱—织布—染

整—成衣及服饰品），注重以上游生产制造优势，带动中下游产品的开发；且台湾纺织业具有丰富的技术创新能力和准确分析消费形态变化的能力，同时具有引领客户需求的设计创意、完整的海外生产布局与管理能力、弹性的上下游产业集聚整合能力以及完整的跨国采购、制造、运筹管理能力。

（7）产业向"机能性及产业用纺织品"方向转型

往高附加价值的产业用纺织品及机能性纺织品转型是目前台湾纺织业发展的方向。具体来说，是以"提升产业用纺织品产值，促进产业结构改善"与"确保衣着及家饰用纺织品产值，发展差异化及高值化产品"为主要发展方向，打造全球机能性及产业用纺织品的生产重镇。2008年，台湾纺织业实现产值4467亿新台币，衣着用、家饰用、产业用这三类产业结构比为66∶13∶21。2015年目标产值为5800亿新台币，使产业结构比调整为50∶17∶33。

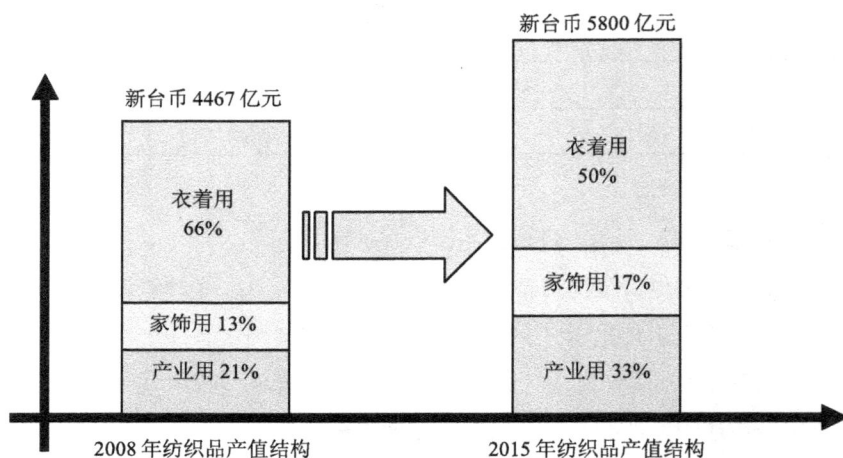

图5-5　台湾纺织产业转型发展方向

资料来源：台湾"经济部"。

2. 陆资进入相关领域的机会分析

大陆在投资台湾纺织业或与台湾纺织业进行合作时，可把握一个原则：资源和技术的互补。即台湾能够做的，大陆就不应再重复投资。大陆应该找一些差异化、有区别的产品同台湾互补，开创商机。而在设计产销、发展品牌等方面，则可与台湾采取合作共进的策略，以求共同发展。

（1）天然原料：市场发展前景好

台湾纺织业的发展近十几年来在技术方面已达到较为成熟的地步，积累下很多技术资源。但目前的状况是，台湾虽然掌握着技术资源，但缺乏天然资源。如麻、丝绸等非常稀少，而台湾消费者对这方面的需求却很高。如麻产品，这几年成为流行材质，在夏季受到台湾消费者的追捧。与台湾恰恰相反的是，大陆纺织业在天然纤维方面最近十几年发展得非常好。不管是在毛、麻，还是在棉的部分都有很好的基础，尤其是棉纺及其面料产品。因此，大陆应大力开发其原料丰富的麻类、丝类等新产品，拓宽产品的市场适应性，供给台湾，从台湾民众消费需求的转变中寻找商机，或与台湾的品牌进行合作。

（2）功能、环保原料：进口原料并加工成品后出口

台湾纤维、纱、布等素材品质稳定，可以为大陆提供高附加价值素材与差异化产品。ECFA 签署后，大陆开始全面降低关税，台湾纺织行业的产品出口竞争力会因此提高。在关税减免的情况下，大陆进口台湾功能、环保原料的成本也会相应降低。因此，大陆可利用 ECFA，通过进口台湾功能、环保原料加工成品后出口，从而提升自身产品的竞争力。同时，大陆内销的品牌也可以用台湾纱布原料取代日韩进口。

（3）机能、产业用纺织品：加强科技合作和产品联合开发

目前，两岸间比较优势不一样。大陆目前的优势仍在纺织业的末端——成衣服饰上，而台湾则代表了纺织业的中上游——功能纤维与面料。台湾的纺织核心技术与产品创新能力仍领先大陆 2—3 年的时间，尤其在功能性纤维及其面料创新上。在此情况下，大陆可与台湾加强科技合作和产品联合开发，特别是具有市场潜力的机能性纺织品、产业用纺织品、环保产品的开发。今后，产业用纺织品和节能减排应是大陆纺织业的发展重点，市场潜力大。大陆应利用台湾在这方面的优势，加强两岸研究机构和企业的合作，包括人才培训。

（4）民族特色纺织品：共创品牌、推进品牌国际化进程

长期以来台湾纺织企业与世界知名品牌合作密切。由于产量大、新品多、质量好、讲信誉，台湾纺织企业牢牢吸引了世界众多知名品牌并与之合作，因此台湾纺织产品始终保持着较高的利润和竞争力。而大陆民族特色的纺织品开发和创新非常薄弱，产品普遍缺乏时尚感。在这种情况下，大陆纺织业可同台湾合作，共创品牌。在品牌培育方面，应体现中国特色，体现民族化、个性化，应充分利用中华文

化在扩大品牌影响方面的价值，提升大陆纺织品品牌形象；在品牌运作方面，亦采用同国外品牌不同的策略。应注意的是，大陆纺织业在同台湾的合作中，始终应该做到以品牌为核心，学习台湾品牌操作的先进经验。

（5）设计产销：合作营销，加强互相参展和设计交流

台湾具有丰富的国际市场运作经验，同时在国际贸易市场销售渠道上也比较顺畅。而大陆纺织企业积累了十几年强大的生产制造基础，并且拥有一定的国际影响力和广阔的市场。基于此，大陆可以同台湾进行营销合作，通过著名品牌开拓国际市场，提高两岸品牌的国际竞争力。通过合作营销，大陆纺织品频繁遭遇国外贸易壁垒的情况也会得到缓解。

同时，大陆每年都会举办多项纺织品服装展览活动，台湾也有专业展览。大陆可通过专业协会组织相关企业参加，积极组织设计师培训、设计作品发布活动，培育知名设计师，扩大其影响力。同时，近年来中国风格的纺织品经常被国外设计师所采用，两岸纺织设计研究人员可合作将中国传统的纺织技艺发扬光大，开发出现代服饰用品；共同举办纺织专业竞赛，选拔中华民族的优秀设计师、服装模特等；合作培训纺织人才，建立专业人才库。

第五节　电信服务业

1. 台湾电信服务业发展概况

台湾电信服务业60年来获得迅速发展，业务范围不断扩大，通信手段日益现代化。上世纪80年代以来，台湾电信特别业务发展迅速，相继开放"指定转接"、"按时叫醒"、"勿干扰"、"三方通话"、"080受话方付费电话"、"自动寻线"、"发受话专用"、"社会福利电话"等特别电话业务；同时实施"电路交换式数据通信"、"分封交换式数据通信"、"岛内拨接式数据通信"、"电传视讯"与"公众信息处理"等数据电信新业务，以适应现代社会发展对电信多方面的需求。

进入上世纪90年代初，台湾开始推动电信业体制改革与民营化，在不少领域开放民间企业经营电信业务，台湾电信业发展进入一个新的阶段。除继续扩大机线建设外，台湾加速安装数字交换系统、光纤电缆，开放传真存转、影像电话、全球资讯网络以及岛内卫星与ISDN的新业务；同时于1991年9月10日起停办岛内电报

业务，代之以传真业务，实现电信现代化。2002 年颁发五张 3G 牌照，分别颁发给了"中华电信"、台湾大哥大、远传电信、亚太通信和威宝通信，2005 年正式开始运营。

2009 年，台湾电信各主要营业收入项目所占比重为：移动电话业务 40.27%，固网业务 47.2%，互联网与数据业务 12.42%。2009 年，台湾地区移动业务共实现收入 1543 亿元新台币，同比下降 5.4%；固定电话业务收入 968 亿元新台币，同比增长 31%。台湾地区移动电话业务收入远远大于固定电话业务，一方面是由于移动电话用户数高于固定电话用户数，另一方面是由于台湾移动业务资费高于固定电话。

（1）电信服务业基本饱和

台湾地区的电信业分为第一类电信事业及第二类电信事业，其中第一类电信事业采取特许制，第二类电信事业采用登记许可制。第一类电信事业包括了固定通信网络（固网）、行动通信网络及卫星固定通信等。截至 2009 年 3 月，第一类电信事业共 91 家，111 张执照。经营第一类电信事业业务以外的则为第二类电信事业，截至 2009 年 4 月底，共有 504 家。涉及业务主要包括固网通讯、行动通讯以及数据通讯，提供语音服务、专线电路、网际网络、宽带上网、智能网络、虚拟网络、电子商务、企业综合服务以及各类增值服务。

（2）电信市场三足鼎立

台湾曾有六家较大规模电信运营商，分别是"中华电信"、远传、东信、泛亚、台湾大哥大及和信。经过一系列并购之后，目前台湾地区还剩三大电信运营商，它们分别是"中华电信"、台湾大哥大和远传电信，另外还有几家小运营商。类似于大陆的中国移动、中国电信和中国联通的格局。其中，"中华电信"股份有限公司是台湾地区最大的电信运营商，2009 年合并后实现营业收入 1840 亿元新台币。"中华电信"和远传电信是台湾地区同时拥有第一类及第二类通信执照的电讯运营商，它们不但可以提供固定网络通讯服务，更拥有 GSM、WCDMA 等移动电话、上网等服务。台湾大哥大则横跨行动通讯、固网、宽带上网、有线电视产业。

台湾的电信服务业，尤其是无线通信业服务业，近年来历经重大整合，使得包括"中华电信"、远传电信、及台湾大哥大等三家主要电信业者得以借此巩固其市场地位。因此，规模较小的电信业者越来越难以挑战此三家主要业者的市场主导地位，进而可能在下一波的电信业整合行动中成为被并购的目标。

（3）两岸运营商合作日益增多

作为电信产业链的主角，各运营商之间在这一年来更是深入合作。大陆的三大运营商频繁访台，取得了卓有成效的进展。其中最典型的，则是中国移动与威宝电信合作在台湾建设 TD - SCDMA 试验网，并于 2009 年 11 月打通了两岸首个视频电话。中国移动还深入一步，与远传、威宝、"中华电信"达成建设 TD - LTE 的合作意向。此外，2009 年 4 月，中国移动发布公告，宣布斥资 40.76 亿港元购买台湾远传电信股份有限公司 12% 的股份，成为该公司的战略投资股东。在合作的过程中，两岸已经在探索发挥双方互补优势的最佳模式。

2. 陆资进入相关领域的机会分析

（1）3G 业务：机遇明显

台湾 3G 启动较早，在 2002 年的时候，台湾方面就正式发放 3G 牌照了。大陆同时采用了三种 3G 标准，而台湾则仅仅采用了 WCDMA 和 CDMA2000 两种标准，其中 4 张牌照是 WCDMA，1 张是 CDMA2000。截止到 2009 年底，台湾地区共有1569 万 3G 用户。但是 3G 内容发展滞后，增值业务匮乏，无法从增值业务中获得足够大的利润，造成台湾几乎所有 3G 运营商都出现亏损。

经过多年的发展，大陆电信业无论在网络规模还是在用户规模方面都位居全球第一，自主创新能力不断提高，在 3G 技术的应用、数据增值服务等方面均具有相当的领先优势。2009 年，大陆的电信增值业务收入达 1712.63 亿元人民币，其中中国移动增值业务收入达到 1311 亿元，中国电信增值服务收入为人民币 215.33 亿元，中国联通增值业务收入达到 186.3 亿元。

因此，大陆相关企业应该抓住机遇，利用 3G 技术及其相关服务的优势，在台湾组建全资子公司，积极投资台湾的 3G 发展，在推动台湾 3G 进程中发挥重要作用，进而结合台湾 WCDMA／WIMAX 能力与大陆 TD - SCDMA／TD - LTE 世界领先水平，共同发展 4G 产业。

（2）IPTV 服务：择机进入

三网融合的新领域——IPTV 服务，它是广电网、电信网和互联网三网融合的新服务，可以发展开放式架构，建立 PC、手机、电视整合的 Open IPTV 与 Mobile IPTV 服务。

2009 年，台湾在地区建设计划中写入了"I 台湾"的内容。"I 台湾"又叫

"I236 计划"，其中"3"是指三个网络的融合，包括宽带网、数字电视网和无线传感器网络。大陆这几年加大了对电信行业的投资，大力发展 TD - SCDMA、WAPI 等新技术，并且加大了各种新技术在社会生活中的应用。

考虑到台湾地区第一类电信事业对大陆投资限制开放，将在一定程度上影响陆资进入台湾的 IPTV 服务领域，所以针对目前这种情况，陆资应择机审慎进入。

第六节　橡胶制品工业

1. 台湾橡胶制品工业发展概况

台湾橡胶工业起步较晚，一直比较落后，其快速发展始于上世纪 70 年代。1973 年台湾合成橡胶公司、"中国合成橡胶公司成立"，1979 年南帝化学、优品化学相继成立，形成了台湾橡胶业规模化产业的雏形，带动了台湾橡胶制品业的发展。

在过去 60 年中，台湾的橡胶制品工业经历了从家庭作业及小型产业为主转变成大中型企业为主；从生产低附加值产品转变为高附加值名牌产品；从面向本地区的需求逐步转变为面向国际需求的过程。台湾橡胶制品工业生产规模尽管占其全部制造业产值不到 1%，但开放的经营理念，务实高效的运作方式，精细现代化的管理机制，确立了其在世界橡胶加工业中的地位。2009 年台湾橡胶工业总产值达到801 亿新台币，生产厂商 6985 家，工人达 20257 人，出口值为新台币 520 亿元。

表 5 - 8　2003—2009 年台湾橡胶制品产值

年度	产值（百万新台币）				增长率%
	轮胎业	工业用橡胶业	其他橡胶制品业	合计	
2003	30661	11906	26119	69037	8.22
2004	35783	16083	26361	78227	13.31
2005	37918	13796	25301	77015	-1.55
2006	39375	14104	25942	79421	3.12
2007	43468	15969	25942	85542	7.71
2008	41333	17340	26105	85766	0.26
2009	40008	14231	25861	80100	-6.45

资料来源：台湾"经济部"统计处。

（1）多与岛外企业合作

考虑到研发费用高，风险大，而台湾的橡胶制品生产企业以中小企业居多，自主开发的实力与意愿均不强，因而多选择与岛外大公司或知名公司进行技术合作，生产的产品起点高，品质有保证，已经形成了一定的品牌效应，例如，建大工业采用日本普利司通技术生产的轮胎，南帝化学采用美国古德里奇技术生产丁腈橡胶等。

（2）市场全球化、产品差异化

由于台湾的橡胶制品生产企业大多采用先进技术，产品有很强的竞争力，大量出口到美国、日本、英国、意大利、澳大利亚等经济发达国家。此外，企业注重市场的细化，采取差异化经营策略，比如胶管，出口到美国的产品平均单价较低，而出口到荷兰的价格则较高。

表 5－9　2007—2008 年台湾地区橡胶制品主要出口市场

单位：万美元

国家或地区	轮胎业				工业及其他制品业			
	2007 年	占有率%	2008 年	占有率%	2007 年	占有率%	2008 年	占有率%
美国	26767	30.9	25347.9	28.6	15596.9	33.4	15996.7	32.7
欧洲	21716	25.2	20305.9	22.9	8589.4	18.4	8971	18.4
日本	6722	7.8	8551.8	9.6	2316	5.0	2364.8	4.8
澳洲	4710.4	5.4	4012.4	4.5	1285.1	2.7	1261	2.6
中国香港	3615	0.4	420	0.5	3386.2	7.2	3076.1	6.3
中国大陆	422.9	0.5	904.4	1	5162.8	11.1	5706.5	11.7
其他	25802	29.8	29137	32.9	10339.8	22.2	11453.7	23.5
总额	86501.3	100	88679.4	100	46676.2	100	48829.8	100

资料来源：台湾"经济部"统计处。

（3）企业规模偏小

据台湾橡胶工业同业公会统计，在橡胶产品制造业中，大部分属中小型企业，资本额 10 亿新台币以上企业 44 家，只占总数的 6.2%，其余的绝大多数为 1 千万至 1 亿新台币的企业。在用人方面，橡胶业除轮胎厂人数较多外，其他企业雇佣人员多在 60 人以下，平均每家企业雇工 40 人。

2. 陆资进入相关领域的机会分析

（1）轮胎业：投资成立研发中心，走向高端市场

与台湾相比，大陆轮胎工业前期发展较慢。改革开放以后，随着整个经济的发展，通过引进技术、设备和资金，自主开发，逐步形成完整的具有中国特色的轮胎工业体系，逐渐成为世界最大的轮胎制品加工基地。但是大陆相关高新技术应用较慢，新产品开发能力较差，国际市场有待进一步拓宽。因此，陆资可以利用台湾轮胎业的先进技术优势，注资成立研发中心，根据市场需要，进行高端轮胎产品研发，同时可利用台湾具有世界销售网络的优势，进一步开拓国际市场。

（2）工业及其他制品业：抓住 ECFA 机遇，降低生产成本

中国大陆是世界橡胶制品的最大消费市场，但是大陆橡胶制品关税大部分均高于台湾相同产品，因此大陆相关企业可以利用两岸签署的 ECFA 协议中给予台湾橡胶制品零关税契机，在台湾成立独资的进口代理公司，以降低企业生产成本。

表 5-10 两岸橡胶制品关税情况

产品分类	台湾进口关税	大陆进口关税
天然合成橡胶等原料	0%—3.5%	7%—20%
轮胎	10%	10%—25%
橡胶管	7.5%	10%
橡胶带	6.8%	8%—10%
其他工业制品	5%—10%	8%—18%

资料来源：国家海关总署。

第七节 食品工业

1. 台湾食品工业发展概况

食品工业是台湾重要的民生工业，曾被台湾列为重要发展的工业部门之一。上世纪 50 年代初到 60 年代中期，食品工业产值曾居台湾制造业产值的第一位，也是当时最重要的外销产品。60 年代末期，纺织工业迅速崛起，取代食品工业在制造业中的地位，食品工业地位逐渐下降，但仍是台湾重要的工业之一。目前，食品工业

发展已由外销导向转为内需导向，目标已由"出口赚取外汇，支持经济发展"转为"满足民众生活需要"。

台湾主要食品行业大致可以分为三个部分：一是以台湾市场为主的非酒精饮料、冷冻食品、快餐面与食用植物油等主要行业；二是近年来在市场盛行的保健食品业与鲜食业等新兴行业；三是与食品产业有密切关联的饲料、食品调味料、食品包装、食品机械与餐饮服务等食品周边行业。目前产值较大的行业为屠宰业、碾米业、饲料业、饮料业、冷冻食品业、食用油脂制造业、乳品制造业、酒类制造业与啤酒制造业等。现阶段，台湾食品工业正朝向"生技产品形象"发展：除传统制品品质提升与包装的改善外，以讲究技能型的健康食品、讲究栽培方式的有机食品以及导入基因工程技术的基因改造食品三大项目更是备受瞩目。

近年来台湾食品工业产值有下降的趋势。2009 年台湾前六大分项产业（占整体食品工业产值的六成）分别为动物饲料配制业（730 亿元，－8.50%）、未分类其他食品制造业（553 亿元，－2.09%）、非酒精饮料业（546 亿元，＋19.27%）、屠宰业（542 亿元，－3.25%）、碾谷业（366 亿元，－7.55%）以及磨粉制品制造业（362 亿元，－10.28%），其中仅非酒精饮料业呈现正增长，其他分业均出现增长缓慢或衰退的现象。

2009 年台湾食品进口值约为 1217 亿元（－7.8%），出口值约为 521 亿元（－15.7%），食品贸易逆差为 696 亿元。主要出口产品为冷冻食品、其他杂项食品、非酒精性饮料及调味料；主要进口产品为冷冻食品、酒精性饮料与残渣及废品等。2010 年第一季度台湾食品业进口值约为新台币 301 亿元，较上年同期增加0.37%；出口方面，2010 年第一季度台湾食品业出口值约为新台币 140 亿元，较去年同期减少 2.57%。

（1）食品市场以内销为主

目前，台湾食品工业已发展成以内需市场为主的民生产业。食品工业已由外销型转变为内需型产业，加工食品外销在社会经济中已失去重要性。近年来，随着台湾居民收入的增加和生活水准的提高，内销食品需求增加得很快。岛内除了内销型食品工厂业务蓬勃发展外，进口食品大量涌入。由此显示台湾内销食品市场潜力雄厚。

（2）冷冻、保健、方便、休闲食品竞争力明显

从目前台湾食品工业的产业结构来看，昔日兴旺一时的罐头工业已经衰落，冷

冻食品、饮料、乳品等食品日益兴起。并且冷冻食品、保健食品、方便食品、休闲食品等具有很强的竞争力和创新能力。产品已从初级农产品加工为主（罐头、脱水食品等）转向多样化、高品质化，以符合现代消费者需求（调理食品、无菌包装食品、休闲食品等）。

（3）注重食品安全体系建设

台湾对于食品安全相当重视。除了企业自我监督、遵章守法之外，由 TAF（台湾认证基金会）认可的全球性 SGS（通用公证行）集团，从农场到餐桌的检验服务，在保持台湾食品安全方面，起到了重要作用。2008 年 9 月，大陆爆发三聚氰胺污染事件，撼动全球食品市场。新形势下，大陆必须全面提高食品安全水平。

2. 陆资进入相关领域的机会分析

近年来台湾食品工业产值占 GDP 的比重有下降的趋势，且自台湾食品工业由外销型转为内需型之后，其内需市场趋于饱和，市场增长有限。台湾人口虽然只有两千多万，但工商业的发达已造成加工食品需求的大幅增加，内销市场还是相当庞大。而大陆在低廉产品原料的有利条件下，外销市场拓展的前景依然存在。对大陆来说，诸如台湾冷冻食品、非酒精饮料等优势工业技术含量高，市场已趋饱和，进入空间不大；而末端食品及附加价值较高的食品发展潜力较大。

（1）冷冻食品：市场已趋饱和，进入空间不大

冷冻食品工业在台湾技术含量高，是台湾投资大陆的主体，内销市场已趋饱和。但是，大陆的冷冻食品由于有丰富的原料作为支撑，且冷冻食品对加工层次的要求较低，所以即使在台湾冷冻调理食品的调配与包装技术优于大陆的情况下，大陆仍然在冷冻果菜、冷冻肉品及冷冻水产品上存在价低的优势。

（2）保健、功能食品：未来需求趋势，应大力开发

特定人群的需求增加是未来食品产业发展的一个重要趋势。近年来，台湾内需市场面临老龄化与少子化等人口结构的改变，以及健康需求增加等长期发展趋势影响。因此，大陆应关注一些特定人群的饮食与健康需求，如中高年龄者或者特殊族群。天然、健康及机能特性应是大陆今后产品开发的重点。

（3）农产品：深度加工和系列开发，提高产品附加值

台湾岛内由于原料缺乏，原料进口成本高（食品的原材料成本占总生产成本的72% 左右），从而对其传统食品工业的冲击较大。大陆生物资源丰富，禽畜产品、

海产品、果蔬产品的产量很大。大陆可充分利用其原材料丰富优势，拓展传统食品工业市场。一方面，大陆可直接将新鲜农产品原料加工成为台湾消费者所需要的，通过改进农产品的价值，将较低价值的农产品制成较高价值的加工品进行销售；另一方面，大陆食品加工业基础良好，近年来随着企业加工技术装备水平的不断提高，大陆可利用劳动力价廉、科技开发能力强、资源丰富等优势，通过引进国外农产品进行深度加工和系列开发，提高产品附加值。

（4）民族特色食品：具有市场竞争力

目前尽管有大量的进口食品涌进台湾，但中式传统食品诸如水饺、包子、元宵、烧卖、春卷、八宝饭等仍然比较畅销，而且备受海外市场欢迎。而在台湾，虽然上述中式传统食品已经有机械化自动化设备操作，但消费者仍然对用手工加工制作的中式传统食品倍加青睐。因此在台湾有些工厂虽然仍旧雇用大量劳力进行手工制作，以美取胜，但成本高，生产发展受到限制。因此，大陆可充分利用其劳动力成本低优势，大力开发、制作中式传统食品销往台湾和海外。

（5）高附加值中式食品：消费需求潜力大

食品加工业与其他制造业一样，必须不断迎合市场和消费者的需求。大陆必须考虑目标市场转移后消费者偏好结构的改变。目前，台湾居民的收入不断提高，生活步调日趋紧张忙碌，因而人们外出用膳的机会增多，一方面他们越来越重视简便、快速、营养和卫生安全，因而对加工或半加工食品的需求越大；另一方面，对优质高价食品、保健食品、婴儿食品、老年食品、休闲食品等需求显著增长。针对上述情况，大陆应以岛内居民的需求为导向，一是积极发展现代连锁快餐，应用现代食品加工、流通、鲜度保存技术开发出具中国特色、精致美味的高附加值中式食品，如饭团、盒饭、寿司等等；二是积极发展家庭取代餐，如回家马上可以吃或稍加热调理即可食用的餐点。

（6）食品流通：开拓行销市场，建设销售渠道

在对台销售渠道建设上，大陆企业应建立相关产品的长期经销据点。如可通过同台湾超市合作，在超市内设立大陆食品专卖区，销售大陆食品及农产加工品；在台湾行销网络的建立上，大陆方面应注重销售技巧和销售网络的作用以及发挥大众传媒对食品业的拉动作用。

第六章　大陆赴台投资的机遇与挑战

第一节　大陆赴台投资的机遇

1. 削弱国际经济危机对两岸经贸的负面冲击，强化两岸经贸联系

20世纪90年代中期以来，海峡两岸经贸往来规模空前扩大。据大陆方面统计，1993年两岸贸易额首次突破百亿美元大关，达到143.95亿美元，2011年，两岸贸易总额已达1600亿美元。2012年1—11月，大陆与台湾贸易额为1520.6亿美元（占大陆对外贸易总额的4.3%），同比上升3.8%。台湾是大陆第七大贸易伙伴和第九大出口市场，大陆则是台湾最大的出口市场和贸易顺差来源地，大陆及香港占台湾出口市场的比重约为40%。两岸贸易不断扩大的同时，贸易结构日益优化。从2000年到2012年，加工贸易占两岸贸易的比重由最高时的近70%下降到53.3%。①

然而，面对席卷全球的国际金融危机及其衍生的欧美主权债务危机，大陆和台湾经济都受到不同程度的影响，尤其是给以出口导向为经济增长模式的台湾带来了严峻的考验。可以说，现阶段两岸经济都面临着自身经济结构调整和国际金融危机的双重压力。在这次国际金融危机和欧美主权债务危机面前，两岸合作面临难得的历史机遇，危机为促进两岸双向投资合作创造了良好的外部环境，两岸应进一步加强经贸合作，共同应对挑战。

---

① 参见"姜增伟副部长在海峡两岸绿色低碳产业发展论坛上的致辞"，http：//tga. mofcom. gov. cn/。

2. 两岸经济合作和谐展开，获得海峡两岸各阶层广泛支持

目前两岸经济合作和谐展开，并受到两岸高层和民众支持，是陆资入台的最佳时期。2008 年 12 月 15 日，国家发改委和国台办发布的《关于大陆企业赴台湾地区投资项目管理有关规定的通知》中明确提出了鼓励大陆企业积极稳妥地赴台湾地区投资，确认了陆资入台的相关事项；2008 年 12 月 31 日，胡锦涛总书记在《告台湾同胞书》也明确提出，鼓励和支持有条件的大陆企业到台湾投资兴业。台湾马英九当局也作出了一系列积极回应，推动陆资入台获得积极进展。以台商为代表的台湾民众对陆资入台前景看好，认为对两岸皆有利。

3. 两岸投资存在不平衡现象，陆资入台的发展空间广阔

各经济体之间资本等生产要素的双向流动，是经贸关系正常化的一个极其重要的表现。台湾自 1991 年开放对大陆地区投资 20 余年来，至今累计核准投资金额近 800 亿美元。此外，据统计，大陆目前累计已在全球超过 170 个国家或地区投资近 1200 亿美元，而台湾对外投资金额累计超过 1400 亿美元[①]。台湾长久以来因未开放陆资入台投资，不仅导致两岸资金流动呈现失衡状态，而且阻碍两岸资源要素的流动与配置，无法达到两岸产业优势互补。更重要的是，在大陆已经成为世界经济全球化的一个中心的国际环境下，严重制约了投资岛内的企业的全球化运作，减弱了两岸经贸关系发展对台湾经济发展的贡献程度。

近年来，台湾"行政院经济建设委员会"提出"爱台 12 建设总体计划"，投资总经费达 3.99 兆元（新台币，下同），在 8 年内编列预算投入 2.79 兆元，规划民间投资 1.2 兆元。[②]"爱台 12 建设总体计划"分别为便捷交通网、高雄港市再造、中部高科技产业新聚集、桃园国际航空城、智慧台湾、产业创新走廊、都市及工业区更新、农村再生、海岸新生、绿色造林、防洪治水与下水道建设，共有 284 项实施计划。"爱台 12 建设总体计划"的提出无疑给陆资入台提供了潜在的机会和合作空间，为陆资进军更多的投资领域创造了条件。这必将有助于两岸生产要素的合理流动与优化配置，提升两岸经贸关系发展对台湾经济发展的贡献程度。

---

① 熊俊莉：《"陆资入岛"的新进展及前景展望》，《两岸关系》，2011 年第 5 期，第 35 页。
② 参见"台通过爱台 12 建设计划 投资经费 3.99 兆元"，http://news.qq.com/a/20091126/001588.htm。

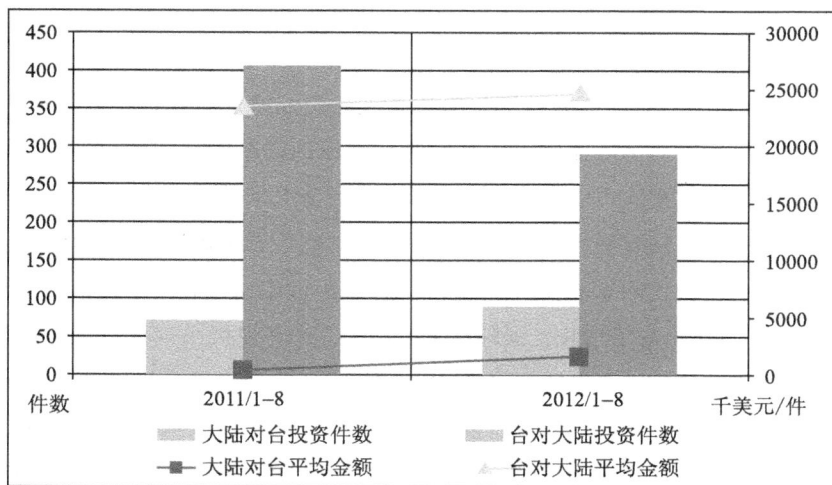

图 6-1　2011—2012 年两岸相互投资件数和平均金额

数据来源："中华征信所"。

4. 台湾地区对大陆市场需求大，大陆企业在台投资商机无限

台湾地区对大陆的资金、产品和服务市场需求大，大陆企业投资机会很多。以"青岛啤酒"为例。早在 2002 年 3 月，台湾放宽大陆企业进入台湾销售啤酒的限制政策后，"青岛啤酒"便于当年 4 月份登岛成为首家入台的大陆啤酒生产企业。青岛啤酒在台湾大受欢迎，在此后不到一年的时间里，青岛啤酒就创下了 435 万箱的销售记录，攻占了台湾大街小巷的便利商店、餐厅、KTV，目前已成为岛内啤酒市场的第一品牌。

此外，从服务业方面看，表现最为突出的就是航空业。南方航空公司是在台挂牌营业的第一家大陆航空公司。自 2008 年 7 月份以来，南航开通的广州、上海、深圳至台北三条航线运营非常好，春运高峰期间客座率达到了 90% 以上，高于内地不少航线运营收益。[①] 目前，两岸客运市场远未达到饱和，仍有较大开拓空间。可见，台湾对大陆的优质产品和服务有巨大需求，大陆企业可以在对台湾市场进行调研后制订营销方案，促进大陆知名商品在台的销售。

---

① 参见"大陆企业投资台湾坚冰消融"，http://finance.sina.com.cn/g/20090430/09486171338_2.shtml。

5. ECFA 顺利签署实施，助力两岸产业投资与经济合作

上世纪 60 年代之后，台湾经济开始腾飞，这要得益于美国、日本等发达国家的产业转移，劳动密集型产业转向后来的所谓"亚洲四小龙"，台湾也靠廉价劳动力成为其中之一。后来，由于台湾与美国同盟，经济上依赖美国，台湾经济发展取得令人瞩目的成就。随着新兴经济体的出现，台湾的位置渐渐被取代。但是台湾完成了产业升级，目前仅依靠电子产业支撑。进入 21 世纪以来，台湾经济发展渐衰，甚至在 2001 年首次出现负增长，国际竞争力下降，产业发展出现"空心化"现象，失业率不断上升，结构转型滞缓。尽管经济陷入困局原因很多，关键之一是前台湾执政党实行限制大陆对台投资、出口及对大陆单向开放政策，不能有效利用大陆投资、人才和技术等推动其经济结构升级。近年来台湾经济增长乏力，增长率甚至还低于亚洲"开发中经济体"的平均增长率。

这种"单向开放"的状态已经维持了很久，这对台湾经济发展是不利的。两岸经贸关系已成为台湾经济增长的决定性因素，大陆市场已成为支撑台湾经济增长的主要动力来源。阻碍两岸经贸关系发展自然就阻碍了台湾经济增长。台湾无论是制造业转型升级，还是服务业扩展外部市场，都无法离开大陆庞大市场的支撑，双向开放才是台湾摆脱经济困局的根本出路，也是大势所趋。

2008 年台湾大选，国民党候选人马英九当选为台湾地区领导人，以马英九为代表的国民党在两岸关系上，承认"九二共识"，将两岸明确定位在"一国两区"，并主张通过两岸对话、谈判解决分歧，积极推动两岸"三通"，使两岸关系的发展出现了转折和良好势头。[1] 在"九二共识"的基础上，通过海协会与海基会的复会协商，达成了促进两岸交流合作的众多协议。两岸在政治、经贸、文教卫生、民间交流等多方面都呈现出大开放、大发展格局。两岸高层互动频繁，两会沟通顺畅，两岸经贸文化及人员交往迈上新台阶，两岸涉外事务得到妥善处理。两岸关系呈现出蓬勃发展的良好局面。随着交流的继续推动，两岸关系进一步深化面临新的机遇。[2] 两岸关系的缓和为两岸产业合作的进一步发展提供了政治上的保障。

2010 年 6 月 29 日，海协会会长陈云林与海基会董事长江丙坤在重庆签署两岸

---

[1] 刘相平：《2008 台湾"大选"后的两岸关系走向蠡测》，《世界经济与政治论坛》，2008 年第 3 期，第 84 页。

[2] 周志怀编：《台湾 2009》，北京：九州出版社，2010 年 4 月版，第 3 页。

经济合作框架协议（ECFA）。上述协议的签署，是在世界经济全球化、区域经济一体化不断呈现新情况、新问题的大背景下，为了提高中华民族的国际竞争力，两岸共同采取的具有战略意义的重大举措。ECFA 的签署，必能进一步排除两岸贸易和投资的障碍，扩大就业，振兴经济，长久造福两岸同胞。ECFA 签署同时也标志着两岸经济关系进入一个新阶段，对未来两岸关系发展将产生深远影响。具体来看，ECFA 签订将有利于两岸共同提升经济竞争力，有利于两岸共同增进广大民众福祉，有利于两岸共同促进中华民族整体利益，有利于两岸共同应对区域经济一体化的机遇和挑战，有利于未来台湾与大陆相关产业的合作向纵深推进。

正常化（以"三通"为标志）和制度化（签署全面的合作协议，如 ECFA）是两岸经济合作的必然要求，也是两岸经济关系发展的必然趋势。金融危机的发生，使两岸经济关系正常化和制度化的步伐加快。在正常化得以实现后，两岸将采取各种措施，大幅降低要素流动门槛，进一步扩大两岸间的贸易与投资，并深化两岸在经济领域各方面的合作，包括建立常设性的合作机构，签署全面经济合作协议（如 ECFA），通过关税减让、扩大投资、经济技术合作、服务业合作等措施使两岸经济关系更趋紧密。

第二节　大陆赴台投资面临的挑战

1. 台湾当局保守的开放环境，对大陆企业赴台投资形成制约

大陆赴台投资所面临的最为关键的障碍还是台湾当局的政策法规制约。就大陆对台资以及台湾对陆资的政策观察，二者存在巨大反差，呈现明显的台资企业享有"超国民待遇"与大陆企业"欠缺基本的国民待遇"。大陆鼓励吸引台商对大陆投资 20 多年来，采取了许多鼓励台商投资的政策措施，制订了专门的台商投资保护法。台商在大陆不仅享有基本的"国民待遇"，而且享有许多"超国民待遇"（如大陆银行对台商有专门的融资额度，而大陆企业则没有）。

然而，台湾当局虽然开放大陆企业赴台投资，但并不是主动开放，而是"被迫"开放；不是积极鼓励，而是采取严格的管制办法，严重阻碍大陆企业在台投资。台湾对陆资投资人资格限制过于严苛，能够入台投资的企业有限，并设定严苛的管理门槛。台湾当局不仅禁止大陆投资人的如下投资申请案：在经济上具有独

占、寡占或垄断性地位的投资申请案；在政治、社会、文化上具有敏感性或影响地区安全的投资申请案；对台湾经济发展或金融稳定有不利影响的投资申请案，而且限制大陆地区军方投资或具有军事目的的投资人入台投资。结果，大陆138家国有企业中的九家军方投资的国有企业入台投资被禁止，其他129家非军方投资的大陆国有企业入台投资也被严加管制，若涉及敏感性问题，将被禁止入台投资。而大陆的国有企业目前是大陆对外直接投资的主要企业。此外，为避免陆资经由第三地投资事业入台投资，规避"大陆地区人民来台投资许可办法"的适用，许可办法还设定严苛的管理门槛，对于大陆地区的人民、法人、团体或其他机构，直接或间接持有第三地区公司股份或出资额逾30%，或其对该第三地区公司具有控制能力，也视为陆资，应适用该许可办法的规定。

具体来看，当前大陆投资台湾的制度性障碍主要表现为：一是对"陆资"认定标准相当严苛；二是对陆资的开放投资领域非常有限，如台当局发布的"大陆地区人民来台投资许可办法"，规定"敏感身份"与"敏感项目"禁止投资，可没有具体点出哪些领域被禁止，人为操作空间大；三是对大陆企业在台投资设立专门的"防御条款"与"后续查核机制"，例如，实收资本额达到8000万元新台币以上的大陆企业，每年应向主管机关申报财务报表，并有接受检查的义务，"办法"中也没明确什么情况下有权核查大陆企业账目，实际操作中变数较大；四是对大陆企业在台投资采取严格的"正面表列"管理办法等，即规定了哪些准入才可进入，而对外资采取的是负面表列，即除了规定不准入的项目之外，其余均可进入，显然，负面表列的开放尺度更宽。

总之，台当局对陆资更多的是限制而非鼓励，可以说，台湾当局当前的陆资开放政策是相当保守的，是不符合时代发展潮流的，也是不符合两岸经济关系发展需要的，必会影响大陆企业对台投资的信心与效果。

2. 台湾政治社会环境的复杂性大，给陆资赴台带来负面影响

台湾经济是以出口导向为主要特点，台湾的高科技产业至今仍没有摆脱"高级代工"的实质性地位，其产业发展对日本和美国的依赖性很强。在贸易领域内，台湾形成了从日本大量进口、对美国大量出口的三角贸易关系。同时，在经济利益方面，大陆也还没有摆脱对美、日的依赖。两岸对美、日的依赖，一方面使美、日两国从各自国家的利益出发，担心两岸紧密的经贸合作与交流会损害其在中国大陆和

台湾地区的经济利益，会扩大中国大陆在国际上的地位和作用，进而会不惜一切手段阻挠两岸经贸的进一步发展；同时，两岸对美、日的依赖，也会削弱两岸经济关系进一步发展的向心力，增加了美、日对台湾的影响力，给两岸经济关系的进一步发展增加了难度。

其次，岛内利益集团的反对，给陆资赴台带来负面影响。从投资环境看，大陆相关投资者表达了一定的担心：台湾岛内复杂的政治环境可能会增加大陆企业在台投资的政治风险，对大陆投资者带来较大的负面影响。目前，台湾岛内政治斗争复杂，蓝绿对立严重，民进党"逢中必反"、"逢陆必反"，小部分激进"台独"势力对大陆企业赴台投资抱有敌意，一再以"产业空洞化"、"经济边缘化"来恫吓岛内厂商和民众，以"根留台湾"来束缚岛内企业，质疑陆资会加速台湾经济的泡沫化，使台湾经济过度依赖大陆，质疑陆资有"政治企图"，会危害台湾的安全。陆资赴台不仅受到绿色政治势力的强烈反对，而且也受到执政当局内部保守势力的牵制，使得陆资开放政策进展并不顺利，而且在最终出台的政策法规中设置了重重障碍。同时，台湾的政党交替制度也使政策的持续性受到影响。

最后，在当今全球范围内，各个国家或地区都在以各种优惠政策鼓励吸引外资，通过引入资本与技术促进经济发展。然而，台湾对大陆的企业投资长期采取封闭与管制政策。虽然台湾当局已正式开放大陆企业对台投资，但却没有任何实质性的鼓励与优惠措施，反而设下重重障碍与各种限制、干预条款。这样的开放政策，显然无法保护大陆台商的权益，难以促成大陆企业大规模赴台投资。

3. 台湾的营商成本相对较高，配套措施仍不完善

就台湾对大陆开放的投资项目中，从营商成本来看，岛内环保要求严格，土地成本和人力成本[①]高，相比大陆来说，优势较小，且这些产业和领域大都是利润小、竞争激烈。从公布的文件来看，在目前台湾方面开放的投资项目中，多为利润率较低、竞争较激烈的传统制造业及相关领域。岛内制造业发展非常成熟，利润微薄，陆资营利空间不大。相比之下，投资岛内服务业的机会更大，特别是具有品牌优势

---

① 中国国家统计局数据显示，2010年，中国城镇私营单位就业人员月平均工资为1929.9元，城镇非私营单位在岗职工月平均工资为3095.6元，而根据台湾"经建会"公布数据显示，2010年台湾岛内人均月薪为44453元新台币，折合人民币为10059.7元，是大陆城镇私营单位就业人员月平均工资的5.2倍，城镇非私营单位就业人员月平均工资的3.2倍。

的大陆企业如青岛啤酒、全聚德、阿里巴巴等，在岛内具有一定知名度，容易拓展市场。对此，"陆资入台"要审慎，经济行为应该遵循经济规律，要有比较优势，切忌盲目跟风。如果是传统的制造业赴台投资，竞争优势不大。科技含量高的企业过去才会有竞争力，也才能生存下来。有学者指出，若要吸引大陆企业赴台投资热情，应该给予相应的优惠政策，避免大陆投资高位接盘台湾地区的不良资产①。

此外，"陆资入岛"初期两岸都处于摸索阶段，许多政策法规、手续流程、服务机构等都不明确，加上过去很长一段时间里台湾限制大陆货品、资金、人员、机构进入岛内，大陆企业对台湾社会和经济环境都很陌生，但台湾对大陆投资的配套措施并不完善，无法对赴台投资的陆资企业、人员提供工作、生活等相关保障②。例如，配合"陆资入台"，台湾地区"行政院"已核准修法，陆资投资金额超过20万美元以上，可申请两名大陆专业人士赴台；按金额提高人数，最多不得超过七名；商务人士赴台的居留时间每次最长不超过一年；随行的配偶不可在台就业，未满18岁的子女可以申请在台就读③。但这些规定，相对于大陆对于台商赴大陆投资的优惠政策，尚有一定差距。

4. 两岸签订的经贸合作协议仍存不足，产业对接尚需加强

2010年6月签署的《海峡两岸经济合作框架协议》（ECFA）是两岸遵循世贸规则，结合两岸经济发展的现状和特点，按照平等互惠原则签署的经济合作协议，是两岸推进经济全面深入合作的特殊安排。大陆方面充分理解台湾经济和社会现状，着眼两岸经济长远发展，在框架协议中未涉及台湾弱势产业、农产品开放和大陆劳务人员输台等问题。协议的签署标志着两岸经济关系进入了制度化合作的新发展阶段。但目前两岸签订的经贸合作协议仍存在不足，不利于投资顺利发展。在今后两岸经济合作框架协议的完善过程中，必须考虑双方经济规模等发展情况的差异，以作出合理务实的处理。

此外，大陆与台湾产业对接尚需加强。台湾不同的区域内产业特点不一样，当

---

① 林银木：《"陆资入台"可能面临的投资风险及其应对之策》，《福建法学》，2010年第2期，第18页。

② 熊俊莉：《"陆资入岛"的新进展及前景展望》，《两岸关系》，2011年第5期，第35页。

③ 吴佳蓓：《台核准"陆资入台"投资项目》，www.stockstar.com，载新加坡《联合早报》，2009年7月1日。

前陆资企业赴台投资仍处于自发、分散的阶段，缺乏有针对性的引导和支持，台湾、大陆的各个行业无法结合岛内的产业特色，开展有针对性的对接活动，这也影响了企业的投资意愿，给大陆企业赴台投资带来一定的困难。

5. 两岸在诸多制度方面存在差异，可能引发一定的投资风险

两岸法律制度差异可能引发一定的投资风险。例如，就劳工法例制度而言，台湾地区有关劳动者保护的规定很多，且有一些规定内容与大陆相关规定有所差异，有的甚至完全相反。大陆投资者如果对这些规定不进行了解，则可能给投资经营带来一些不必要的麻烦和风险。台湾地区的劳工制度，主要体现在"民法"、"劳动基准法"、"劳动基准法施行细则"、"两性工作平等法"、"劳工安全卫生法"、"劳动争议处理法"等法令中。以上这些制度，有的大陆相关劳工法律制度虽有规定，但两岸之间差异较大。比如，《劳动法》、①《女职工劳动保护规定》虽对女性工作权利作出了规定，但并未出台专门针对两性工作权利平等保护的劳动法律法规；对于"性骚扰"的定义、损害赔偿也未明确规定。"陆资入台"后，可能因不熟悉这些法律制度而引发投资风险。

此外，两岸税收法律制度差异也可能引发一定的投资风险。由于台湾地区市场经济制度比较健全，经济比较发达，其税收政策强调"公平优先、兼顾效率"；而大陆经济还处于发展阶段，税收政策取向偏重"效率优先、兼顾公平"。在税收管辖权方面，由于祖国大陆实行属人兼属地管辖权，台湾在本地区实行属地兼属人管辖权，因此税收管辖权存在交叉，在两岸经贸投资中会引发一系列税收问题。大陆企业到台湾投资，如不关注两岸在税收制度上的差异，则可能存在被双重课税的风险。如从税收管辖权来看，两岸都同时采用地域管辖权和居民管辖权。大陆在税收管辖权的选择上，无论是企业所得税，还是个人所得税，都同时采用两种税收管辖权。台湾对营利事业所得税同时实行两种税收管辖权；对综合所得税，台湾则实行单一的地域管辖权，即只对来源于台湾境内的所得进行征税，但大陆将所得视为境内所得，允许抵扣在大陆已缴税款。因此，双方税收管理权产生了重叠，重复征税就不可避免。又如在个人所得税问题上，由于大陆同时实行两种税收管辖权，即只

---

① 《劳动法》第十三条规定：妇女享有与男子平等的就业权利。在录用职工时，除国家规定的不适合妇女的工种或者岗位外，不得以性别为由拒绝录用妇女或者提高妇女的录用标准。

要来源于大陆的所得或者属于大陆税收管辖权范围内的居民一切所得都要征税，而台湾对来源于台湾的所得也要征税。这样，对于大陆居民来源于台湾地区的所得，台湾根据地域管辖权对该项所得进行征税，大陆根据居民管辖权又对该项所得进行征税，该纳税人就承担了两次纳税义务，从而产生双重课税①。"陆资入台"后，如对两岸税收法律制度不熟悉，尤其是对台湾地区的税收法律制度不了解，就不仅存在可能被双层课税的风险，还可能面临其他税收风险。

6. 台湾地区市场狭小，两岸高端产业内部结构存在较大差别

台湾与大陆迥然不同的市场发展空间也是大陆企业对台投资所面临的主要瓶颈。以汽车产业为例，当前大陆的车企加速入台，但台湾汽车业本身就存在着市场狭小的先天不足。台湾全岛仅 3.6 万平方公里土地，2300 多万人口，作为一个独立市场，是不可能支撑汽车工业自主发展的。另外台湾的汽车市场很早就开始对外开放，通用、福特，特别是日本汽车公司，早已尽数进入岛内，市场竞争十分激烈。类似的现象也同样存在于台湾的 ICT 市场、数字学习等市场。在台湾的不少产业领域，狭小、成熟饱和的市场构成了对外来投资者的巨大挑战。

此外，两岸高端产业内部结构的异质性也阻碍了大陆对台投资结构升级的步伐。大陆企业在高新技术方面的对台投资不仅受到现实政策的制约，而且在未来政策放开后仍会面临两岸高新技术产业内部结构的异质问题。台湾高科技产业主要包括电子信息业、光电、精密仪器等行业，且以电子信息业为重中之重，这与大陆具有一定相似性。但从高新产业的内部侧重点来看，台湾的电子信息产业主要侧重发展芯片、半导体等产业关联度大、附加值高的高端产品；而大陆地区则主要偏向以消费类电子产品为主的附加值低的中低端产品，两岸在产业内部结构上存在明显的差异性，大陆今后要想打入台湾同类高新技术产业，就会面临内部结构升级的困难。

---

① 福建省地方税务局编：《中国台湾税收制度》，中国税务出版社 2007 年 11 月出版，第 374—377 页。

第七章　对策建议

第一节　国家层面的对策建议

1. 组建专门的赴台投资协调机构，加强宏观管理和指导

针对目前赴台投资多头管理的状况，建议成立一个能够对大陆企业赴台投资进行统一协调的政府机构。该机构主要职能包括：贯彻国家的有关方针政策，作好赴台投资的战略规划，确立两岸经济合作的整体发展目标；解决大陆企业赴台投资所产生的问题，就投资者权益保障、经贸纠纷调解及仲裁、知识产权保护等问题进行沟通，为大陆企业赴台投资提供更好的监管与服务工作。该机构主要成员包括：国台办、发改委、商务部、财政部、工信部、海关总署、税务总局等部门。其中，相关工业和通信业领域赴台投资事务由工业和信息化部牵头负责。

2. 完善大陆企业赴台投资的政策环境

调整制定大陆企业赴台投资的相关政策，完善大陆企业赴台投资的政策环境，促进大陆企业赴台投资事业的健康发展，打造健全的政策支撑体系。

（1）完善税收优惠政策

区别大陆企业赴台投资的投资规模、获利能力、投资地区和行业、经营时间长短等具体情况，通过采取灵活、多样的税收优惠政策，准许投资企业提取税收准备金；直接减免投资企业来源于台湾地区投资所得的所得税，使其承担较轻的税收负担，增加投资者的税后利润和投资收益，从而保护和调动投资者的积极性，带动赴

台投资的增加。

（2）完善金融支持政策

一方面，赴台投资需要一定量资金，应根据赴台投资项目的规模、类型、风险等，发放长期优惠贷款；另一方面，要在进行必要的审查和监督的基础上，适当放宽外汇管制，在外汇管理上给予赴台投资企业一定的优惠。

（3）完善投资管理政策

对大陆企业赴台投资管理，应明确审查范围和标准，减少审批事项，简化审批程序，缩短审批时间，对于赴台投资的大型优势企业，应赋予其较大的投资自主权。

此外，应完善相关制度，对赴台投资企业进行动态管理，主要包括：加强赴台投资企业的信息公开管理，使管理者及时掌握赴台投资企业的情况，以便及时回应；进一步完善税收征管制度，防范或减少赴台投资企业逃避税，促进赴台投资良性、有序发展。

3. 推动建立具有两岸特色的投资争端解决和仲裁机制

两岸投资所发生的争端如何解决，是构建投资保障的法律机制必须应对的现实问题。因两岸的法律体系不同，大陆对台湾不具有司法裁判权，投资纠纷的解决有赖于商事仲裁模式。一般而言，主权主体之间的区域经济合作，在投资争端解决与仲裁机制方面，通常是采用国际仲裁的模式，即指定世界银行的投资人与国家争端解决中心作为仲裁机构。海峡两岸的经济合作并非是简单、一般的区域经济合作，是在"九二共识"基础上，坚持"一个中国"的政治理念下的经济合作，有着特定的政治蕴涵。考虑到两岸关系的现实性和特殊性，显然不能简单地全盘照搬国际惯例。

目前，台湾方面坚持引进国际仲裁，将海峡两岸间投资者的纠纷提交第三方，如世界银行的投资人与国家间争端解决中心等作为仲裁机构进行国际仲裁。其实质是有悖"九二共识"，对两岸投资保障涉及的主体认知有违一个中国原则。两岸的投资争端的解决，是一国的内部事务，而不是国际间事务，不能照搬国际仲裁模式。因此，应立足于一个中国原则，两岸来协商处理该问题。参照通行惯例和做法，未来双方可建立"具有两岸特色"仲裁调解机构，该机构的性质可由双方协商。同时，仲裁地的确认、仲裁主席的选任等重要内容，也同样由双方在坚持公平、效率的基础上协商处理。

4. 推动两岸实现国民待遇和最惠国待遇

国民待遇，又称平等待遇，是指投资所在地国家或地区应给予外来投资者以国内公民享有的同等的民事权利地位。其强调外来投资者与本国投资者之间的平等性。通常，对外来资金实行国民待遇制度的国家或地区，只是在原则上给予外来投资者以国民待遇，实际上在投资领域、外汇汇出、商品配额等方面还是有所限制。同时，国民待遇必须对等，不得损害彼此的经济权利。

最惠国待遇，也是无歧视待遇，是投资所在地国家或地区给外来投资者的不低于其给予任何第三国或地区投资者的待遇。其强调一国或地区范围内外来投资者之间的平等性。因此，最惠国待遇具有将双边的国民待遇多边化的效果。从近年国际投资实务来看，最惠国待遇应表现为两岸在设立、获得、扩大、管理、经营、运营、维护、使用、清算、出售或对投资其他形式的处置等方面。

大陆与香港、澳门地区的 CEPA 中，未规定国民待遇和最惠国待遇，是因为港澳地区已回归祖国，都是在一个主权国家疆域内，港澳投资者在内地的投资，本来就是一国公民的国内投资，自然享有国民的所有权利，根本不需要通过协议规定。大陆和台湾同属一个中国，但是台湾尚未回归，两岸的双向投资不能简单地比照内地与港澳的投资关系。因此，考虑到两岸特殊的政治背景及台湾是 WTO 独立关税区的客观情况，应本着和平共处、互利共赢、共谋发展的信念，借鉴 WTO 的相关规定和做法，彼此给予最惠国待遇和国民待遇。

5. 支持和肯定投资利润的转移

投资者对外投资的目的在于获得较多的合法利润。在市场经济法制下，投资者追逐阳光下的利益，受到法律的肯定和保护。源自合法投资的投资利润，是投资资金的法定孳息，投资者对该合法收益享有民法上的所有权，享有对其自由支配的合法权利，因此也有权将其自由移转。投资利润能否顺利转移，是两岸投资者必然共同关注的问题。投资利润转移的关键在于外汇管制。国际通行做法是，投资所在地允许外来投资者有权利将投资的资本及利润自由转移，但为维持投资所在地的国际收支平衡、货币准备等公共利益，当地政府所采用的外汇管制等宏观调控措施则不受投资者权利的约束。但是，投资所在地实施的外汇管制措施，对所有的外来投资者一视同仁，不得歧视，这涉及最惠国待遇问题。现在，两岸投资者均有投资利润自由转移的利益诉求，大陆和台湾两地均存在各自的外汇管制制度，对此首先应依循当地的外汇管制制度，在彼此给予国民待遇和最惠国待遇的基础上，两地管理部门应给予投资者便利，实现投资利润的合法转移，最终促进两岸投资的顺利发展。

6. 提高法律法规透明度

提高法律法规透明度是两岸经济合作顺利发展的基础，也是两岸投资保障切实落实的保证。两岸双方都有加强提高法律法规透明度领域合作的意图。提高法律法规透明度需要从这几方面入手：一是建立两岸关于法律法规透明度的合作机制，即在互设的办事机构中设置专门的工作组，由工作组开展合作。二是明确提高透明度所涉及的法律法规的具体方向。两岸双方关于提高法律法规透明度，涉及合作内容主要是：就投资及相关经贸领域法律法规的颁布、修改情况交换信息资料；通过杂志、报纸、网络、短信等各种媒体及时发布政策、法规信息；举办多种形式的投资政策法规说明会、学术研讨会；通过专门网站、机构等为海峡两岸的投资企业提供咨询服务。

第二节　行业主管部门层面的对策建议

1. 制定赴台投资行业指导意见，规范引导企业行为

国家工业和信息化部作为大陆地区工业和通信业的行业管理部门，应积极制定行业指导意见，统筹产业政策，引导规范企业建立科学管理和决策机制，守法经营，保护生态环境，尊重台湾地区文化风俗，保障企业员工的合法利益，关心和支持当地社会民生事业，推动大陆企业赴台投资工作的稳步发展。

2. 健全信息服务制度，建立大陆企业赴台投资信息网

国家工业和信息化部要利用其专业性强、信息灵通等优势，为企业赴台投资提供咨询服务，使企业能及时获得有关赴台投资方面的各种信息。因此，要及时、准确地将各产业投资政策、行业发展前景、投资障碍及预警等信息向企业公布，让企业全面了解有关赴台投资的信息，为企业提供具有投资价值和可操作性的赴台投资

指南，开辟更多的投资渠道，从而有效避免盲目投资造成不可挽回的损失。

3. 加大对企业赴台投资发展的投入支持力度

（1）建立产业投资引导基金，协助企业拓宽融资渠道

一是由国家工业和信息化部主导，建立具有政策导向的产业投资引导基金，通过基金引导，鼓励和支持大陆相关企业赴台投资。二是发挥政府公信力，为相关企业募集资金提供融资担保。

（2）建立赴台投资风险补偿金制度

考虑到大陆企业赴台投资可能存在的高风险，为提高大陆企业投资的积极性，建议设立工业和信息化部赴台投资风险补偿专项资金，负责为企业由于赴台投资失败，发生较大金额损失或所投资项目破产清算时，给予企业一定的补偿等。

（3）鼓励相关企业赴台从事研究开发活动

国家工业和信息化部应考虑从财政科技经费预算中，拨出专款，建立研究和开发基金，支持大陆企业进入台湾，利用台湾在某些领域的技术优势，与相关企业展开合作，建立研发中心。研究基金的资助可分三个阶段操作：第一阶段：即启动阶段，主要资助企业对新构想、新技术的可行性或技术价值进行探索性研究，期限6个月。第二阶段：从启动阶段的项目中挑选最有潜力者，继续第二阶段的资助，期限为1—2年。第三阶段：在企业实验室的科研成果商业化过程中给予适当资助。

4. 逐步提升现有高新产业的内部结构，推动两岸在新兴产业方面的投资合作

随着大陆劳动力成本的逐渐提升，大陆企业在传统劳动密集型产业的投资优势正在逐步丧失，新兴产业将成为对台投资的主要领域。工业和信息化部作为行业主管部门，具体可以结合大陆的"十二五"规划以及台湾的"黄金十年"规划，在高新技术产业方面加强与台湾有关主管部门和企业的投资合作，采取自主创新与模仿创新相结合，努力提高企业的自主研发能力，不断缩小大陆在电子信息等高新技术产业方面与台湾先进企业间的差距，把对台投资作为改善高新技术产业内部结构的重要举措，最终形成互利互惠及相互依存的高新技术产业发展关系，共同促进两地产业结构的优化升级。

5. 举办赴台投资产业合作论坛，鼓励两岸学者进行研究探讨

国家工业和信息化部应定期举办两岸相关产业经济合作论坛，从目前大陆企业

赴台投资中存在的问题入手，探讨解决问题的途径，然后予以帮助。此外，应鼓励及加强两岸企业界人士、研究咨询机构和专家学者就这一问题进行更广泛深入的研究探讨，为大陆企业赴台投资提供更深入、更务实的咨询和建议，进而为两岸民间协调机制的建立奠定良好基础。

第三节　企业层面的对策建议

1. 全面了解和掌握台湾地区的劳工、税收等法律规章制度

台湾地区在经贸方面的制度性规定很多，而且很细，尤其是劳工、税收等方面的规定。大陆企业只有通过各种方式、各种渠道去了解、熟悉，才能有效地避免投资风险。具体来看，一是通过祖国大陆设立的专业研究台湾地区法律的机构及律师事务所，对所要投资的领域、投资方式及投资风险规避所涉法律事务进行咨询。加入 WTO 之后，出于两岸直接贸易、陆资入台投资、"三通"等需要，大陆律师加强对台湾地区法律的全面深入了解和研究是一项急迫的任务，这对于促进两岸交流交往、维护大陆企业在台湾地区的合法权益具有重要意义。二是在劳工、税收制度方面，可通过培训学习等方式，熟悉并运用台湾地区的相关法律制度。同时，可参照台湾与澳大利亚签订的《避免所得税双重课税及防杜逃税协定》，制订两岸间的《避免所得税双重课税及防杜逃税协定》，这样可以从机制上有效避免"陆资入台"的双重课税风险[①]。三是通过聘请台湾当地人才对在台投资企业的劳工人事及会计课税等方面进行管理。台湾当地管理人才熟悉本地区的政策法律制度，通过聘请他们作为管理人员，可以迅速有效地掌握当地的各种制度性规定，从而降低企业运营成本，规避投资风险。

2. 构建全面的企业投资发展规划

目前，大陆企业对于台湾现阶段开放投资的范围，及对部分投资项目所附加的条件并不完全满意。从台湾现阶段开放投资项目的范围上看，有其避免内部争议及

---

① 台北经济文化办事处与澳大利亚商工办事处于 1995 年 5 月 29 于堪培拉订立《避免所得税双重课税及防杜逃税协定》，该协定共 26 条，对两地避免所得税双重课税及防杜逃税进行了约定。

减少产业冲击的考虑。同时，从台湾制定的"先紧后松"、"循序渐进"、"有成果再扩大"的开放投资指导方针看，未来台湾进一步扩大开放投资范围的可能性很大。在这种情况下，大陆不能只限于现阶段开放投资的范围而裹足不前，而应对台湾开放赴台投资进行充分评估，通过布局上、下游开放投资项目，在工业和通信业的相关细分领域作出全面的发展规划。

3. 在投资方式上，目前应采取参股购并或合资合作等间接投资方式进入台湾

由于台湾对大陆企业赴台直接投资方式的审批管理程序、投资范围和投资主体都有严格的限定，因此，相关企业目前可以参股购并或合资合作等间接投资方式进入台湾：第一，技术、专利入股投资模式。这种投资模式比较简单，且不必直接经营，所受限制相对较少，作为未来投资模式的可能性高。第二，并购模式入台。以这种模式进入台湾，手续相对简单一些，而且产生的经济效益较高。但是这种模式容易受到台当局政策法律的限制和干预，因此大陆企业可以通过收购国际跨国公司及其在台业务的方式，实现间接进入台湾投资。第三，与外商合作，以外资企业的名义进入岛内投资。从对大陆居民在岛内投资的政策规定看，台当局对大陆企业在台投资限制多，很难让大陆企业以独资的方式投资。因此陆资入台的另一条路径选择就是采取与外商合作的方式，甚至可以以外资的名义在台投资。第四，证券投资模式。对于大陆非企业投资者来说，台湾已经开放大陆境内合格机构投资者（QDII）投资台湾证券市场及期货市场。随着两岸金融资本市场的逐步开放，证券投资模式将是占据很大比重的大陆非企业投资者投资台湾的主要方式。

4. 合理布局投资区位，提高投资绩效

从投资的区位选择角度来衡量，台湾北部地区应是大陆企业投资的重点区域。台湾北部地区包括台北县、台北市、基隆市、桃园县、新竹县、新竹市及宜兰县，这些区域是台湾地区的政治、经济中心，也是台湾 IT、生物技术以及光电产业的集聚地。同时，台湾北部属于深蓝、泛蓝阵营，政治氛围较好，投资安全性高。从提高投资绩效、降低投资风险的角度看，大陆企业可以将台湾北部地区作为投资的重点区域。

5. 选择台湾地区鼓励投资的项目作为投资重点

大陆企业赴台投资应选择台湾鼓励投资的项目以及台湾需求大的投资项目作为

投资重点，这样不仅可以绕过诸多政策壁垒，还可以规避与当地企业的竞争。目前，台湾当局对大陆开放的投资领域主要集中在基础设施、旅游、金融、文化娱乐以及房地产或不动产等新兴服务业。因此，大陆企业赴台湾投资，应以企业竞争优势为基础，以岛内政策规划为依据，寻找市场空隙，合理选择具有比较优势且岛内市场需求大的项目进行投资。

第二篇
台商投资大陆

第八章　台商投资大陆的背景

第一节　当前台商投资大陆的必要性分析

1. 台湾产业赴大陆投资是其自身产业升级的客观要求

台商赴大陆投资的动机，无论是资源寻求型、市场寻求型，或者是效率寻求型厂商，几乎都包含有延续产品生命周期的考虑。从上世纪 80 年代开始，受劳工工资上涨、土地价格攀升、发展空间趋于饱和、环保压力增加等因素制约，台湾经济发展成本上升，传统的劳动密集型产业和资源消耗度较高的水泥、石化等产业迫切需要通过拓展新的发展空间，以延续传统产业的发展和实现岛内产业的优化升级。此时，恰逢大陆开始实行对外开放，及时承接了这一轮台资产业的转移，这为台湾高新技术产业和服务业的发展拓展了空间。进入 90 年代以后，随着台湾以电子资讯业为代表的高新技术产业逐步发展成熟，加上电子产品生命周期更新换代加快，大量台湾电子资讯厂商迅速在东莞和昆山等地集聚，并且通过在两岸的分工布局，形成了独具特色的台商生产供应链。在新世纪之初，随着光电、IC 等高科技产业和服务业的迅速跟进，台商掀起了新的投资热潮。纵观台商赴大陆发展的历史进程，每一轮赴大陆投资热潮，都是在岛内产业升级的内在要求推动下形成的，也为台湾自身的产业不断升级创造条件和空间。通过这种产业的持续转移，台湾产业的发展版图得以延伸，并且创造了两岸经济发展的双赢。

2. 台湾当局蓄意阻挠迫使台商"迂回登陆"

长期以来，台湾当局的两岸经贸政策始终奉行以限制原则为主轴，虽然不时迫于压力对一些领域放宽限制，但其开放程度仍然十分有限。两岸经贸关系中曾经长期无法直接"三通"等就是台湾当局限制性大陆经贸政策的直接产物。特别是李登辉上台后，在政治上逐步脱离"一个中国"的轨道，积极推行"台独"分离路线，甚至试图以"两个中国"来定位两岸关系。基于这种政治目的，台湾当局担心日益密切的两岸经贸关系会威胁其所谓安全与政治利益，因此，上个世纪从90年代中期起逆向调整两岸经贸政策，使其朝"独立发展"与"经贸分散化"的道路发展，极力阻碍两岸经贸关系的正常化。1994年台湾当局大力推行所谓"南向政策"，试图分散台商对大陆的投资；1996年又提出发展两岸经贸关系要"戒急用忍"；1997年后更进一步对台商投资大陆重新制定紧缩性的政策，禁止台商在大陆投资基础设施、高科技产业、房地产业、金融保险业等项目，对台湾股票上市公司赴大陆投资制定了"投资金额比例累退制"，而且规定单一投资案以5000万美元为限。民进党执政两届期间，大肆推行"经贸拒统"，财经政策摇摆不定，对两岸经贸往来大加限制，禁止台湾大企业以及高科技产业、金融业到大陆投资。虽然2001年11月台湾当局迫于种种内外压力曾宣布将"戒急用忍"政策调整为"积极开放、有效管理"，但2006年1月又将两岸经贸政策调整为"积极管理、有效开放"，紧缩台湾对大陆的经贸往来。显然，台湾当局极力限制两岸经贸往来，是两岸经贸关系正常化的最大障碍。①

　　近年来台湾岛内出现了产业外移加剧的趋势。应该说，这是经济规律自然作用的结果，也是岛内台商适应生存发展需要、寻找发展新空间的自发选择。台湾当局对这一现象进行曲解，归结为大陆对台商的"磁吸"导致的产业"空洞化"。事实上，产业外移是包括美、日、欧在内的全球许多发达经济体都曾发生的现象，是一个国家或地区产业升级的一个必然过程。产业外移并不必然导致产业空洞化，产业升级滞缓导致新、老产业衔接不力而出现产业"断档"危机，才是"产业空洞化的根本源头"。台湾当局的政治因素干扰使台湾经济不能更好地借助大陆发展的契机，导致台商只能以迂回的方式进行民间的经济合作，最终只是徒然增加了台商的交易成本。即使在这种条件下，台商到大陆设厂生产仍可减少生产成本的一半以上，这也是广大台商冲破当局种种阻力赴大陆投资的重要动力所在。因此，台湾当局极力阻挠两岸经贸合作，在阻碍和限制两岸产业合作的同时，客观上也加剧了岛内企业

---

① 参见邓利娟：《现阶段两岸关系的进展与障碍》，《台声》，2001年1月，第17页。

外移的紧迫感，加快了一些岛内企业布局大陆的步伐。当然，当前随着马英九当局的执政及 ECFA 的签署实施，两岸关系得以缓和，台商赴大陆投资的便利性较之以前有了大幅提高。

3. 经济全球化和区域一体化潮流的外部推动

20 世纪 90 年代以来，经济全球化和区域经济一体化步伐显著加快，并成为世界经济发展方兴未艾的基本潮流。区域间紧密的产业合作，可以重新组合生产要素，降低交易成本，提高综合竞争力。在这一进程中，中国大陆随着改革开放的不断深入，越来越多地参与多边贸易体制和不同形式的区域经济合作，目前除已经加入世贸组织之外，已经加入的区域合作组织包括亚欧会议、曼谷协定、中国—东盟（10＋1）合作机制、亚太经济合作组织（APEC）、上海合作组织、中日韩—东盟（10＋3）合作机制等，合作对象包括欧洲、北美、东南亚、南亚、中亚等地区。其中尤以"中国—东盟（10＋1）"合作机制最为引人注目。可以说，中国大陆已经成为推动东亚区域经济合作的重要主导力量。

近年来，面对亚太经济整合新格局，台湾当局一方面拒绝与大陆建立正常经贸关系，另一方面却倾力推动与美国、日本以及东南亚国家签订自由贸易协定，企图以此谋求其所谓"国际空间"，但都没有收到预期效果。事实上，在当前两岸经济政治力量悬殊的情况下，台湾当局这一企图是注定失败的。拒绝与大陆的经贸合作，无异于将自己孤立于区域经济一体化的进程之外，最终只能导致台湾经济在东亚的"边缘化"。换言之，台湾经济要防止在东亚区域一体化进程中被"边缘化"，最根本的出路就在于开放两岸的经贸交流合作，推进两岸经济的一体化。只有这样，才可以使台湾经济尽快融入区域一体化，实现其"全球布局"的产业扩张策略，拓展更广阔的市场空间，而且可以整合两岸资源优势重塑台湾经济竞争力，有助于巩固、提升台湾的区域经济地位。[①]

因此，在全球化、区域经济一体化的浪潮下，两岸经贸关系不单是两岸之间经济往来的问题，而且是全球、区域产业分工体系下的必要环节。企业对外投资与全球生产体系紧密结合，是企业提升竞争力、拓展生存空间的基本策略，台商对大陆投资也是基于市场经济规律的理性选择。两岸产业合作的深刻背景是经济全球化和

---

① 参见吴庆春，舒均治：《海峡两岸经贸交流的现状及未来展望》，2005 年 8 月，第 96 页。

区域一体化的浪潮，必然随着经济全球化的推进而成为不可遏止的发展趋势。

事实上，从自身发展需要看，两岸都有加强对外经济合作的迫切需要。而且双方都已加入世贸组织，都应该遵守和执行该组织的基本准则和规范。从长远看，在国际经贸规则的制约下，两岸政策因素对经济合作的干扰作用将趋于减弱。这不仅有利于两岸进一步融入、利用经济全球化和区域一体化潮流，而且将加快两岸的经济一体化步伐和产业合作进程，提升两岸产业的整体竞争力，形成"两岸联手赚世界的钱"的双赢格局。

上述诸多因素叠加在一起，从各个层面共同作用，形成了推动台湾产业加快向大陆转移和促进两岸产业分工合作的强大合力。可以说，两岸产业的分工合作的现状格局是多重经济因素共同促成的结果。用以前任何一种单一的国际投资和产业分工理论似乎都无法完整解释两岸产业分工的动因。这种分工格局的形成，既有要素禀赋差异和比较优势的合理内核，也有企业内部化的现实需要；既有产业集群的经济效益追求，又有产品生命周期梯度转移的考虑。资源、市场、劳动力成本、效率、产业配套等因素，在不同程度上都是台资企业投资大陆的动机，但不同产业类型的决定性动因确又往往各有不同。而且这种产业分工合作格局也与两岸之间特殊的政治、历史、文化背景密切相关。因此，两岸产业分工合作既是建立在两岸经济发展要素禀赋和产业比较优势基础上的必然结果，也是突破各自产业发展制约、实现两岸产业结构和竞争优势互补、促进共同发展的合理选择，又是符合世界经济发展潮流的大势所趋。海峡两岸只有顺应这些客观规律，互相开放，密切协作，提高分工合作水平，才是促进两岸经济持久繁荣的根本之道。

第二节 大陆吸引台商投资的优势分析

大陆实行改革开放 30 多年来，经济持续保持高速增长，经济发展水平、市场化程度、对外开放度不断提升，不仅创造了世界经济史的一大奇迹，而且已经成为推动世界经济发展的重要力量，具备了深度参与国际和区域经济协作的有利条件。在此过程中，大陆积极参与经济全球化，稳步有序地推进对外开放由点到线及面拓展。为吸引外来投资，大陆各地竞相制定了许多优惠政策。加入世贸组织，标志着大陆全方位对外开放合作的历程更加不可逆转。而海峡两岸近在咫尺的区位优势和同文同种的历史文化渊源更为两岸的产业分工与合作创造了天然的基础条件。这些因素，构成了大陆对台商的强大的"磁吸效应"。

1. 大陆经济的持续快速增长为台商投资大陆提供了重大历史机遇

大陆自 1978 年实行改革开放以来，经济发展的巨大潜力和社会创造力得到了充分释放。1978 年至 2007 年 30 年间，GDP 年平均增长率达到 9.8%，2007 年 GDP 即达到 24.95 万亿元，占世界份额由 1.8% 上升到 6%。2010 年大陆经济规模更是超越日本，成为世界第二大经济体。在实现高速增长的同时，通过改革开放的深入推进，大陆经济体制不断完善，初步确立了社会主义市场经济体制的框架，经济社会发展的协调性逐步提高，抗风险能力显著增强。大陆已经并且正在成为全世界最大的投资、贸易和消费市场之一，同时也是巨大的技术供应和消化市场，对世界经济影响力不断扩大。2011 年，大陆货物进出口总额 36421 亿美元，比 2002 年增长 4.9 倍。其中，出口总额 18986 亿美元，增长 4.8 倍；进口总额 17435 亿美元，增长 4.9 倍。2003—2011 年，货物进出口贸易年均增长 21.7%，其中，出口年均增长 21.6%，进口年均增长 21.8%。2011 年，大陆货物贸易出口总额和进口总额占世界货物出口和进口的比重分别提高到 10.4% 和 9.5%，货物贸易进出口总额跃居世界第二位，并且已经连续三年成为世界货物贸易第一出口大国和第二进口大国。①

另据商务部统计，2003—2011 年，共计批准设立外商投资企业 31.4 万家，实际使用外资金额 7192.2 亿美元。截至 2011 年底，累计设立外商投资企业超过 73.8 万家，实际使用外资超过 1.2 万亿美元。2011 年与 2002 年相比，实际使用外资金额增长了 120.0%，年均增长 9.2%，在全球的排名由第四位上升至第二位，并已连续 20 年保持发展中国家首位。② 在此过程中，城乡居民拥有的财富呈现快速增长趋势，市场潜力巨大。据高盛预测，未来 10 年大陆人均 GDP 增长率将高达 180%，到 2015 年大陆将有一半人口成为年收入达到 6000—20000 美元的中产阶级，届时大陆内需有望是 2008 年的两倍，达到 20 万亿元人民币，成为全球最大消费市场。这也意味着大陆内需市场的持续扩大，将为两岸经济合作提供越来越强大的动力，外需与内需"双轮驱动"将成为两岸经济合作的主要动力。③ 从今后经济增长的趋势看，大陆经济的繁荣期仍将在相当长的时期内得以持续。大陆经济将继续高速增

---

① 参见"2011 年我国货物进出口总额 36421 亿美元"，http://www.cs.com.cn/xwzx/hg。
② 参见"我国连续 20 年成为利用外资最多的发展中国家"，http://www.chinadaily.com.cn/。
③ 参见朱磊，张晓楹：《投资台湾指南》，北京：中国经济出版社，2012 年版，第 89 页。

长，这是推动今后海峡两岸经贸合作向前发展的重要力量，也是今后台湾地区经济发展的有利条件。[①]

2. 优惠的投资鼓励政策是吸引台商投资大陆的重要诱因

祖国大陆从开放伊始，就对吸引台商投资给予特殊的重视和支持，对前来投资的台商实行"同等优先、适当放宽"的政策，给予台商超国民待遇。企业所得税的优惠措施极具弹性，依照地域、投资项目以及年限的不同享受不同的优惠。一般是实行"两免三减半"，即从获利年度起，前两年免征所得税，五年后减半征收。此外，还有其他一些相关优惠政策，如自用设备进口免关税、产品加工出口可退税、减免地方所得税、减免土地使用费、企业净利润再投资免征企业所得税等。这些优惠政策对上个世纪吸引台商赴大陆投资发挥了十分关键的作用。近年来，随着中国加入世界贸易组织和大陆市场竞争的加剧、利用外资政策的升级、出口加工政策的调整等，政策优惠的空间趋于缩小，但出于经济政治的多重考虑，各级政府在吸引台资上，相对于大陆民间投资和其他境外资金仍具有一定的政策优势。

3. 文化血缘的同质性是吸引台商投资大陆的社会纽带

海峡两岸同文同种，深厚的血缘、地缘、文缘、商缘和法缘关系为两岸经贸交流交往提供了畅通无阻的社会人文纽带。两岸尽管体制各异，但血脉相连、习俗相同、语言相通、地域相近，加上中华民族注重追根溯源的民族特质，使得中国大陆成为台商向海外拓展的首选之地。台商进入大陆，无须太多调整即可适应。两岸社会和企业管理皆以儒家思想为本，台湾企业管理的理念和模式在大陆实施不存在任何文化障碍。台商在大陆生活，也很容易找到认同感和归属感。这一因素在促成早期台商投资大陆的诸多动因中，占据着十分重要的位置。特别在上世纪 90 年代中期以前，大陆台资明显地集中于闽南地区，最为重要的原因就是该区域与台湾的文化血缘关系尤为密切。此后，台资开始向大陆其他区域扩散和集聚，而不是向台湾当局所推动的向东南亚等国家或地区转移，说明这一因素仍然在吸引台商投资方面发挥着独特作用。

---

① 参见林毅夫，易秋霖：《海峡两岸经济发展与经贸合作趋势》，《国际贸易问题》，2006 年第 2 期，第 12 页。

第九章　台商投资大陆的历史与现状

由于长期以来台湾当局对两岸资本流动设置的障碍，目前海峡两岸投资关系基本上是台资向大陆的单向流动，大陆对台湾地区的投资还受到诸多限制。台商对大陆的投资，从其最初的试探摸索到目前大规模集聚式的产业链转移，其发展过程是海峡两岸动态比较优势、经济发展阶段、产业结构、实力消长以及特定的历史环境、政治气候等诸多因素综合作用的结果。20多年来，尽管两岸关系跌宕起伏，台商投资祖国大陆的热情仍然高涨，台资流向大陆的势头日见强劲，在大陆的台资企业持续增加，台资企业的投资规模也越来越大，台资在大陆的空间分布也更加广泛，两岸产业合作呈现不断提升和深化的趋势。

第一节　台商投资大陆的历史

自1983年第一个台商投资项目落户福建省以来，台商投资大陆不管在规模还是在项目上都在不断深化。回顾近30年来海峡两岸的交流与合作，大陆台商投资也经历了从尝试、扩张、快速发展到合作与竞争的阶段演变。当然，在演变的过程中，台商的大陆投资也充满了曲折与艰辛。

1. 第一阶段：尝试阶段（1983—1987）

20世纪80年代初，海峡两岸局势开始趋于缓和，两岸的经贸合作初现端倪。为进一步贯彻落实改革开放的指导方针，加强海峡两岸的经贸交流，促进大陆地区经济发展，国务院在1980年批准设立4个经济特区，1984年设立14个对外开放城市，在鼓励外商到华投资的基础上，于1983年由国务院专门颁布了《关于台湾同胞到经济特区投资的特别优惠办法》（以下简称《特别优惠办法》），旨在针对到大陆经济特区投资的台商给予特别优惠政策。但是，由于当时的台湾仍处于"动员戡乱时期"，当局严格禁止岛内厂商赴祖国大陆地区进行投资活动。因此，一些在大陆投资的台商，为规避台湾当局的政策管制，多以迂回方式进行"投石问路"，投资数量和规模、产业结构等方面都极为有限和单一。

2. 第二阶段：升温阶段（1988—1991）

1987 年，台湾当局宣布开放岛内居民赴祖国大陆探亲的政策后，台商投资大陆的活动逐渐由暗转明、不断升温，投资数量和规模也逐步增加。1988 年，国务院在《特别优惠办法》的基础上，又发布了《关于鼓励台湾同胞投资的规定》（以下简称《规定》），明确提出对台商投资的合法权益和政治风险提供保障，并给予台商投资优惠和便利。这些措施的出台，不仅加强了两岸人民的交流与往来，而且极大地激发了台商投资大陆的热情。许多台商把大陆沿海地区作为加工出口基地，以"台湾接单、大陆加工、香港转口、海外销售"为经营模式，大量转移岛内的夕阳产业，即以纺织、服装、制鞋、玩具、皮革加工、塑胶制品、手提箱包、农产品加工等为代表的劳动密集型产业。应该说，当时的大陆台资企业总体技术层次较低，投资规模偏小，短期行为突出，且主要集中在东南沿海和珠三角地区。在此阶段，台商投资大陆的金额达到 33.92 亿美元，年平均项目为 946 件，年均金额达 8.32 亿美元，分别是前一阶段年平均项目的 59 倍和年平均金额的 42 倍。

3. 第三阶段：深化阶段（1992—1996）

1992 年邓小平同志的南方讲话、中共十四大确立的建立社会主义市场经济体制、1992 年的"汪辜会谈"，都为进一步拓展海峡两岸的经贸合作奠定了良好的基础。而且，1992 年 9 月 18 日，台湾当局颁布了"台湾地区与大陆地区人民关系条例"，对两岸的经贸、投资往来进行了法律规范。为表示支持与呼应，全国人大常委会于 1994 年通过了《中华人民共和国台湾同胞投资保护法》，旨在从法律上保护大陆台商的合法权益。以此为契机，台商在"求发展、逐利润"的强烈驱动下，不仅在投资规模和数量的深度和广度上不断拓展和延伸，而且投资的领域不再局限于简单的加工装配制造，车辆、机械、化工、精密机床等生产企业逐步投资祖国大陆，产业形态由劳动密集型逐步转变为资本密集型，产业投资地域由东南沿海逐渐向长三角地区和环渤海地区延伸，经营模式也由独资经营居多转变为以合资经营为主。

4. 第四阶段：调整阶段（1997—2000）

1996 年，以李登辉为首的台湾当局出于政治上的考虑，出台了"戒急用忍"的政策。这一政策的出台，直接影响到了海峡两岸的局势。1997 年，亚洲金融风暴的冲击，使台商在大陆的投资更加雪上加霜，大陆台商投资也随之进入调整阶段。在严峻的经济形势下，国务院 1999 年 2 月颁布《台湾同胞投资保护法实施细则》，把保护台湾同胞投资的合法权益上升到法律层次。在大陆制度体系不断健全和完善、国际竞争愈加激烈、全球高科技领域蓬勃发展的大背景下，台商对大陆投资在数量与规模仍处于不断扩张的基础上，产业形态和投资领域逐渐扩展到以半导体、笔记本电脑、手机、电信设备等为代表的技术密集型产业。从经营模式看，逐步由过去的"台湾接单、大陆加工"转变为"大陆接单、大陆出货"。从投资形态看，逐步由以往的单打独斗转变为集体合作、共同参与，产业集群和区域集群效应逐渐明显。从投资动机看，台商也由当初的"跑、带"战略转变为"生根"战略，签约期限通常都在 40 年以上。

5. 第五阶段：扩散阶段（2001 年以来）

2001 年底和 2002 年初，海峡两岸先后加入世界贸易组织。为适应 WTO 的规则，大陆与台湾地区在继续扩大开放程度的基础上，不断加强相互间的交流与合作，台商对大陆的投资也进入了新的合作与竞争阶段。入世后，大陆地区的服务市场将进一步开放。但是，在 WTO 提出的 12 大类 142 个服务专案中，内地只能提供 40 多种。相对应的是，台湾地区在电信、金融保险、商业零售等服务领域发展较为成熟，成本相对低廉，良好的竞争优势在较好地弥补了大陆相对弱势环节的同时，也拓宽了台商在大陆地区以服务业为主导的投资渠道。而且，为应对入世后更为激烈的市场竞争，台商也逐渐采取台商与外商结盟或台商与大陆国有、民营企业结盟的方式进入大陆地区，以不断提升自身的技术实力和竞争优势。此外，伴随着 2010 年 6 月 ECFA 的签署，两岸的经贸关系进入了新的历史时期，台商投资大陆也面临着良好的历史机遇。

第二节 台商投资大陆的现状

1. 台商投资大陆的规模

从台湾对外投资情况来看，2004 年台湾对外投资额首次超过 100 亿美元。加入 WTO 前，台湾对大陆的投资低于对世界其他地区的投资，2001 年台湾对大陆投资仅占其海外投资的 38.79%。但加入 WTO 以后，台湾对大陆的投资大大超过对世界其他地区的投资。2002 年台湾对大陆投资比重达 1/2，2007 年台湾对大陆投资已经提高到了 2/3。两岸经贸交流至今已经非常密切，台湾与大陆都是彼此非常重要的贸易与投资伙伴。表 9 - 1 反映了 1997—2012 年 11 月大陆台商投资情况。据国家商务部统计，2011 年 1—12 月，大陆共批准台商投资项目 2639 个，同比下降 14.10%，实际使用台资金额 21.8 亿美元，同比下降 11.81%。2011 年 12 月，大陆

表 9 - 1　1997—2012 年 11 月大陆台商投资情况　单位：亿美元

	投资项目（件）	合同台资	实到台资	实到台资增长率（%）
1997	3014	28.14	32.89	-5.24
1998	2970	29.82	29.15	-11.37
1999	2499	33.74	25.99	-10.84
2000	3108	40.42	22.96	-11.66
2001	4214	69.14	29.8	29.79
2002	4853	67.4	39.7	33.22
2003	4495	85.58	33.77	-14.94
2004	4002	93.06	31.17	-7.7
2005	3907	103.58	21.52	-30.96
2006	3752	113.36	21.4	-0.7
2007	3299	—	17.7	-20.4
2008	2360	—	19	7
2009	2555	—	18.8	-1
2010	3072	—	24.8	31.7
2011	2639	—	21.8	-11.81
2012（1 - 11 月）	1988	—	25.6	31.2

资料来源：中华人民共和国商务部网站，http://www.mofcom.gov.cn/。

共批准台商投资项目 263 个，环比上升 1.9%，实际使用台资金额 2.3 亿美元，环比上升 27.8%。截至 2011 年 12 月底，大陆累计批准台资项目 85772 个，实际利用台资 542.0 亿美元。按实际使用外资统计，台资在大陆累计吸收境外投资中占 4.6%。2012 年 1—11 月，大陆共批准台商投资项目 1988 个，同比下降 16.3%，实际使用台资金额 25.6 亿美元（占大陆实际使用外资金额的 2.6%），同比上升 31.2%。2012 年 11 月，大陆共批准台商投资项目 220 个，环比上升 21.5%，实际使用台资金额 2.3 亿美元，环比上升 35.3%。截至 2012 年 11 月底，大陆累计批准台资项目 87760 个，实际利用台资 567.6 亿美元。按实际使用外资统计，台资在大陆累计吸收境外投资中占 4.5%。

伴随着 ECFA 的签署，预计未来台商对大陆的投资额会有一个较快的增长。近年台湾对大陆的投资包括愈来愈多资本与科技密集的大型企业，这些企业不仅寻找海外加工基地，还希望开发大陆潜在的庞大市场。

另外，据台湾"经济部投资审议委员会"统计，2012 年 11 月份单月台商对中国大陆投资核准件数为 44 件，核准投资金额为 11 亿 9001 万美元。有关 2012 年 11 月及最近 2 年对大陆投资概况，详如表 9－2。

表 9－2　台湾"经济部"公布的近年台商赴大陆投资概况

单位：千美元

	2010 年				2011 年				2012 年			
	件数	成长率	金额	成长率	件数	成长率	金额	成长率	件数	成长率	金额	成长率
1 月	49 (39)	113	550331 (170369)	95	75 (21)	53	757257 (96664)	38	36 (18)	－52	779764 (40914)	3
2 月	23 (36)	92	821693 (144279)	228	40 (9)	74	1071552 (22481)	30	24 (24)	－40	653654 (86753)	－39
3 月	28 (44)	250	871036 (97826)	257	44 (34)	57	1880876 (58689)	116	41 (10)	－7	997731 (156285)	－47
4 月	43 (41)	330	1346377 (98995)	398	50 (22)	16	813767 (96507)	－40	31 (15)	－38	938803 (86026)	－15
5 月	44 (33)	267	1000218 (767761)	231	40 (32)	－9	873966 (232685)	－13	52 (24)	30	865990 (118723)	－1
6 月	30 (43)	114	1150091 (174975)	95	57 (36)	90	1726268 (163149)	50	36 (8)	－37	998797 (25940)	－42

续表

	2010年				2011年				2012年			
	件数	成长率	金额	成长率	件数	成长率	金额	成长率	件数	成长率	金额	成长率
7月	38 (28)	73	705343 (100180)	130	39 (18)	3	1230479 (67807)	74	24 (12)	−38	1119145 (541766)	−9
8月	35 (26)	169	949116 (77359)	120	63 (27)	80	1250919 (78294)	32	47 (14)	−25	841972 (53215)	−33
9月	39 (28)	44	1258534 (136513)	56	45 (30)	15	935741 (183319)	−26	47 (12)	4	849443 (150904)	−9
10月	36 (22)	13	838737 (165669)	11	40 (27)	11	625457 (70905)	−25	46 (25)	15	590635 (320463)	−6
11月	47 (29)	81	762573 (81878)	47	37 (38)	−21	1247164 (56238)	64	44 (11)	19	1190010 (233050)	−5
1−11月	406 (369)	104	10166898 (2015804)	114	530 (294)	31	12413446 (1126738)	22	428 (173)	−19	9825944 (1814039)	−21
1−12月	518 (396)	108	12230146 (2387725)	102	575 (312)	11	13100871 (1275754)	7	—	—	—	—

注：增长率系与上年度同期比较；（）内系补办许可案件统计金额。

资料来源：台湾"经济部投资审议委员会"。

2. 台商投资大陆的产业结构

由表9-3和图9-1（见下页）可知，自1991年以来，台商投资大陆的产业结构主要表现为"二、三、一"的状态。也就是说，矿业、土石采取业及制造业始终占据主导地位，服务业和农业所占比重相对较小，尤其是农业在三次产业中所占的比例一直很小。而且，从三次产业的发展演变看，农业和矿业、土石采取业及制造业所占的比重呈现递减的趋势。其中，农业的比重从1991—2002年的0.63%下降到2012年11月的0.09%，矿业、土石采取业及制造业的比重则从1991—2002年的91.29%降为2012年11月的60.40%。相对应的是，服务业不管在投资的绝对值上，还是所占的比重上，都处于总体上升的态势，其比重从1991—2002年的8.08%上升到2012年11月的39.52%。根据1991—2009年台商投资大陆的产业结构的演变过程，可以看出，台商投资大陆产业形式逐渐从劳动密集型向资本密集型、技术密集型的转变。

表 9 – 3　1991—2012 年 11 月台商投资大陆的产业结构　单位：亿美元

年份	农业		矿业、土石采取业及制造业		服务业	
	金额	比重（%）	金额	比重（%）	金额	比重（%）
1991—2002	1.67	0.63	242.93	91.29	21.49	8.08
2003	0.37	0.48	68.29	88.70	8.33	10.82
2004	0.04	0.05	63.16	91.00	6.21	8.95
2005	0.08	0.13	53.14	88.47	6.85	11.40
2006	0.09	0.12	66.50	87.12	9.74	12.76
2007	0.17	0.17	87.69	88.98	10.69	10.85
2008	0.16	0.15	86.33	80.74	20.43	19.11
2009	0.72	0.10	59.38	83.13	11.96	16.77
2010	0.08	0.05	109.75	75.08	36.35	24.87
2011	0.04	0.03	104.99	73.03	38.73	26.94
2012（1–11 月）	0.09	0.08	70.31	60.40	46.00	39.52

注：服务业是批发及零售业、运输及仓储业、住宿及餐饮业、资讯及通讯传播业、金融及保险业、不动产业、金融控股业、科学及技术服务业、支援服务业、公共行政及国防强制性社会安全、教育服务业、医疗保健及社会工作服务业、艺术、娱乐及休闲服务业、其他服务业的总和。

资料来源：台湾"经济部投资审议委员会"。

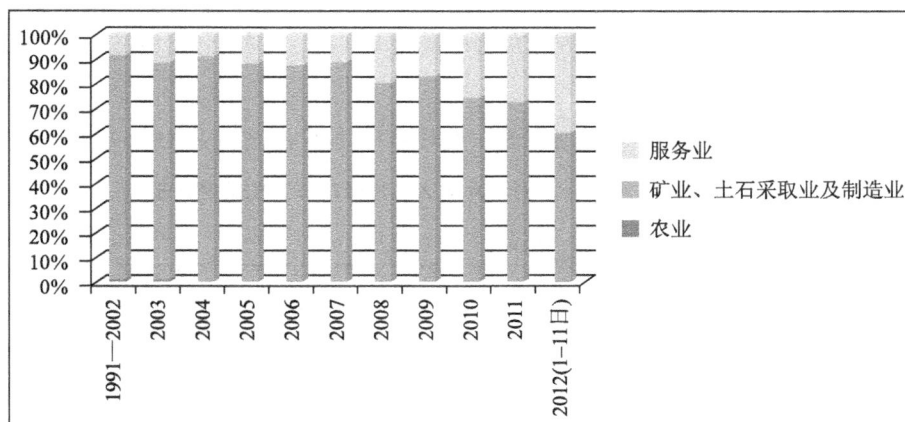

图 9 – 1　1991—2012 年 11 月大陆台资的产业结构柱状图

资料来源：根据"经济部投资审议委员会"公布数据绘制。

同时，台商投资产业结构的变化，体现出台商在投资领域的选择上紧随祖国大陆地区所提出的产业导向政策，即逐步由"二、三、一"向"三、二、一"转变。

当前，服务业成为台商新的产业投资热点。在台资制造业加快对大陆布局的同时，随着加入 WTO 后大陆服务业市场对外开放步伐的加快，台湾零售业、物流业、房地产业、金融业、保险业、证券业、电信业、医疗保健等服务业凭借其起点高、渠道广、成本低、文化相通、行销经验丰富等优势，也开始抢滩大陆，且有持续扩大的趋势。会计师、财务公司等中介服务机构也开始随同其原在岛内的生产性客户跟进大陆，形成以核心企业为龙头，上下游企业协同参与的集团式投资格局。

此外，早期台商投资和经营的领域主要集中在制造业领域，投资金额约占投资总额的九成，主要集中在电子零组件、计算机通信及视听电子产品、电力设备器材、化学品、金属制品等行业，特别是电子资讯业成为台商投资大陆的主流。2002年底，台湾个人电脑及周边产业已有 60% 移往大陆。进入新世纪后，作为台湾核心产业的半导体业也开始向大陆转移，并呈加速趋势。其中最具代表性的是台湾宏仁集团的董事长王文洋与大陆合作，在上海张江科学园区投资 16 亿美元兴建 8 英寸芯片厂。此外，移动电话、数码相机、信息家电等产业开始向大陆转移，软件、网络以及电子商务的投资也发展迅速。但近年来，出现了一些新的变化，即台商在金融与保险业、不动产业等行业对大陆的投资增多，所占投资比重上升较快。例如，为解决台商在大陆资金需求，开放台湾金融服务产业赴大陆投资。2011 年 1—12 月计有兆丰国际商业银行、"中国信托商业银行"、国泰世华商业银行、合作金库商业银行、玉山商业银行、台湾银行等 6 家银行申请在大陆设立分行，合计投资金额 6.81亿美元。

如表 9 – 4 所示，在投资业别方面，则以电子零组件制造业 197519 千美元

表 9 – 4　2012 年 1—11 月台湾对大陆投资前五大业别统计表

单位：千美元

	件数	金额（比重）	去年同期金额	与去年同期比较	
				金额	增长率
电子零组件制造业	57	1907519（16.39%）	3294816	−1387297	−42.11%
计算机、电子产品及光学制品制造业	35	1484522（12.75%）	1506857	−22335	−1.48%
金融及保险业	21	1313221（11.28%）	1184768	128453	10.84%
批发及零售业	147	1223433（10.51%）	1154111	69323	6.01%
不动产业	18	1223410（10.51%）	411638	811772	197.21%

资料来源：台湾"经济部投资审议委员会"。

（16.39%）、计算机、电子产品及光学制品制造业 1484522 千美元（12.75%）、金融及保险业 1313221 千美元（11.28%）、批发及零售业 1223433 千美元（10.51%）及不动产业 122341 万美元（10.51%）分居前五名，合计约占本期核准对大陆投资总额的 61.44%。

3. 台商投资大陆的区域选择

台湾"经济部投资审议委员会"将台商在大陆的投资主要分为华北地区、东北地区、华东地区、中南地区、西南地区、西北地区等六大区域，根据其最新公布的数据，由表 9 - 6 可知，1952 年至 2012 年 1—11 月，台商在大陆各大区域的投资分布相差较为悬殊。从总体上看，大陆台商的投资区域主要集中在华东地区和中南地区。其中，华东地区的投资比重最大，相比较而言，华北地区处于台商投资区域分布的第二梯度，东北地区、西南地区和西北地区在台商投资大陆中所占的比重则相对较小，而其中的西北地区所占的投资比重最小。

台商初期投资大陆，主要集中在华南沿海地区，即珠江三角洲地区和福建沿海。应当指出，台商投资大陆的区域选择中表现出来的集聚态势并不是静态的，而是一种动态的扩张中的集聚。近年来台资出现了北扩、西进的趋势，但这种扩张和转移在很大程度上也仍然表现为集聚式的扩张。台湾"经济部投资审议委员会"历年统计数据显示，近年台商对大陆投资区域由东南沿海地区移往西部地区的情形十分明显，2007 年至 2009 年成渝经济圈（四川省及重庆市）投资金额平均约 1.5 亿美元，2010 年增长至 8.2 亿美元，2011 年已达 13.8 亿美元，大幅增长原因应是近年来大陆积极推动区域均衡发展策略，持续发展西部地区，以及东南沿海地区各项法令执行日趋严格，对环境保护要求提升，工资上涨，劳资纠纷频传及缺工问题严重。

表 9 - 5 反映了 2012 年 1—11 月大陆投资台商最为集中的前五个省市及其项目数、金额、占大陆台资总额的比重、增长率等。2012 年 1—11 月核准对大陆投资案件，主要集中于江苏省 2729046 千美元（23.45%）、上海市 2014094 千美元（17.30%）、广东省 1338903 千美元（11.50%）、福建省 1083326 千美元（9.31%）及浙江省 995973 千美元（8.56%）分居前五名，合计约占本期核准对大陆投资总额的 70.12%。

表 9 - 5 2012 年 1—11 月台湾对大陆投资前五大地区统计表

单位：千美元;%

	件数	金额（比重）	去年同期金额	与去年同期比较	
				金额	增长率
江苏省	132	2729046（23.45%）	4225892	-1496845	-35.42%
上海市	127	2014094（17.30%）	2131895	-117801	-5.53%
广东省	121	1338903（11.50%）	2113605	-774702	-36.65%
福建省	55	1083326（9.31%）	769742	313584	40.74%
浙江省	21	995973（8.56%）	669076	326898	48.86%

资料来源：台湾"经济部投资审议委员会"。

表 9 - 6 1952—2012 年 11 月台湾投资大陆分区统计 单位：千美元

地区	件数	占件数比率	核准金额	占核准金额比率
江苏省	6500	16.18%	40537246	32.87%
广东省	12624	31.42%	25585916	20.74%
上海市	5600	13.94%	18334858	14.87%
福建省	5515	13.73%	8750605	7.09%
浙江省	2097	5.22%	8154450	6.61%
山东省	1009	2.51%	2768928	2.25%
四川省	468	1.16%	2614524	2.12%
天津市	925	2.30%	2413201	1.96%
北京市	1232	3.07%	1968248	1.60%
重庆市	264	0.66%	1883740	1.53%
辽宁省	559	1.39%	1670757	1.35%
湖北省	564	1.40%	1420409	1.15%
山西省	67	0.17%	1085427	0.88%
安徽省	223	0.56%	964627	0.78%
江西省	264	0.66%	894769	0.73%
河北省	329	0.82%	858570	0.70%
广西壮族自治区	253	0.63%	714299	0.58%
河南省	271	0.67%	604196	0.49%
湖南省	332	0.83%	589428	0.48%
贵州省	95	0.24%	230808	0.19%

续表

地区	件数	占件数比率	核准金额	占核准金额比率
海南省	347	0.86%	175736	0.14%
云南省	113	0.28%	155185	0.13%
吉林省	90	0.22%	110026	0.09%
黑龙江省	116	0.29%	100178	0.08%
内蒙古自治区	29	0.07%	69985	0.06%
西藏自治区	3	0.01%	15882	0.01%
合计	40173	100.00%	123337527	100.00%

资料来源：台湾"经济部投资审议委员会"。

值得强调的是，近年来，台商大陆投资有从东部沿海地区向中西部省市转移趋势。中国大陆中西部地区土地、劳动力等生产成本比沿海地区低廉，能源供应充足，中西部地区经过十多年的发展有较大的提升，内需市场逐渐形成，加上中国大陆扶持中西部经济发展的区域政策，使得中西部地区城市对沿海台商的吸引力逐渐增强，成为台湾产业转移关注的地区，对中西部地区的产业区际转移规模也逐步扩大。我们可以从表9-7中观察，2007—2011年，台商对中国大陆投资区域比重的年度性变化，从长三角具有绝对性的地位，约占年度总量的60%，到2011年下降到5成左右；珠三角部分变动不大，但看来仍是下降趋势。长珠三角下降的比重，转移至中西部地区、东北地区以及沿海其他地区等，其中又以成渝地区增长最快。

表9-7 台商对大陆投资区域近年变化（2007—2011）

年份	2007	2008	2009	2010	2011
金额（千美元）	9961542	10691390	7142593	14617872	14376624
长三角	60.0%	61.2%	60.1%	56.0%	51.0%
珠三角	19.9%	14.1%	18.0%	17.9%	15.3%
京津冀	4.4%	4.9%	5.8%	4.0%	2.9%
山东	2.8%	1.5%	2.4%	2.6%	3.3%
东北	1.2%	1.0%	2.0%	0.6%	3.4%
成渝	1.1%	1.9%	1.7%	5.6%	9.6%
中部	5.0%	5.9%	4.1%	5.2%	5.5%
福建	3.9%	7.6%	3.7%	6.0%	6.4%
陕甘宁+其他	1.8%	2.0%	2.2%	2.0%	2.7%

资料来源：台湾"行政院"网站。

第十章　台商投资大陆的特点及存在的问题

第一节　台商投资大陆产业的特点

1. 投资产业趋于本地化

经过数十年的开拓发展，台商投资大陆地区本地化趋势已日益明显。一是采购本地化。许多台商在大陆投资后，都采取原料供应本地化的策略，从而降低产品的生产成本。由于大陆经济的快速发展及技术的进步，台商对台湾原材料或零组件的供应依赖度不断下降，甚至有些企业完全从本地采购，大大降低了成本，这就导致了台湾企业生产原料本地化的趋势越来越明显，并为后来的台商在大陆投资经营企业铺平了道路。二是资金筹集本地化。台商除了直接在大陆进行投资外，还利用其在大陆地区子公司的获利进行再投资，扩大投资规模所需的资金越来越多是由大陆的子公司自己提供。同时，台商在大陆投资越来越多地通过当地金融机构融资，除了向银行贷款之外，台资企业已开始通过大陆股市筹措资金。三是人才聘用本地化。以前重要台籍人员担任的职位现在也越来越多地由非台籍人员担任，并且两地雇员的各项福利待遇差异正逐渐缩小，中高层管理人员中本地人的比例呈明显上升趋势。四是市场本地化。随着企业经营本地化趋势的发展，再加上大陆市场的巨大发展前景，企业对大陆市场的重视程度也在不断提升。台湾外移产业的本地化最终的结果就是投资行为长期化。

此外，除了上述的台资企业经营本地化的几种方式外，台资企业还根据祖国大陆各地的具体情况实行了其他几种本地化方式。如为了更好地满足大陆当地的消费习惯和习俗，而实行的"产品本地化"；为处理好与当地政府的关系，力求保持与当地政府目标的一致性，而实行的"投资决策本地化"；为与当地文化相适应，根据当地消费者需要和支付能力等因素为产品准确定位，而实行的"企业文化本地化"等。① 展望未来，台湾企业在生产、管理、销售等方面的本地化趋势将越来越明显，并成为台商在大陆经营和发展的重要策略之一。②

2. 投资产业集聚发展，产业链整体外移加快

进入 21 世纪，赴大陆投资设厂的台湾半导体厂商，从上游的 IC 设计，到中游制造，再到下游的封装测试，甚至 IC 的通路模组，关联产业都已相继在大陆实现集聚式投资，逐渐形成了完整的产业链。台湾向大陆的产业转移方式已不再是以往以单打独斗、个别办厂，而是逐渐转向集体合作，从单纯的委托加工变为邀请关联产业共同参与。台商的投资项目逐渐以资本、技术密集型产业为主，投资形态也不再是以往单纯的租用厂房，进口设备、原材料等进行简单装配加工制造的短期投资方式，而是自拥资金、设备、购买厂房及土地使用权等"生根"式的长期营运方式。在台湾转移进来的产业中，电子资讯业由于其特殊的特点，产业集聚现象最为明显。从目前来看，台商电子资讯产业在大陆的集聚投资区域主要是华南的"深圳—东莞—广州"珠江三角洲产业带和华东的"上海—苏州—杭州"长江三角洲产业带，前者主要生产传统劳动密集型产业、台式电脑以及手机零组件，后者以半导体、笔记本电脑等为核心，而其他相关的电脑周边产品与零组件，如主机板、印刷电路板、电子组件与监视器等，则两大区域皆有布局。

3. 投资领域从以传统产业为主发展到以高新技术产业为主

加入世界贸易组织后，台湾方面限制高技术产业赴大陆投资的政策已有所松动，岛内电子信息产业将进一步加速"登陆"步伐，逐渐成为台商投资祖国大陆的主流。台湾投资大陆初期以劳动密集型产业为主要投资领域，主要利用大陆低廉的劳动力资源，但是随着大陆近年来经济的飞速发展，劳动力成本的上升和劳动力成

---

① 参见张传国：《台商大陆投资问题研究》，北京：商务印书馆，2007 年版，第 179 页。
② 胡军，冯邦彦，陈恩主编：《经济全球化格局下的两岸产业分工与合作》，北京：经济科学出版社，2006 年版，第 154 页。

本比较优势的降低,更多的东南亚国家具备了比中国大陆更有优势的劳动力成本,因此,台商对大陆的投资领域也从传统的劳动密集型产业转移到以高新技术为主的新兴产业领域,利用大陆地区相对优廉、丰富的科技人才资源。台湾信息技术生产厂商不断外移,在国际市场对信息技术产品报价趋低的压力下,为降低代工生产成本,纷纷向祖国大陆转移生产基地。据台湾一项调查显示,台湾高科技厂商已有三成到大陆投资,有九成计划在未来几年内前往中国大陆投资。长江三角洲初步形成完整的电子资讯产业链,岛内的研发基地也加速向祖国大陆转移。台湾有关统计显示,去年以来电子电器产业投资额占台商对祖国大陆投资总额的50%左右,产业集中度非常高。

4. 投资模式逐渐转向生产与研发并举

从台湾经济发展历程可以看出,台湾地区基础应用是重点,轻技术研究,所以台湾的高科技产业主要靠从发达国家引进和购买技术,这种模式极大地制约了高科技产业发展。随着台商对大陆投资的不断增加和深入,发现大陆一贯重视基础技术研究,并且在科研方面有雄厚的实力,在技术开发和科学研究方面具有较强的优势,因此许多知名高科技企业纷纷在大陆设立研发中心,逐渐开始借助大陆研发力量帮助其研发新技术、新产品。台湾企业在大陆设立研发基地的规模在不断扩大,功能也日趋全面,研发经费成为企业投资的重点,研发产品涵盖了个人电脑、无线通讯、家电、光纤,甚至包括台湾视为知识经济命脉的半导体产业的IC设计。现阶段,台商投资大陆的模式已经发生了改变,由单纯的生产模式转向了系统生产与研发并举。据台湾报道,已有34%的台商设立了研发基地。由于信息产品多半开发、生产周期较短,新产品更新较快,对科技人才需求较多,大陆科技人才的优势也为台商研发基地西进创造了条件。台商投资大陆的企业在大陆设立研发中心,研发基础向大陆转移,借助祖国大陆的科技人才和科研成果,为其研发新技术、新产品。尤其是北京、上海、西安等科技院校较集中的城市,成为台商建立科研开发基地的重要选择地。[①]

---

① 参见赵晓霞,徐楠:《中国大陆劳动力成本的变化趋势对台商投资的影响》,《当代经济研究》,2009年第5期,第57页。

第二节　台商投资大陆存在的问题

1. 台商在大陆投资受到政治因素的影响较大

大陆自从开始实行改革开放政策以来，大力引进外资，为前来投资的企业提供各种优惠政策，在这种情况下，很多台商开始来大陆进行投资，这些台商企业在赚取丰厚利润的同时也极大地带动了大陆地区的经济发展，所以在可以确定的一个时期内，大陆仍将会保持给予台商投资各种优惠政策。但是对比大陆地区对台商投资大陆的积极支持政策，台湾当局则表现得极为冷淡，缺乏在台商投资东南亚地区时台湾当局所采取的各种激励措施。可以肯定地说，目前台商投资大陆的最大障碍就是台湾当局的政治态度和海峡两岸的政治风向。

2. 大陆台资企业与大陆企业间互动不足

在大陆的台资企业大都有一个共同的特点，即台湾企业对外投资呈现出明显的聚集效应，具体来说也就是台资企业之间进行供销往来，而很少与当地厂商间发生业务往来。这种特点是由多方面原因造成的，其主要原因是台商在对大陆进行投资时往往是一个可以形成完整供销链条的产业集体进行投资，这种情况虽然利于台湾在大陆投资的企业快速形成生产能力，占领市场，但是直接造成了大陆企业与大陆台资企业直接互动不足的状况，这对于台湾和大陆地区的经济发展是不利的。如前文所述，目前这一状况有所改观。

3. 大陆台资企业管理层以台湾人为主的特征产生许多负面效应

在大陆的台资企业大都还有一个共同的特点，即生产人员以大陆的劳动力为主，但是中高层管理人员则以台湾人为主，其中有时高层管理人员几乎全部是台资企业从台湾带来的管理人员。这种状态，必然会导致在大陆的台资企业与当地人、当地企业间产生巨大的隔阂，不利于台资企业在大陆的进一步发展，也不利于大陆企业学习台资企业的一些先进经验。尽管近年来这种情况有所改善，但问题依然严重。

4. 台湾企业对大陆内地的投资相对较少

台资企业大都分布在东部沿海地区，虽然近几年开始向内地发展，但是台湾企业对大陆内地的投资仍然相对较少。台商对大陆的投资无论从规模上还是从投资产业的分布上都呈现出了明显的阶段性特征，在以往的几次台商对大陆投资热潮中，首先是珠三角和长三角地区吸收了大量的台资，其次江苏、山东等临海省份开始吸收台资，现在台资才开始逐渐进入内陆地区。诚然，这种情况是由于台资对大陆投资的产业集中在出口导向产业为主的客观事实所造成的，但是这种局面长期下去必会导致大陆沿海地区与内陆地区的经济差距的进一步扩大，同时，当沿海地区吸收台资到一定程度上时还必会受到土地等资源的严重限制，因此引导台商加大对大陆内陆地区的投资是十分有必要的。

5. 台资回流现象日益显现

近年来，受大陆劳动力、土地等生产要素成本上升以及台湾当局采取一系列鼓励台湾企业回岛内投资发展的优惠政策的影响，大陆的台资企业开始出现"回流"到岛内发展的趋势。根据台湾电机电子公会（简称电电公会）历年公布的《中国大陆地区投资环境与风险调查》报告显示，"台商表态希望回台投资"比例，2006 年为 1.97%，2007 年 1.83%，到 2008 年骤升至 9.88%，2009 年下降至 5.8%，2010年则又上升至 6.57%，2011 年下降为 5.26%。2008 年有 9.88% 的台商表态希望回台投资，是 2007 年 1.83% 的 5 倍，但是 2009 年台商回台投资意愿骤降。2010 年稍有回升趋势。不过，2011 年台商回台投资意愿又降为 5.26%，此现象可能与大陆积极实施各项鼓励企业投资的政策有关。根据台湾"经济部"投资业务处统计，2007年台商回台投资金额为 141 亿元新台币（以下同），2010 年台商回台投资金额为409 亿元，2011 年台商回台投资金额为 469 亿元，较前一年增长 12%。台湾"经济部"设定的 2012 年台商回台投资目标金额已由 2011 年的新台币 450 亿元提高至500 亿元，截至 2012 年 10 月底，台商回台投资金额已达 486 亿元，全年目标达标率已达 97.2%（详表 10 - 1）。

表 10 - 1　历年台商回台投资金额与件数

	2007 年	2008 年	2009 年	2010 年	2011 年	2012 年 1 - 10 月
金额（新台币亿元）	141	204	362	409	469	486
件数（件）	74	127	106	—	62	53

资料来源：台湾"经济部"投资业务处。

第十一章　台商投资大陆的影响

第一节　对大陆经济的影响

1. 带来了资金，弥补大陆建设资金的不足

大陆改革开放以来，经济发展的一个重要瓶颈就是资金短缺问题，经济建设需要大量资金投入，也正因如此，吸引外资是一项很重要的政策，利用包括台资在内的外资来弥补大陆资金的不足，使得大陆经济能够较长时期保持高速增长。据商务部统计，截至 2012 年 12 月底，大陆累计批准台资项目 88001 个，实际利用台资 570.5 亿美元。按实际使用外资统计，台资在我累计吸收境外投资中占 4.5%。[①] 如此大的资金投入，弥补了大陆经济建设资金的不足，对大陆经济起到了一定的推动作用。

2. 带来先进的生产和管理技术，促使同行业及相关产业整体水平的提升

台商在祖国大陆的投资，不仅带来了有形的资产设备，而且还带来了相对先进的生产技术，更重要的是，促进了当地企业员工经济观念的变化。台商精明的投资理念、成熟的市场观念、先进的管理经验和发达的经营模式，既直接影响受雇于台商企业的本地管理人员、技术人员和普通工人，又间接影响了当地其他企业的从业人员，提供了可以借鉴的发展模式，从而带来了良性的经济竞争环境，促进当地市

---

① 参见中华人民共和国商务部网站：http://www.mofcom.gov.cn/。

场经济条件的变化。① 台商在大陆各区域的大量投入，给这些地区的经济发展注入了新的活力，迫使大陆同行业企业在竞争中寻找生存的途径，较快熟悉参与国际竞争的游戏规则，强化了市场经济的力量，促使同行业和相关产业整体水平的提升。

3. 推动大陆进出口贸易的快速发展和商品结构的优化

台湾企业比大陆企业更早地接触国际市场，拥有较好的国际营销网络，并利用其先进的生产管理手段，形成了台湾特色的代工模式。随着台商投资大陆，这种"台湾接单，大陆出货，海外销售"的两岸分工体系，必然带动大陆商品进出口的迅速发展。同时，由于台商普遍投资于电子、机械等行业，台商投资企业提高了大陆工业制成品出口比重，优化了大陆出口商品的结构，增强了大陆商品在国际市场上的竞争力。

改革开放以来，大陆经济持续快速稳步增长，这相当程度上得益于进出口贸易的快速增长，而在进出口贸易中，又以外商投资企业进出口为主。据商务部统计，2007 年外商投资企业进出口商品金额 12549.28 亿美元，占大陆全部进出口金额的比重为 57.73%，其中进口商品金额 5594.08 亿美元，占全部进口商品金额的58.53%，出口商品金额 6955.2 亿美元，占全部出口商品金额的 57.10%，在外商投资企业进出口中，台资企业占到了相当的比重，据商务部统计，2007 年台资企业进出口商品额占大陆全部进出口商品额的比重为 4.42%，其中进口商品额比重为8.41%，出口商品额比重为 1.29%，有效促进了大陆进出口贸易的发展。

台商投资大陆还促进了大陆出口商品结构的升级。20 世纪 90 年代中期以后大陆出口商品结构有明显的升级，表现为机电产品比例和高新技术产品比例的上升，这与台商在大陆投资的产业变化趋势是一致的，台资企业对大陆出口商品结构升级作出了重要贡献。

4. 促进大陆经济的发展

经过多年的发展，目前台湾已经成为大陆的第七大贸易伙伴、第九大出口市场和第五大进口来源地。② 台资企业在大陆的大量投资，一方面为台湾近年来 GDP 保

---

① 参见李非主编：《台湾研究 25 年精粹——两岸篇》，北京：九州出版社，2005 年版，第 294 页。
② 参见朱磊，张晓楹：《投资台湾指南》，北京：中国经济出版社，2012 年版，第 38 页。

持快速的增长作出了贡献，台资企业获得利润不但为大陆增加了税收来源，许多台商往往将税后利润再进行投资，不断地扩大其生产规模，促进了大陆经济的发展。根据《大陆台商 1000 大（2005—2006 年版）》提供的资料进行计算，在来大陆投资的台资企业中，2006 年前 1000 家企业的营业收入已经接近 9992 亿元人民币，比 2005 的调查增长了 36% 以上，这 1000 大台企合计税前利润达 264.04 亿元人民币，盈利企业有 815 家。[①]

另外，从大陆经济增长的产业构成来看，20 世纪 90 年代以来第二产业成为拉动大陆经济增长的主要原因，外商直接投资 70% 以上是集中在第二产业，而台商投资更是主要集中在制造业，其在第二产业的比重还要更高。因此，在外商直接投资对大陆经济增长的拉动中，台商投资的拉动作用显得更为突出和明显。

5. 提供了众多的就业机会

大陆城市化和工业化的进行，以及国有企业改革和产业结构调整，造成了短期内劳动力大量过剩，社会就业压力越来越大。因此，能否解决大陆的就业问题已经成为吸收和利用外资包括台资必须考虑的一个重要因素。外商直接投资对东道国就业的影响，既有正的影响，也有负的影响。如果外商直接投资是直接在东道国新建企业，可以增加就业，产生吸收作用；如果是采取兼并和控股东道国企业的形式，扩大投资则可以增加就业；如果是以技术改造或采用先进技术，扩大投资会减少就业，产生挤出效应。此外，外商直接投资的技术溢出效应可以促进东道国企业扩大经济规模，从而扩大投资，增加就业。

相对于台湾，大陆能够提供大量的廉价劳动力，提高了在大陆投资台资企业产品的竞争力，使台资企业在大陆获得很好的发展机会。反过来，随着越来越多台商投资大陆，以及大陆台资企业生产规模不断扩大，领域不断深化，台资企业将雇用更多的大陆员工。根据大陆学者研究，从整体上看，台商投资每增加 1 个单位（亿美元），就可以直接创造 0.57 个单位（万人）的就业机会。根据李非的研究，从就业人数看，大陆已开业或开工的 7 万多家台资企业，台商雇佣员工约 1000 多万人，平均每家企业雇佣员工 140 多人。[②] 由于台商投资企业以劳动密集型生产性企业居

---

①　参见台湾工商时报主编：《大陆台商 1000 大（2005—2006 年版）》，台北：商讯文化事业股份有限公司，2006 年版，第 12 页。

②　参见张传国：《台商大陆投资问题研究》，北京：商务印书馆，2007 年版，第 216 页。

多，此外，台资企业基建项目以及为台资企业、台商提供生产、生活配套服务的相关行业，也提供了许多就业机会，这些均在一定程度上缓解了大陆的就业压力。

6. 加快了大陆产业结构升级

早在 2003 年 10 月 2 日，联合国贸易与发展委员会（UNCTAD）公布的"2003年贸易与发展报告"将台湾列入"第一阶层"新兴工业化经济体（NIES），也是成熟的"工业化经济体（INDUSTRALIZERS）"。而大陆经济则处于工业化中级阶段。两岸的工业化进程处于不同阶段，产业结构存在较大差异。从台商在大陆投资产业分布的变化过程来看，20 世纪 90 年代中期以前，台商在大陆投资的行业主要是服装鞋类、电子元器件、箱包、塑料制品、皮革制品等劳动密集型加工业，对大陆产业结构升级带动作用不是很大；20 世纪 90 年代中期以后，台商投资最密集的行业开始转向微电子、汽车制造、家用电器、通讯设备、办公用品、精密机械、化学品等技术密集型产业，促进了大陆制造业及整体产业结构的优化。近年来，台商对大陆的投资方向开始转向服务业，这也直接促进了大陆服务业的加速发展，从而提升了大陆的产业结构。

第二节　对台湾经济的影响

1. 促进台湾对外贸易发展的同时，拉动台湾经济增长

进驻大陆的台资企业，对于其生产所需原材料、零部件、设备等生产要素大多采取向台湾回购的形式。据统计，台商向大陆投资回购的原材料、电子零部件比例为 50%—80%，而机器设备的回购率高达 75%—90%。这一部分高额的回购构成了台湾向大陆的出口，又由于台湾在很大范围上限制对大陆的进口，因此台商对大陆投资为台对外贸易创造了巨额的贸易顺差。据商务部统计，2012 年 1—12 月，大陆与台湾贸易额为 1689.6 亿美元（占当年大陆对外贸易总额的 4.4%），同比上升5.6%。其中，我对台湾出口为 367.8 亿美元，同比上升 4.8%；自台湾进口为1321.8 亿美元，同比上升 5.8%。[①] 目前，大陆是台湾的第一大贸易伙伴，也是台

---

① 参见中华人民共和国商务部网站：http：//www.mofcom.gov.cn/。

湾最大的出口市场及第二大进口来源。台湾也已经成为大陆重要的贸易伙伴。

其次，台商对大陆投资的产业类型升级带动了两岸贸易的结构升级。台商对大陆投资初期主要在传统产业上，因此，当时的台湾对大陆的出口产品主要为纺织、电子、机械三项，分别占台湾出口总值的 16.95%、15.8%、13.8%。20 世纪 90 年代末台商对大陆投资产业发生变化，主要出口产品的比重随之变化，其中机械、电子产品出口比重两项合计达 50% 以上，而初期出口比例居首位的纺织品却下降至 10% 以下。① 据商务部统计，从商品种类来看，2011 年 1—10 月两岸经贸中位列前三的商品类别分别为机电产品、高进技术产品及农产品，贸易总额分别为 894.4 亿美元、719.9 亿美元及 14.4 亿美元。其中，农产品贸易额与去年同期相比增长明显，在各类商品中增长居首。大陆自台进口、对台出口农产品额，同分别增加 46.1% 及 35.1%，10 月当月大陆自台进口、对台出口农产品额同比增长更高达 61.8% 及 51.6%。②

台商对大陆投资给台湾本岛带来的巨大的贸易顺差，是以出口导向型经济为主导的台湾经济增长的原动力。从两岸贸易依存度看，近年来，随着两岸经贸联系日益紧密，两岸贸易依存度不断上升，尤其是台湾对大陆的贸易依存度有很大幅度的上升。1979 年台湾对大陆出口依存度只有 0.13%，从 20 世纪 90 年代以来，台湾对大陆出口依存度不断攀升，到 2009 年，台湾对大陆出口依存度高达 42.1%。台湾对大陆进口依存度也从 1979 年的 0.38% 上升到 2009 年 11.7%。可见，两岸贸易在台湾对外贸易中占据着举足轻重的地位。

台湾对大陆贸易依存度的持续增加，进一步提高了大陆在台湾对外贸易中的地位，台湾经济对大陆市场的依赖程度日益增强。目前台湾的年经济增长率至少有 2% 要依靠与祖国大陆的来往，大陆市场对台湾经济的发展起着举足轻重的作用，已成为支撑台湾经济增长的主要来源。已赴大陆地区投资的台商，其在大陆投资事业已成为台湾母公司收益的重要来源，依据台湾"经济部"公开信息观测站的数据统计，2011 年前三季全体上柜公司确定来自大陆收益计新台币 1183 亿元，其中汇回之投资收益计新台币 136 亿元；历年累计汇回收益达新台币 1120 亿元。③

---

① 参见"浅析台湾大陆投资的新特点"，http：//www.huaxia.com/tslj/jjsp/2008/10/1192411.html。
② 参见中华人民共和国商务部网站：http：//www.mofcom.gov.cn/。
③ 数据来自台湾"经济部投资审议委员会"网站：www.moeaic.gov.tw。

2. 为台湾本岛创造就业量，改善就业结构，提高台湾人民收入

随着台商对大陆投资的不断增加，台湾当局认为会影响岛内就业量，企图限制台商对大陆投资，但事实证明，台商对大陆投资非但没有减少台湾岛内的就业量，反而对其有一定的促进作用，同时优化了就业结构。

台商在大陆投资，给台湾带来了巨大的贸易顺差，已经成为台湾经济增长的原动力，促进了台湾的经济增长，这无疑对台湾老百姓就业起到了促进作用。根据台湾"行政院主计处"编制的 2001 年台湾产业关联表资料估算：如果 2005 年对大陆出口 716 亿美元，可创造 135 万个就业机会，减去 1999 年已创造的 54 万个就业机会，6 年来对大陆出口的增加，增加了 81 万个就业机会，远超过产业外移所裁减的人数，使总就业人数还能增加 55.7 万人；即使产业外移裁减员工人数较多的制造业，其就业也增加了 12.3 万人。若没有对大陆出口的快速增加所创造的大量就业人口，台湾的失业率早就超过 10% 了。① 台商对大陆投资不仅对台湾岛内的就业量的增加起到了促进的作用，同时也提高了劳动者的收入。2002 年台湾人均区域生产总值为 470426（新台币元），2011 年，台湾人均区域生产总值达到了 593365 新台币。

3. 带动台湾本岛产业结构升级

台商向大陆投资的同时也促进了台湾本岛的产业结构升级。由于大陆的劳动力价格低廉，台湾本岛的劳动密集型产业逐渐转移到大陆，而留在台湾本岛的则主要是资本密集型产业与技术密集型产业，促进了台湾本岛的产业结构升级。同时，随着台商大陆投资的不断增加，台湾获得大额贸易顺差，取得了很高的收益，这为台湾本岛进行产业升级提供了大量的资金，使岛内有丰富的资金专注于研发及生产资本投入较多、技术层次较高的产品，这些资金投入加速了台湾的产业升级。此外，由于劳动密集型产业向大陆的转移，释放出很多劳动力，尤其在传统的制造业，而这部分劳动力的大部分转移到服务业，使得台湾服务业大幅度扩张。

4. 提升台湾企业的国际竞争力，提高相关收益

先进国家经验表明，当一个国家或地区的经济发展达到一定程度后，对其企业

---

① 参见"台湾制造业投资大陆对台湾的影响"，http：//www.cstec.org/about/kanwu _ detail _ show.aspx？sid = 144。

而言，采取对外投资策略是确保持续发展的重要战略措施。美国、欧洲、日本的企业都是沿着这样的道路一路走来的，台湾企业当然也不例外。由于台湾经济的发展，岛内劳动力价格不断提升，土地等生产成本亦不断上升，使得许多劳动密集型的企业在国际竞争中渐渐失去了比较优势，面临着破产的危机。这时台湾企业纷纷采取向大陆投资建厂的发展战略，摆脱了岛内劳动力、土地等生产成本上升的压力，同时利用大陆地区廉价而丰富的劳动力、土地等生产资料，又一次取得了比在本岛生产更大的比较优势，提升了台资企业的国际竞争力，延长了产品的生命周期。

然而，大陆带给台商的不仅仅是廉价的生产要素，同时还带给台湾企业巨大的产品销售市场。大陆的市场潜力巨大，这是任何一家跨国公司都不能忽视的。台资企业在大陆投资设厂，一方面可以更直接地接触、了解大陆的市场和商业运作模式，在与岛外同行竞争中占据先机；另一方面将部分在大陆生产的产品直接在本地销售，既减少了运输费用，又提高了运作效率。台商在大陆投资建厂有利于其率先抢占大陆市场并从中获得了巨额的收益。①

台商投资大陆在宏观、微观层面上都促进了台湾经济的发展。在宏观层面，台商投资大陆促进了两岸贸易的往来，给台湾带来了巨额的贸易顺差，这是台湾经济增长的原动力，促进了台湾经济的发展。同时，为台湾创造了大量的就业量，提升了台湾的就业结构，增加了台湾老百姓的收入。在微观层面，通过台商对大陆投资，加速了台湾本岛的产业升级，提升了台资企业的国际竞争力。

5. 促进台湾投资的增长

根据张玉冰的实证研究，②台商投资大陆与台湾经济增长及产业结构升级之间表现出强烈的协整关系，在长期内，对于台湾经济增长具有显著的促进作用。台商对大陆投资，最初在两岸贸易带动之下起步，伴随着两岸经贸交往的增加而日趋活跃，台商对大陆投资的产业形态，从最初的劳动密集型，逐渐发展到资本密集型，再向资本和技术密集型转变；投资的分工布局从初期的产业间水平分工模式，逐步

---

① 参见李月：《台湾大陆投资的新特点及对台湾经济的影响》，《当代经济研究》，2008 年第 8 期，第 49—50 页。

② 参见张玉冰：《台湾产业结构升级与两岸经济合作关系的实证研究》，《亚太经济》，2007 年第 5 期，第 117—120 页。

提升至产业内垂直分工模式，进而发展成为产业链的整体转移与升级；投资的增长策略，由最初的以转移岛内的夕阳产业、协助维持台湾在国际产业供应链中的竞争力为目标，过渡到以拓展大陆市场、实现全球商机为目标，并将致力于两岸的技术合作与资源的共同开发。随着两岸间关税降低及非关税壁垒减少，货物、资本、技术等生产要素的流动更加便利。大陆在经济转型阶段出台的保增长、扩内需、调结构的经济发展政策，两岸"三通"以及大陆与台湾签订破除关税壁垒和让利台湾的综合性经济协定，这些因素除了将推动台商继续投资大陆之外，还将会刺激台湾企业扩大在岛内的投资，同时也将吸引更多外资扩大对台湾投资。随着台湾扩大对陆资的市场开放，大陆企业赴台投资也将有更进一步的增长。

第三篇
两岸产业合作

第十二章　两岸产业分工与合作的理论基础

第一节　国际直接投资理论

国际直接投资，又称外商直接投资，是国际资本流动的一种形式。经济合作与发展组织和国际货币基金组织认为，"国际直接投资是指一国（或地区）的居民和实体（直接投资者或母公司）与在另一国（或地区）的企业建立长期关系，具有长期利益，并对之进行控制的投资"。[①] 一般按国际惯例，超过企业 10% 股权的外国投资即认定为国际直接投资。

国际直接投资作为生产资本的国际流动，19 世纪 60 年代就已出现。在国际直接投资产生之后的相当长时间里，一直没有独立的理论体系。第二次世界大战以后，国际直接投资得到了前所未有的大发展，成为各国参与经济竞争的重要形式。从 20 世纪 60 年代开始，随着国际直接投资实践的不断丰富，一些西方学者试图从各个不同的角度和不同的层面来解释直接投资行为，论述国际直接投资的动因和决定因素，并形成了众多的理论流派。尽管不同的学者和流派在研究国际直接投资时，有着各自的侧重点和论证方式，但基本假定前提是一致的，即摒弃了传统国际贸易理论国际资本流动理论中关于市场完全竞争的假设前提，以不完全竞争为理论分析的前提条件。

S. H. 海默（1960）提出的垄断优势理论，标志着现代直接投资理论的开创。此后，现代国际直接投资理论大致沿着两条主线发展：第一条主线是以产业组织理

---

①　1996. OECD. Benchmark Definition of FDI. 3rd Edition. Paris.

论为基础。此类理论所研究的基本问题是跨国公司从事对外直接投资的决定因素和条件，将对外直接投资视为企业发展到一定阶段和具有某种垄断优势时的必然选择。海默的垄断优势理论、巴克莱和卡森等人的内部化理论是此类理论的代表。第二条主线是以国际贸易理论和产业转移理论为基础。此类理论强调投资产生与发展的决定因素。弗农的产品周期理论、小岛清的边际产业扩展论是此类理论的代表。到20世纪70年代后期，上述两类国际直接投资理论出现了融合的趋势，将资源禀赋论、垄断优势论、内部化理论结合起来，并引入区位理论，形成了"综合性学说"，力图对企业的对外直接投资、对外贸易和对外技术转让等参与国际经济竞争的方式作出全面的解释，其中以邓宁的生产折中理论最具代表性。

1. 产业组织理论

（1）垄断优势理论。美国学者 S. H. 海默（S. H. Hymer, 1960）对国际直接投资理论进行了开创性的研究，提出了垄断优势理论，为国际直接投资理论奠定了发展的基石。[①] 海默认为，在不完全竞争的条件下，面对同一市场的各国企业之间存在着竞争，若某一家企业实行集中经营，则可以使其他企业难以进入该市场，形成一定的垄断，既可以获得垄断利润，又可以减少因竞争造成的损失；利用市场的不完全竞争是跨国公司进行对外直接投资的根本动因：对外直接投资是市场不完全的副产品。海默认为，市场上至少存在四种类型的不完全竞争：一是产品和生产要素市场的不完全性，少数企业能够凭借垄断影响市场价格；二是由规模经济引起的市场不完全性；三是由于政府的介入形成市场障碍；四是由关税引起的市场不完全竞争。他以美国企业对外直接投资为背景，发现对外直接投资的企业正是汽车、石油、电子、化工等制造业部门中具有独特垄断优势的企业，对外直接投资就是为了充分利用其他企业所没有的"独占性生产要素"，如资本集中度、技术先进、开发设计能力强、有完备的销售系统、管理水平高等，能够生产出东道国企业无法生产的高技术异质产品，借以控制东道国市场，谋取高额垄断利润。

垄断优势理论在适用范围上有着一定的局限。该理论着重解释跨国公司的初始行为，很少考虑其扩展行为；其研究的对象也只是实力雄厚、垄断优势明显的跨国

---

① Hymer. S. F. （1976）. The International Operation of National Firms: A Study of Direct Foreign Investment, MIT Press.

公司；其研究重点在经济的微观主体企业的行为方面，而忽视了宏观和中观产业层面的研究。根据垄断优势论，没有垄断优势的企业是无法从事对外直接投资的。然而，自 20 世纪 60 年代以来，发达国家的许多无垄断优势的中小企业也开始从事对外直接投资，而垄断优势理论对此难以作出科学的解释。此外，垄断优势论也不能很好地解释对外直接投资的地理布局和产业布局。

（2）内部化理论。英国里丁大学学者 P. J. 巴克莱和 M. 卡森（1976）等在对传统的国际直接投资理论批判的基础上，提出了内部化理论，并成为当代西方较为流行的、相当有影响的关于国际直接投资的一般理论。他们仍以不完全竞争作为假定前提条件，但将市场不完全的原因归结为市场机制的内在缺陷，而内部化的目标就是消除外部市场的不完全。他们认为，不完全竞争并非由规模经济、寡占行为、贸易保护主义和政府干预所致，而是由市场实效、企业交易成本增加所致。内部化理论认为，公司为了保护自身利益，以克服外部市场的某些缺陷，以及由于某些产品的特殊性质或垄断势力的存在，导致企业市场交易成本的增加，通过国际直接投资，将本来在外部市场进行的交易转变为在公司所属企业间进行，从而形成了一个内部化市场。[①] 这一理论将科斯交易费用学说运用于国际直接投资领域，开辟了国际直接投资理论的一个新思路。内部化理论着重研究各国企业的产品交换形式与企业国际分工，指出跨国公司正是企业国际分工的组织形式。内部化理论从内部化与市场的矛盾原理出发，较好地解释了国际分工与国际市场的关系、直接投资与贸易障碍的关系、跨国公司的转移定价现象、发达国家之间以及发达国家与发展中国家之间的跨国投资原因。与其他理论相比，内部化理论能解释大部分对外直接投资的原因，同时，不同程度地包含了其他理论。但内部化理论忽视了市场积极方面对国际直接投资的促进作用。同时，内部化理论也不能很好地说明国际直接投资的区位选择。

2. 产业转移理论

（1）产品生命周期理论。美国学者弗农（1966）从生产技术变化的特点中提出了产品生命周期理论。他按产品的不同生命周期提出了比较利益动态变化的观点，以解释美国跨国公司战后对外直接投资的动机、时机和区位选择，从而形成了技术

---

① 　Buckley. P. J. and Casson. M. （1976）. The Future of the Multinational Enterprise. Macmillan.

进步条件下的分工理论。该理论把产品在市场上的生命存在分为创新、成熟、标准化三个阶段。他认为，发达国家利用本国雄厚的工业基础和先进的技术开发新产品，迅速占领国内市场；待国内市场饱和后，积极开拓国外市场；随着国外市场的形成，将资本和技术输出，推动资本与当地的廉价劳动力或资源结合，以更低的价格打回本国市场。[1] 这一理论将企业的技术优势及垄断视为伴随产品周期的动态变化过程，分析了技术优势变化对企业对外投资的影响。这一理论对解释两岸产业的梯度转移具有一定的说服力。但是，该理论也有局限性。一是由于产品生命周期的缩短和市场竞争的加剧，这种区域选择的陈规已经被打破；二是该理论不能很好地说明发展中的对外投资；三是不能很好地解释跨国公司在国外进行的开发性投资。

（2）区位选择理论。美国学者约翰逊（H. Johnson，1970）根据国际贸易理论的要素禀赋差别原理解释国际直接投资中的国家区位特征，提出了区位因素理论，认为以下条件是决定国际直接投资特征的充分条件：劳动力等生产要素的国家禀赋、市场容量、贸易壁垒、政府政策等。这一理论从国家作为影响投资因素的角度进行分析，较好地说明了发达国家对发展中国家区位选择的投资原因。

（3）寡占反应理论。美国著名经济学家尼克尔博格（Knickerbocker，1973）对美国跨国公司的投资情况进行了深入研究，发现其中存在跨国公司相互影响的规律，从而提出了寡占反应理论。他指出，跨国公司的对外投资有两大特点：一是美国的对外直接投资是由具有垄断优势的寡头进行的；二是美国寡头企业的对外直接投资往往对其他企业具有牵制和影响作用，从而形成集体行动的特点，同时或先后向同一些地方投资。前者是寡头企业积极主动抢先向外扩张，占领国外市场；后者是其他企业为了保护自己的竞争地位和市场份额，被迫随着前者向外扩张。[2] 这一理论说明了垄断优势企业在对外直接投资中互相影响的规律，是对产品周期理论的重要补充和发展，很好地解释了跨国公司的区位选择原因。但是，这一理论解释机动投资具有局限性。例如，东亚国家大中小企业的集体对外投资，更多的是中小企业应集团寡头企业要求的协调性投资，而不是为了抢占寡头企业市场。

（4）边际产业扩张论。日本学者小岛清（K. Kojima，1978）在实证研究日本对

---

① Raymond Vernon. International Investment and International Trade in the Product Cycle，Quarterly Journal of Economic. May 1966. pp190—207.

② Knickerbocker. F. T. （1973）. Oligopolistic Reaction and the Multinational Enterprise，Harvard Graduate School of Business Administration.

外直接投资的基础上，提出了日本式的对外直接投资理论——"边际产业扩张论"。这一理论将比较利益原则视为跨国公司从事对外直接投资的决定因素。其理论核心是，对外直接投资应该从已经或即将处于比较劣势的产业部门，即边际产业部门依次进行；而这些产业又是东道国具有明显或潜在比较优势的部门，如果没有外来的资金、技术和管理经验，东道国这些优势就不能被利用。这样，投资国的对外直接投资就可以充分利用东道国的比较优势。[①] 小岛清分析的是发达国家对发展中国家的以垂直分工为基础的国际投资，这一理论在很大程度上是对日本长期倡导的"雁行形态论"的深化。其不足在于：忽视了发展中国家可能取得的后发优势，对发展中国家有较大的发展局限，同时也不能解释发达国家之间以及发展中国家向发达国家的投资。

3. 外商直接投资融合理论

20 世纪 80 年代中期以来，对跨国公司的研究使国际贸易理论和直接投资理论找到了融合的衔接点。这些研究成果认为，现代国际经济所面临的市场结构是不完全竞争的，无论发展出口还是投资，都需要依靠某种其他竞争对手所没有的特定优势来进行，这包括公司的技术与创新能力、生产"异质"产品的能力、研究与发展的实力、新产品开拓、企业规模、管理技术以及经济效益等等。大公司可以选择不同的方法来利用和发挥它们的优势，服务于外国市场可以用出口贸易的方法，也可以用直接投资或是技术转让的方法。其选择标准是一组变量的比较和选择。例如，公司所拥有优势的特点和转移性、国内和国外的控制和生产成本、出口贸易的成本等等。假如公司所拥有的优势有较大的可转移性，国外的控制成本比较低，而出口贸易的交易成本比较高，这样的话公司有可能选择直接投资。反之就用贸易的方法进入。

（1）曼德尔模式和赫尔希模型。最早的关于国际投资和国际贸易之间选择的理论是曼德尔模式。他的基本观点是：如果两国生产函数相同，按照俄林的要素禀赋比率定理，可以得出国际投资与自由贸易是完全替代的关系的结论。曼德尔将资本的流动视为两国资源禀赋量发生变动时，通过市场机制对资源进行再分配的结果。[②]

① Kojima. K. （1978）. Direct Foreign Investment: a Japanese model of Multinational Business Operation. Croom Helm.

② Mundell R. A. International Trade and Factor Mobility. American Economic Review. June. 1957. pp321—335.

赫尔希从成本的角度建立了企业对出口贸易和对外投资的决策模型，该模型以比较简洁的方式说明了企业在何种条件下选择出口，在何种条件下选择对外投资。即当企业国内生产成本与出口销售成本之和小于国外生产成本与额外协调成本之和，并且小于国外生产成本与技术丧失成本之和（类似许可证形式）时，企业将选择出口贸易的方式参与国际经营；当国外生产成本与额外协调成本之和小于国内生产成本与出口销售成本之和，并且小于国外生产成本与技术丧失成本之和时，企业将选择对外投资的方式参与国际经营。该模型具有较强的综合作用，实际上是对赫克歇尔——俄林模型的重大拓展，加上了国家之间的区位因素，因而可对各种投资理论进行很好的解释。

（2）国际生产折中理论。赫尔希的选择模型提出后，许多经济学家对此提出补充、修改和发展，其中以英国里丁大学教授约翰·邓宁（Dunning J. H., 1977）的国际生产折中理论最有影响。针对以往对外直接投资理论存在的某些局限性，邓宁将垄断优势、内部化优势和区位优势相结合，形成国际生产折中理论，力图给予对外直接投资以完整的解释。邓宁主张在研究跨国公司时要引进区位理论，并与俄林的要素禀赋、海默的垄断优势论、巴克莱和卡森的内部化理论结合起来，创立折中的方法和体系。因此，折中理论的核心是强调跨国公司从事国际生产要同时受到所有权优势、内部化优势和区位优势的影响，对外直接投资是三者整合的结果。邓宁称之为"三优势"（OIL）模式，即所有权优势（Ownership Advantage）、内部化优势（Internalization Advantage）和区位优势（Location Advantage）。他认为，这三类优势都不能单独用来解释企业对外直接投资或从事国际生产的倾向，企业只有在同时具备这三类优势时，才可能从事对外直接投资。根据邓宁的分析，企业进行国际分工主要有三种模式：寻求效率型（Efficiency Seeking）、寻求资源型（Resource Seeking）、寻求市场型（Market Seeking）。[1]

国际生产折中理论是要素禀赋理论与市场缺陷理论的结合，它比较成功地将国际贸易和对外直接投资理论融合起来，说明了对外直接投资中垄断、内部化、产品周期、产品出口、间接投资、技术转让等国际经济中必须综合考量的因素，提供了对跨国公司国际投资的主观因素和客观因素的分析，较全面地解释了企业跨国发展

---

[1] Dunning J. H.（1977）. Trade. location of Economic Activity and the Multinational Enterprise: A Search for an Electric Approach. London: Macmillan.

的根本动因。这一理论的提出，标志着国际直接投资理论进入了一个相对成熟和稳定的阶段，因而在西方国际投资理论界影响很大，被称为"通论"。尽管这一理论是以发达国家制造业为研究对象，不能解释一些发展中国家企业跨国经营的现象，但对分析台资企业投资大陆的区位选择却具有较强的合理性。

（3）国际投资发展阶段理论。20 世纪 80 年代以后，经济全球化趋势不断加强，跨国公司成为推进世界经济一体化的最重要力量。邓宁（Dunning J. H.，1981）根据国际直接投资实践的发展，在其生产折中理论的基础上，进一步提出了投资发展阶段理论，从动态的角度解释各国在国际直接投资中的地位，将一国的净国际直接投资地位与其经济发展水平联系起来。该理论将一国的投资周期分为人均国民生产总值低于 400 美元、400—2500 美元之间、2500—5000 美元之间、高于 5000 美元这四个阶段，并用生产折中理论对一个国家在这四个不同阶段的 OIL 优势进行比较，以分析其国际直接投资流入和对外直接投资流出的对应关系。该理论动态地描述了国际直接投资与经济发展的辩证关系，说明跨国公司对外直接投资的比较优势不是一成不变的。[1] 这一理论解释有时难免流于简单化，毕竟由于国家大小、经济体制、区域差异等因素，同一人均收入水平的国家在国际直接投资的流入和流出上，都存在许多差异。尽管如此，它所提供的研究思路仍具有较强的合理性，对解释发展中国家的对外直接投资实践的发展也有指导意义。

第二节　国际产业分工理论

"产业分工"是指随着许多产业部门的出现，社会劳动在不同产业和同一产业的不同生产阶段或工序，和不同生产方式的分工。在概念上，"产业分工"又可分为"水平分工"和"垂直分工"两类。"水平分工"是指两个以上国家或地区各自偏重发展不相关联的产业，或生产完全相同或相似的产品，但品质和附加值有差别。它主要表现为经济发展水平相近的发达国家之间在工业部门上的横向分工。"垂直分工"早期主要是指发达国家和发展中国家之间在制造业与农、矿业的纵向分工，以后又逐渐演化为两个国家或地区在重化工业与轻工业之间的分工，或特定

---

① Dunning J. H.（1981）. International Production and the Multinational Enterprise. Allen and Unwin. pp109—141.

产品从原材料、半成品到成品的上下游分工，或企业经营活动的生产、行销、研发、设计、品质管理与改良等不同层面的分工，以及具有上下游关系的不同产业之间的分工。

分工超越国境就形成国际分工。在资本主义初期，国际分工得到初步发展。19世纪以后，机器大工业的产生和先进的交通、通讯手段的使用，为国际分工的扩大提供了必要条件。此后，随着国际市场的扩大和国际投资、贸易的显著增长，国际分工的形式也越来越复杂和多样化，除了以国与国之间的专业化生产和协作为主要内容的水平型分工和以原材料、燃料、出口制成品为主要内容的垂直型分工外，还存在既有水平型又有垂直型特征的混合型分工；分工也不仅局限于不同的生产部门，还意味着同一生产部门内的，甚至同一企业内的跨国界劳动分工。第二次世界大战以后，由于新工业革命的推动、跨国公司的壮大和发展中国家的崛起，国际分工的广度和深度进一步发展。生产的国际化促使国际分工出现了以各个产业内部分工为主导的新型格局。

国际分工是国际贸易和国际直接投资的基础，国际产业分工理论从其诞生之初起，就与国际直接投资理论密切相关并与之交融发展。而国际产业合作是国际产业分工发展到一定阶段的产物，是一种以互利互惠为取向的更高形式的国际分工。从亚当·斯密开始，各个流派的经济学家都从原因、形式、效应等不同角度对国际分工作出了解释，其中有代表性的是比较优势理论、竞争优势和产业集群理论等。

1. 比较优势理论

（1）传统比较优势理论。传统比较优势理论是指建立在李嘉图的比较成本理论和赫克歇尔—俄林的资源禀赋理论基础之上的比较优势理论。这一理论认为，由于各国自然资源、资本、劳动生产率、生产规模等生产的要素禀赋不同，一国应当生产并出口本国具有成本优势，即要素禀赋较为丰富的产品，进口本国不具要素禀赋优势的产品，以获取经济利益。以后萨缪尔森等人的新要素理论又进一步扩大了生产要素的范围，将科学技术、信息管理、市场结构、市场规模等后天的要素作为新的生产要素加入到研究中，从而使比较优势理论更加具有普遍性。尽管这一建立在市场完全竞争的前提之上的传统比较优势理论具有明显局限性，而且后来几经发展，但贯穿其中的这一比较优势原则始终得到坚持和遵循。根据这些理论，各国对因要素禀赋差异带来的比较经济利益的渴望，必然驱使各国纳入国际分工体系。[1] 这些理论可以较好地解释两岸产业分工的基础动因。

（2）动态比较优势理论。从 20 世纪中期以来，许多学者在将静态比较优势动态化方面作了许多努力。理论上来说，第一次将静态比较优势动态化的是邓宁的产品生命周期理论。自 20 世纪 70 年代以来，以斯蒂格利兹、克鲁格曼、格罗斯曼为代表的西方经济学家发展了动态比较优势理论。[2] 其对传统理论的重要发展是以规模经济和不完全竞争为假设前提，将技术进步、不完全竞争、规模经济和经济增长等问题结合起来综合动态地研究一国的比较优势。

保罗·克鲁格曼（Paul krugman，1998）通过对 60 年代以来国际贸易，特别是发达国家之间产业内贸易的研究，发现国际贸易大量发生在要素密集程度相似的同类产品之间和要素充裕程度相似的国家之间的新现象，认为这一现象所依据的分工基础并不是由生产技术不同和资源配置不同产生的比较优势，而是依据由产品差异化导致的垄断竞争，以及厂商生产不同产品的规模经济。由于工业产品的多样性，任何一国或一个地区都不可能囊括一个行业全部产品的生产，从而使国际分工成为必要，而分工的合理性则是依据不同产品在不同区位生产的规模经济。[3] 这个理论对于解释现阶段两岸产业内贸易的发展和展望两岸未来的产业分工具有一定的启示意义。

（3）内生比较优势理论。杨小凯和博兰（Yang and Borland，1991）从专业化和分工的角度拓展了对内生比较优势的分析。他们认为，内生比较优势会随着分工水平的提高而提高。由于分工提高了每个人的专业化水平，从而加速了个人人力资本的积累。这样，对于一个即使没有先天的或者说外生比较优势的个人，通过参与分工，提高自己的专业化水平，也能获得内生比较优势。经济增长并不单是一个资源配置问题，而是经济组织演进的问题，市场发育、技术进步只是组织演进的后果。该理论框架分析了经济由自给自足向高水平分工演进的动态均衡过程，将专业化和分工置于分析的核心，并且严格区分了规模经济和专业化经济，从而发展了斯密关于分工和内生比较优势的核心思想。

---

① Steven Brakman. Marry Garretsen. Charles van Marrewijk.（2001）. An introduction to Geographical Economics. Cambridge University press.

② Rugman. A. M.（1981）. Inside the Multinational: the Economics of Internal Markets. Croom Fielm.

③ 参见保罗·克鲁格曼等：《国际经济学》，北京：中国人民大学出版社，1998 年版。

2. 竞争优势与产业集群理论

竞争优势理论是由美国哈佛大学商学院教授迈克尔·波特创立并发展完善的（M. E. Porter, 1998）。该理论从企业参与国际竞争这一微观角度来解释国际贸易和国际直接投资现象。波特研究的逻辑线索是：国家竞争优势取决于产业竞争优势，而产业竞争优势又决定了企业竞争战略。波特把一国竞争优势的发展分为四个阶段，即要素驱动阶段、投资驱动阶段、创新驱动阶段和富裕驱动阶段。每个阶段的竞争优势产业也不同。竞争优势理论认为，一国兴衰的根本在于能否赢得国际竞争优势，而赢得竞争优势的关键则在于是否具有适宜的创新机制和充分的创造能力。[①]

竞争优势理论与比较优势理论最显著的不同在于：比较优势理论主要论证国家间产业分布与产业互补的合理性，强调不同产业之间生产率的比较；而竞争优势理论主要论证国家间产业冲突和产业替代的因果关系，强调各国间相同产业之间生产率的比较。竞争优势理论除了考虑现实的利益外，还考虑潜在利益对比，认为竞争优势主要取决于一国的创新机制，取决于企业后天的努力和进取，只要勇于创新，积极竞争，后进的国家可能成为具有竞争优势的国家。通过对比较优势和竞争优势的比较，我们可以这样认为，比较优势是由一国资源禀赋和交易条件决定的静态优势，而竞争优势是国际竞争中更具能动性的因素。一国资源禀赋的比较优势并不等于其产业和产品在国际市场上的竞争优势。但竞争优势也是建立在比较优势基础上，通过要素投入和创新而形成的更高层次的比较优势，是对传统比较优势的深化和拓展。比较优势原则主要适用于资源禀赋不同的国家和地区之间的分工，竞争优势原则更多地存在于资源禀赋相近的国家之间的分工。比较优势是竞争优势的基础，有竞争优势的产业，首先必须具有比较优势。我们不能过分专注于要素禀赋，单纯发展劳动和资源密集型产业而忽视高新技术产业的培育和发展，导致贸易条件恶化，陷入"比较优势陷阱"；也不能脱离比较优势谈竞争优势，忽略要素优势在一国产业定位中的初始的决定性作用，不顾自身禀赋条件盲目追求高级生产要素才能支撑的竞争优势和高新技术产业，而陷入一些发展中国家已经遭遇的"赶超陷阱"。鉴于此，大陆在参与两岸产业分工时，要把比较优势和竞争优势结合起来，

---

① Michael E. Porter, (1998). Clusters and the new economics of competition, Harvard Business Review; Boston; Nov/Dec.

在比较优势的基础上，实现比较优势向竞争优势的转化。

在研究国家竞争优势的过程中，波特提出了著名的产业集群理论。所谓产业集群，是指一些相关企业在某一特定区域通过集聚成群而不断提升企业及产业整体竞争力的现象及其过程。这一理论认为，分工深化会促进集群形成和发展，集群的发展反过来又会提高交易效率，降低交易费用，从而促进分工的演进。集群之所以能促进分工的演进，是由于集群有降低成本、利于创新、便于孵化三大功能。这一理论将集群嵌入到一个更为广泛的动态竞争理论中去，对解释台资企业向大陆局部地区的集群化转移具有一定的合理性。

美国经济学家 H. 钱纳里和 A. 斯特劳特创立的储蓄和外汇双缺口模型较好地解释了外资对发展中国家经济增长的贡献。该模型认为，大多数发展中国家的经济发展主要受三种因素约束：一是储蓄约束，即国内需求水平低，不足以支持国内投资需求的扩张；二是外汇约束，有限的外汇收入不足以支付经济发展所需要的资本品和消费品进口；三是吸收能力约束，无法有效地使用外资和各种资源。如果发展中国家能成功利用外资，便可以逐渐弥补和克服储蓄、外汇和技术缺口的约束，增加国民总储蓄和总投资，进而促进经济增长。[①] 根据他们的理论，外资能通过把区域的储蓄倾向转变为真实的投资来实现其发展的功能；外资能通过改善投资地的原有资产存量，促进经济增长，并进一步通过新建企业形成高质量资产，通过收购和兼并提高原有资产存量；外资能带来国外先进实用的技术、设备和科学的管理方式促进一国或地区的发展；外资有利于发展中国家和地区经济管理体制的改革和完善、提高管理效率、降低企业的交易成本从而促进经济发展。

---

① 参见 H. 钱纳毕，M. 塞尔奎因：《发展的模式（1950—1970）》，北京：经济科学出版社，1988年版。

第十三章　台湾重点产业和中小企业发展情况分析

第一节　台湾工业发展总体情况分析

1. 台湾工业发展历程回顾

近半个世纪以来，台湾从"以农业培养工业"着手，在稳固农业发展的基础上，从发展轻工业到发展重化工业，从发展劳动密集型产业到发展资本、技术密集型产业。综观台湾工业发展历程，其工业发展模式大致可概括为："劳动密集型的轻工业——资本密集型的重化工业——技术密集型的策略性工业。"[①]

（1）优先发展劳动密集型轻工业，实现经济起飞

在20世纪50年代初以前，台湾经济一直以农业为主，农业在台湾经济中占据主导地位，农产值和农业就业人口成为经济主体，农产品出口是出口创汇主要来源。1949—1953年，台湾成功实行改良式土地改革，在土地改革有效地改变农村封建生产关系，推动农业生产发展并为工业发展提供资本原始积累和大量青壮劳动力的基础上，从1953年始，台湾开始走上工业化道路。从1953年台湾开始大力发展利用自产原料并可增加出口的工业，如糖、茶、菠萝等农副产品加工业，利用自产或进口原料生产替代进口的工业主要有水泥、玻璃、木制品、造纸、化肥、纺织、食油、面粉、自行车、缝纫机等，这些产业无需太多资本，无需太复杂的技术，普通劳动力经短期培训后即可胜任，是典型的劳动密集型轻工业，成为当时台湾工业

[①]　参见曾建权：《对台湾工业发展模式的探讨》，《台湾研究》，1997年第1期，第51—55页。

开始起步的骨干产业。随着进口替代工业的发展，到 20 世纪 60 年代初，台湾岛内市场达到饱和，为了利用工资低廉的国际比较优势，台湾当局适时制定了大力发展劳动密集的轻工业拓展出口的工业发展策略，于 1965 年开始，先后在高雄、楠梓及台中设立三个出口加工区，在区内引进外资、技术、进口机器设备和原材料，主要加工生产食品、纺织、塑胶等劳动密集型出口产品，产品主要销往欧美市场。台湾工业起飞初期以发展劳动密集型轻工业为主，而这一时期轻工业的发展又以劳动密集型的食品和纺织工业为主导。1954—1961 年，台湾的食品工业迅猛发展，占整个工业产值的 25.4%，这主要是由于在当时台湾工业基础薄弱，技术水平低的条件下，食品工业实际上是农业的延伸，而当时台湾可以直接利用的只有农业资源。随着经济发展和工业技术基础的初步建立，从 20 世纪 60 年代中期开始，食品工业在台湾工业中的地位便逐渐被纺织工业所取代，纺织工业在台湾整个工业中所占比重，从 1954—1961 年的仅占 7.3% 剧增到 1966—1971 年的 27.3%。但 20 世纪 60 年代后期开始，随着外资大量进入台湾岛内投资和出口加工区的建立与发展，以家用电器等消费性电子产品为主的机电工业在台湾整个工业中所占比重不断增大，并很快成为台湾工业新的"明星产业"。在 20 世纪 50—60 年代末，食品、纺织和家用电器等劳动密集型工业在台湾工业发展中充当主导角色，使台湾工业实现持续高速发展。1953—1972 年，台湾工业年均增长率高达 15.3%，工业产值在岛内生产毛额的比重从 1952 年的 16.9% 提高到 1972 年的 31.83%，从而带动了整个台湾经济的起飞。

（2）重点发展资金和资源密集型的重化工业，提高原材料、基础工业的自给能力

到 20 世纪 70 年代初，台湾工业经过 20 多年发展已建立了初步基础，人民收入不断提高，资本供应能力和投资能力大为增强，具有较强经济和技术实力的大型集团企业得到了初步发展。为了从根本上缓解日趋紧迫的交通、电力等基础设施瓶颈，建立台湾自身的工业基础和提高原材料、辅助材料、零部件的产业配套和产业自给能力，台湾开始调整工业发展策略，重点发展钢铁、造船、塑胶和石油化学等重化工业。台湾当局于 20 世纪 70 年代中期开始实施以高速公路、机场、港口、铁路等基础设施建设和钢铁、造船、石化等重化工业为投资重点的"十大"、"十二大"、"十四大"工程建设。20 世纪 70 年代初至 80 年代中后期台湾对重化工业和基础工业、原材料工业的大规模投资，使台湾的工业结构发生了重大变化，轻纺工业

在台湾整个工业中的比重大幅下降，一些资本与资金密集型产业如石油化工、钢铁、塑胶原料和机械工业等明显提高，1954 年，轻工业比重高达 72.1%，重工业为27.9%，到 1976 年重工业比重开始超前。1960 年仅纺织、食品、饮料、烟草三个部门的产值，就占制造业产值的 57.2%，其中仅纺织和食品两个部门的产值就占了制造业产值的 45.5%。但从 1986 年开始，电子电器业产值占制造业产值由 1.44%增至 12.28%，石油化学工业产值占制造业产值比重由 8.2% 剧增至 1985 年的39.12%，员工人数占制造业员工人数 33.06%，出口比重达 21.55%，而同期因生产成本提高和产品市场竞争力下降，台湾的纺织业明显衰退，产值比重 1985 年比1960 年下降 61%，员工人数从 1976 年的 30.6 万降至 1984 年的不及 30 万，其中仅棉纺业就减少 2.7 万人。这一时期，在大规模投资建设和重化工业迅速发展的有力拉动下，台湾工业实现持续高速增长。1973—1980 年，台湾整体工业年均增长率达11.68%，工业产值在岛内生产毛额中的比重由 1972 年的 38.93% 提高到 1980 年的45.33%，工业制品在出口贸易中的比重由 1972 年的 83.2% 增长至 1980 年的90.8%，工业就业人口占总就业人口的比重由 1972 年的 31.83% 上升到 1980 年的42.52%。台湾工业企业，特别是一大批基础工业、重化工业企业的建立，使台湾初步形成了相对完整的工业体系，也为台湾后来的产业升级和高科技产业发展打下了良好基础。

（3）重点发展知识和技术集约型"策略性工业"，加快产业升级

进入 20 世纪 70 年代末期以后，一方面随着经济发展，岛内的工资、地价持续上升，使劳动密集型和资本密集型产业生产成本提高，比较优势丧失，市场竞争力降低。另一方面在国际石油危机冲击下，由于石油价格大幅提升的影响，主要以进口原油进行加工炼制和裂解的石油化学工业沦为能耗大、成本高、收益低的"艰苦产业"。而同时，由美国领军的世界科技革命迅速发展，以电子信息业为代表的高科技产品迅猛发展。在这种情况下，台湾当局开始改变继续发展重化工业的策略，转而重视科技型策略性产业的发展。台湾在高科技产业发展方面最成功的经验是建立和发展新竹科学工业园。新竹科学工业园自 20 世纪 80 年代创立后，获得持续快速发展，被誉为"亚洲的硅谷"、"台湾高科技产业重镇"。

（4）工业制造业在整体经济中的地位下降，台湾已进入以服务业为主导的工业化晚期阶段

进入 20 世纪 90 年代特别是进入 90 年代中期以后，虽然台湾的高科技产业发展

迅速，工业、制造业产业结构进一步优化，但随着传统产业的萎缩和资讯电子、通讯等产业大量转移到大陆投资，台湾工业在整体经济中的地位逐渐下降，工业、制造业的产值年增长率都比同期经济增长率要低，且占岛内 GDP 比重也逐渐下降，其对经济增长的贡献率也比同期的服务业要低。

从表 13 - 1 中看到自进入 2002 年以来，台湾工业生产占整体经济的比重从 30.38% 持续下降到 2012 年第二季度的 28.58%，而台湾工业生产占整体经济的比重 1991 年曾高达 41.1%。2011 年台湾农业、工业和服务业占 GDP 的比重分别为：1.75%、29.49% 和 68.76%，由此可见，近年来台湾服务业发展迅速，已成为台湾经济的主导力量，台湾已进入以服务业为主导的工业化晚期阶段。2002—2012 年，台湾制造业中产值比重下降的产业，大多属于传统劳动力密集型产业，主要有食品制造业、烟草、纺织、成衣及服饰业等。在这十年内产业结构调整过程中，由于生产方式及产业结构朝资本密集、技术密集度高的方向发展，而引起劳动力密集产业加速外移，其占制造业产值比重呈下降趋向。

表 13 - 1 2002—2012 年第二季度台湾产业结构变动情况（按各产业占 GDP 比重）

单位:%

年季		合计	农业	工业	服务业	制造业	批发零售业
2002 年		100.00	1.82	30.38	25.02	67.80	16.81
2003 年		100.00	1.71	31.20	26.13	67.08	16.65
2004 年		100.00	1.68	31.75	26.81	66.57	17.08
2005 年		100.00	1.67	31.26	26.53	67.08	17.63
2006 年		100.00	1.61	31.33	26.46	67.06	17.88
2007 年		100.00	1.49	31.38	26.52	67.12	18.22
2008 年		100.00	1.60	29.25	24.98	69.16	18.80
2009 年		100.00	1.55	29.79	24.67	68.66	18.49
2010 年		100.00	1.58	31.34	26.27	67.08	18.19
2011 年		100.00	1.75	29.49	24.76	68.76	18.81
2012 年	1 季	100.00	1.64	26.73	22.04	71.67	18.91
	2 季	100.00	2.09	28.58	24.32	69.32	18.61

资料来源：台湾"行政院主计处""国民所得统计"。

附注：依联合国 1993 年版国民经济会计制度编制。

2. 台湾工业发展现状

2011 年上半年，延续 2009 年第四季全球脱离金融海啸阴霾以来的景气复苏态势，且在两岸签署 ECFA 于 2011 年元旦正式生效，与大陆"十二五"计划接续开展下，台湾外销接单稳健增长；另外，随着当局积极推动新兴产业发展，厂商资本支出持续扩张，加以就业市场情势稳定，有效推动了民间投资与消费增长，从而推动半导体、面板、信息通信、机械、钢铁等产业明显增产，上半年工业生产指数年增长率仍维持在了 10.96%。2011 年下半年，欧洲陆续爆发债务危机、美国经济增长乏力，全球景气与股汇市动荡，削弱台湾出口动能，工业生产指数年增长率转为负增长 0.37%。

总的来看，台湾综计 2011 年全年工业生产指数 129.71，继续创历年新高，但各季度工业生产年增长率在全球经济反转与上年同期相比，由第一季度的渐次攀升再到逐季下滑。具体来看，由第一季增产 15.28%，降至第二季 7.11% 及第三季 3.37%，第四季更走低为减产 4.00%。全年工业生产增加 5.03%，其中制造业增加 5.12%，建筑工程业、电力及燃气供应业、用水供应业分别增加 7.89%、2.20%、0.21%，而矿业及土石采取业则减少 3.80%。

从产值来看，2011 年工业总产值由 2010 年新台币 14 兆 7160 亿元增为新台币 15 兆 3506 亿元，增长 4.31%，其中制造业新台币 14 兆 4489 亿元，较 2010 年增加 4.48%，电力及燃气供应业、建筑工程业、用水供应业分别为新台币 6405 亿元、1902 亿元、400 亿元，较 2010 年各增加 1.76%、2.32%、1.13%，而矿业及土石采取业为新台币 308 亿元，则减少 3.84%。

当前，从工业生产变动情况看，2012 年 11 月与上月比较，工业生产指数为 131.91，与上月比较减少 1.43%，其中制造业较上月减少 2.06%；经季节调整后，工业生产增加 0.60%。与上年同月比较工业生产增加 5.85%，其中制造业增加 5.47%，矿业及土石采取业增加 13.77%，建筑工程业增加 35.00%，电力及燃气供应业减少 2.10%，用水供应业减少 1.18%。累计 1 至 11 月与上年同期比较，工业生产减少 0.32%，其中制造业减少 0.51%。

从台湾制造业生产变动情况看，2011 年全年制造业生产指数较上年增加 5.12%，其中电子信息工业、金属机械工业及民生工业分别增加 8.91%、6.64% 及 1.18%，而化学工业则减少 4.25%。若按产值观察，2011 年制造业产值为新台币

表 13 – 2　2012 年 1—11 月台湾工业生产变动情况

分类	权重 （‰）	2012 年 11 月 生产指数 （基期 = 2006 年）	月增率 （%）	季调后 月增率 （%）	年增率 （%）	1 至 11 月累计 平均生产指数 （基期 = 2006 年）	年增率 （%）
工业	1000.00	131.91	-1.43	0.60	5.85	129.68	-0.32
矿业及土石采取业	4.87	93.43	23.86	13.21	13.77	80.76	1.70
制造业	933.06	133.85	-2.06	0.02	5.47	132.48	-0.51
电力及燃气供应业	27.43	99.24	-5.06	2.31	-2.10	105.69	0.07
用水供应业	6.79	95.23	-4.26	-0.15	-1.18	97.14	-0.47
建筑工程业（注）	27.84	114.78	33.62	28.73	35.00	75.86	11.44

注：建筑工程业采用台湾"内政部营建署"统计的各县市核发使用执照总楼地板面积数据。

资料来源：台湾"经济部"统计处：http://www.moea.gov.tw/。

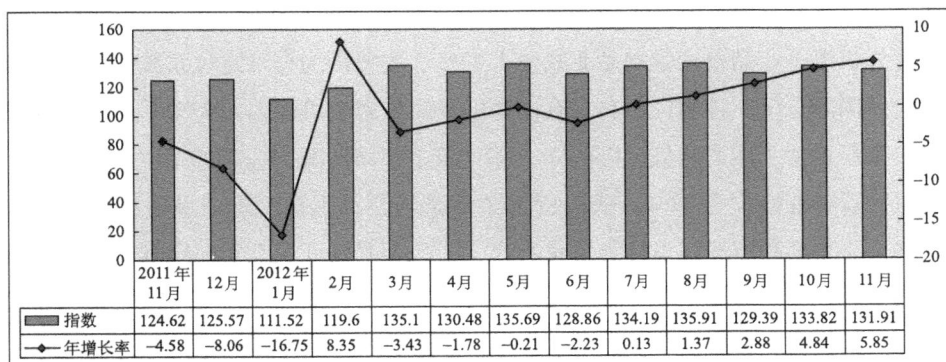

	2011 年 11 月	12 月	2012 年 1 月	2 月	3 月	4 月	5 月	6 月	7 月	8 月	9 月	10 月	11 月
指数	124.62	125.57	111.52	119.6	135.1	130.48	135.69	128.86	134.19	135.91	129.39	133.82	131.91
年增长率	-4.58	-8.06	-16.75	8.35	-3.43	-1.78	-0.21	-2.23	0.13	1.37	2.88	4.84	5.85

图 13 – 1　台湾 2011 年 11 月至 2012 年 11 月工业生产指数与年增长率

资料来源：台湾"经济部"统计处：http://www.moea.gov.tw/。

14 兆 4489 亿元，较上年增加 4.48%，其中化学工业为新台币 4 兆 3071 亿元，增加 6.13%，金属机械工业为新台币 3 兆 9399 亿元，增加 9.34%，民生工业为新台币 1 兆 3974 亿元，增加 5.25%，而信息电子工业则为新台币 4 兆 8046 亿元，较上年减少 0.72%。

从当前经济结构来看，制造业按四大业别分，2012 年 1—11 月信息电子工业较上年同月增加 8.08%，化学工业增加 6.60%，金属机械工业增加 1.54%，民生工业则减少 0.74%。制造业主要行业以电子零组件业较上年同月增加 11.12%，为最多；化学材料业增加 7.29%，居次；基本金属业增加 7.18%，再次之；而机械设备

业、计算机电子产品及光学制品业则分别减少 7.82%、3.47%。各主要行业 2012
年 1—11 月生产量与上年同月比较变动情形说明如下：

电子零组件业增加 11.12%，主要受惠于行动装置需求旺盛，持续推升高端芯
片及相关供应链产量，再加上面板因欧美圣诞节及中国农历年节备货需求而积极回
补库存，导致晶圆代工、TFT－LCD、构装 IC、印刷电路板等持续增产。1 至 11 月
累计较上年同期增加 3.11%。

基本金属业增加 7.18%，剔除农历春节因素后，摆脱去年 11 月以来的负增长
走势，主要因为国际钢价触底回稳，加上去年同期钢材市场景气走缓，主要因为热
轧及冷轧等产量明显增多所致。1 至 11 月累计较上年同期减少 5.17%。

化学材料业增加 7.29%，增幅为 2010 年 6 月以来最高，主要因为亚洲部分石
化厂事故，加上去年同期部分中上游石化厂年底维修，比较基数较低所致。1 至 11
月累计较上年同期增加 0.63%。

计算机电子产品及光学制品业减少 3.47%，主要因为全球定位系统及部分通信
产品受到国际竞争而抑制产出，只有计算机零件与光学组件因智能型手持装置新机
接连上市而保持了增产趋势。1 至 11 月累计较上年同期减少 7.07%。

机械设备业减少 7.82%，主要因为全球景气复苏迟缓，厂商设备投资意愿不
强，加上来自新兴市场订单持续缩减所致。1 至 11 月累计较上年同期减少 11.22%。

汽车及其零件业减少 2.16%，主要因为轿车在去年同期车厂积极促销下，比较
基期较高，只有客货两用车及汽车电气零组件仍呈现增产。1 至 11 月累计较上年同
期增加 1.22%。

表 13 – 3 2012 年 1—11 月台湾制造业生产情况

分类	权重 (‰)	2012 年 11 月 生产指数 (基期 = 2006 年)	月增率 (%)	年增率 (%)	1 至 11 月累计 平均生产指数 (基期 = 2006 年)	年增率 (%)
制造业	933.06	133.85	- 2.06	5.47	132.48	- 0.51
按四大业别分						
金属机械工业	268.37	104.10	- 0.54	1.54	102.68	- 4.88
信息电子工业	339.82	188.06	- 2.47	8.08	185.76	1.36
化学工业	209.72	104.48	- 2.63	6.60	103.85	0.00
民生工业	115.16	96.68	- 2.28	- 0.74	96.81	- 0.62

续表

分类	权重 (‰)	2012年11月 生产指数 (基期=2006年)	月增率 (%)	年增率 (%)	1至11月累计 平均生产指数 (基期=2006年)	年增率 (%)
按主要行业分						
电子零组件业	242.40	209.39	-4.20	11.12	210.92	3.11
基本金属业	116.85	104.59	-0.23	7.18	102.52	-5.17
化学材料业	101.03	111.91	-3.45	7.29	114.28	0.63
计算机、电子产品 及光学制品业	67.26	157.32	6.44	-3.47	139.48	-7.07
机械设备业	53.11	103.93	-5.56	-7.82	106.46	-11.22
汽车及其零件业	24.06	113.97	0.86	-2.16	109.20	1.22

资料来源：台湾"经济部"统计处：http：//www.moea.gov.tw/

　　展望未来，当前全球经济增长虽然迟缓，但趋向稳定，加上消费电子产品新机接连上市热销，带动半导体、面板等产业增产，再加上石化、钢铁产能企稳及去年同期比较基数较低，致使制造业年增长率连续第4个月正增长，且增幅逐月走高。2012年美国经济虽受财政悬崖阴影笼罩，但第3季经济增长优于预期，激励圣诞节的采购需求，加上中国大陆在元旦与春节前的强劲的购买需求，第4季生产将

表 13-4　台湾制造业生产量动向指数：受查厂商对 12 月营运状况看法

分类	动向指数 （家数）	增加	持平	减少	动向指数 （产值）	增加	持平	减少
制造业	43.6	10.9	65.4	23.7	47.6	5.6	84.0	10.4
电子零组件业	42.2	7.5	69.4	23.1	47.9	5.5	84.7	9.8
基本金属业	43.2	8.0	70.3	21.7	49.2	3.8	90.8	5.4
化学材料业	43.3	9.2	68.1	22.7	42.9	1.8	82.3	15.9
计算机、电子产品及 光学制品业	45.7	10.9	69.5	19.6	48.8	6.2	85.2	8.6
机械设备业	39.8	11.0	57.6	31.4	40.9	11.1	59.6	29.3
汽车及其零件业	44.2	14.6	59.2	26.2	47.9	8.0	79.8	12.2

　　说明：以产值计算的生产量动向指数系（预期下期增产的厂商产值比率＋预期下期生产持平的厂商产值比率×0.5）×100。

　　资料来源：台湾"经济部"统计处：http：//www.moea.gov.tw/。

填补上半年的减产空缺，预计全年制造业生产指数与上年水平相近。据调查，制造业者认为 2012 年 12 月生产量将较 11 月增加的厂商家数占 10.9%，持平者占65.4%，减少者占 23.7%，以家数计算的制造业生产量动向指数为 43.6，按产值计算的动向指数为 47.6，显示 12 月生产指数将较 11 月略为下降。

第二节　台湾重点产业发展历程与成功经验

1. 重点产业发展历程

（1）通讯电子产业

①20 世纪 50 至 70 年代——萌芽期

这一时期属台湾资讯电子产业的萌芽时期，厂商主要从技术水平较低的传统消费电子产品入手，多集中于零部件生产和成品组装，主要满足岛内需求；厂家数量有限且规模小，截至 1978 年不足 1000 家，65%—70% 厂商的资产都在 1000 万台币以下，4000 万台币以上的厂家只占 8% 左右。

②20 世纪 80 年代——快速增长期

台湾当局对资讯电子产业的扶持非常明显，先后建立了资讯科学工业园区（1978 年）和新竹科学工业园区（1980 年），并在 1981 年制订的《资讯工业部门发展计划（1980—1989）》中首度认定资讯工业为策略性工业，同时加强培养和招揽高级科技人才，促进岛内相关产业发展。在当局的大力支持下，资讯电子产业进入快速发展期，微电脑制造业、半导体产业、通讯产业等"全面开花"，产品产值和出口增长迅速。

然而，这一时期传统消费电子产品产值在 1987 年达到 1260 亿新台币后开始下降，家用电器业和照明设备业 20 世纪 80 年代后期均呈下降态势。资讯产品（不包括电脑业中的电脑零部件）在 1987—1991 年平均增长率为 25%，同期电信产品为6%，而消费电器为 -10%。另外，产品出口导向明显，资讯电子产品 80% 以上出口，主要出口美国和西欧；同时，产品代工（OEM）特征明显，自我设计和研发能力较弱。

③20 世纪 90 年代至今——发展成熟期

1990 年以后，台湾的资讯电子产业逐渐进入成熟期。首先，资讯电子产值持续上升，资讯产品、通讯设备、半导体和电子零部件的产值持续上升，资讯产品产值2000年升至顶峰，消费类电器继续衰落。其次，资讯、通讯和半导体的产量逐渐上升，在20世纪90年代末期达到顶峰。再次，出口持续增长，2000年到顶峰，其后呈下降态势。最后，产品技术含量逐步提升，如笔记本电脑取代台式电脑、液晶显示器替代传统平面显示器。资讯产品主要集中在个人电脑及周边设备，而半导体产品则集中在集成电路，通讯类产品集中在交换设备、传输设备和用户终端设备，产品呈现多元化，上、下游产品整合程度大幅提高。

这段时期台湾资讯电子产业特点比较鲜明：第一，资讯电子产业出现集群效应。第二，世界电子产品低价化趋势加剧，台湾中小资讯厂商发展困难，大型公司开始占据优势地位，岛内在1997年出现并购热潮，规模效应显现。第三，产品国际市场占有率逐渐扩大，1994年资讯硬件产品产值为146亿美元，居美、日、德之后，居世界第四位，1995年超过德国。1997年台湾资讯电子产品居于世界前三名的有：主板、监视器和芯片代工居第一，笔记本电脑、IC设计、封装和网卡居第二，台式电脑居第三。1999年，14项电脑产品产值居世界第一，笔记本电脑和台式电脑也跃居第一。第四，政策倾斜及新竹科学工业园成为产业发展的牵引力，产品力求向中上游过渡。第五，资讯电子产业到达顶峰，厂商开始外移，新兴工业化国家和地区是台湾资讯电子产业发展的新着力点。

专栏13-1　台湾资讯电子产业的主要竞争对手和核心产品情况

主要竞争对手

就目前而言，欧洲和美国的资讯电子业与台湾的竞争不多：欧洲主要侧重通讯电子产品制造，美国主要侧重于高技术产品的研发和制造，都处于产业链上游，台湾地区资讯电子业与其合作互补更多。但台湾厂商开始与日系厂商在某些领域存在竞争，如半导体生产。总体而言，台湾厂商主要竞争对手还是韩国和祖国大陆。

韩国主要在技术水平相对较高的领域与台湾竞争。韩国2003年成为世界最大的TFT-LCD显示屏生产国，占市场份额41.9%（台湾只占36.9%），成为继日本、美国和中国之后第四个电子出口大国。韩国厂商如三星、LG电子等规模大，资本雄厚，而且在产业链中所处位置与台湾位置相当，在半导体、移动电话与液晶显示器等方面已经对台湾厂商构成严峻挑战。

　　与韩国相比而言，祖国大陆主要在资讯电子产业链中下游产品与台湾竞争。虽然大陆资讯电子产业发展比较晚，但低廉的成本和广阔的市场吸引了世界诸多大厂的投资，迅速成为硬件产品的生产重镇，也是台湾厂商最主要的岛外生产基地。大陆资讯电子业全面兴起，不仅包括硬件制造，而且产品设计和研发也开始发展。总体而言，大陆与台湾只涉及较低层次竞争，互补性更强，岛内厂商必须加快"西移"和布局，形成合理的两岸产业分工，提升产业链位次和全球竞争力。

主要通讯产品

　　2009 年台湾通讯产业主要产品当中，行动电话（Mobile Phone）、卫星定位产品、Ethernet LAN Switch、WLAN、DSL CPE、Cable CPE 就占了总产值 85% 的比重。有关主要产品的产值见表 13 - 5。在前六大主力产品当中，2009 年初深受金融风暴影响，使得通讯产业整体表现不佳，所幸 2009 年第二季电信营运商开始回补订单，因此，和电信产品相关的 WLAN、Ethernet LAN Switch、DSL CPE 和 Cable CPE 于第二季已逐步回温，所以当年增长率衰退幅度较小。属于消费性产品的行动电话和卫星定位产品则于第三季才逐渐好转，无法补足前两季所造成的衰退，所以行动电话和卫星定位产品的年增长率为 −20%。

表 13 - 5　2009 年台湾通讯设备产业主力产品

单位：百万新台币

排名	产品	2009 年产值	2008 年产值	2009 年增长率
1	行动电话	226146	283423	− 20. 20%
2	卫星定位产品	14814	189402	− 21. 85
3	WLAN	59144	61452	− 3. 80%
4	Ethernet LAN Switch	47438	47664	− 0. 50%
5	DSL CPE	46681	53958	− 13. 50%
6	Cable CPE	41628	41178	1. 10%

资料来源：台湾工研院 IEK。

（2）石化产业

①台湾石化产业萌芽阶段

上世纪 50 年代是台湾石化工业萌芽阶段。由于 40 年代末期塑料制品逐渐流行，台湾当局又对塑料制品进口实行管制，岛内塑料加工业发展较快，尤其以 PVC 塑胶工业具有一定规模。1950 年成立美援工业的台塑，1953 年成立了华夏、国泰等三家 PVC 塑胶原料厂，打破了台塑的市场垄断局面。

②起步阶段和规模扩张

60 年代是台湾石化工业的起步阶段。由于台湾实行出口导向和进口替代战略，随着美国资本和技术的进入，台湾把石化工业作为了重要的发展对象，并积极发展石化中间原料工业，同时积极建设了岛内石油裂解厂。自 1968 年台湾"中油"公司第一套石脑油裂解装置建成后，70 年代又建立了几大裂解厂。80 年代后，台湾石化工业规模进一步扩张，台湾"中油"公司先后建成第一套二甲苯装置和第四套芳烃装置，1984 年建成了第四套石脑油裂解装置。岛内的自给率进一步提高。80 年代后，岛内开始建立石化工业园区，园区内的厂家数量增加较快。台湾石化工业的自给率逐步上升，整个石化工业达到了较高的规模，石化工业体系逐渐完整。由于市场需求规模的不断扩张，民间资本进入石化产业，岛内石化产业上游开始出现民营化。

③产业调整和成熟阶段

自 70 年代末期世界石油危机以来，台湾石化工业也逐渐开始调整。由于石化工业原料依赖进口，产品的附加值低，能耗高、污染重，民众对大力发展石化工业有争议。台湾当局开始改变工业发展重点，把能源密度低、污染少、技术密集度高的工业作为产业发展重点。为此，台湾确立新的石化工业发展计划，把高性能塑胶、特用化学品以及关键中间材料作为未来石化工业发展重点。并要求石化工业原料以内需为主，提高产品的附加值。这个阶段，美国和日本的资本开始淡出，民营石化产业发展也受到一定限制。

在这个阶段，"中油"公司企业规模进一步扩张，而民营资本大步进入石化上游领域，台塑的第六套 N01 和 N02 石脑油裂解装置分别于 1999 年、2000 年投产，打破了石化上游领域"中油"公司的垄断地位。2007 年台塑公司的第六套 N03 石脑油裂解装置建成投产，台塑的乙烯产能规模达到 293.5 万吨/年，成为亚洲最大的石化厂家之一。台湾地区的乙烯产能扩大到 401.5 万吨/年，形成庞大完整的石化工业体系，成为台湾经济发展的重要产业之一。

专栏13-2 台湾石化产业发展情况

目前，石化工业仍然是台湾经济发展的关键产业，同时也在海外市场具有一定的竞争力。根据2008年的统计数据，台湾石化产业2007年的产值为17131亿新台币，占2007年GDP的13.15%，仅次于机电电子产业。台湾"中油"和台塑石化是岛内两大石化巨头，它们在岛内5000家企业营业收入净额排名中，位居第二和第五名。

2008年台塑六轻（麦寮六轻工业区）四期建设项目完工后，台湾石化原料产量大幅提升。截至2008年10月底，乙烯产能达391万吨，乙烯的产能已达世界前八强，台湾乙烯的自给率达到98%。

台湾石化工业的主体为化学材料业，其余依次为石油及煤制品业、塑料制品业、化学制品业及橡胶制品业。其中，石油及煤制品业和化学材料业为台湾近年来快速增长的重要石化工业。合成纤维在石化产品中占有较大比重，合成纤维原料产值占石化中游产业产值的18%，合成纤维和纺织产品占石化下游工业产值的44%。

台湾石化产品有55%外销，其中75%以大陆为外销地点。因此大陆石化业的发展左右着台湾石化业的景气状况。由于大陆2009年底乙烯产能已经达到1224万吨，大陆石化产品进口量将逐渐减少，对台湾石化产品出口冲击较大。

台湾对大陆的出口依存度高。随着东盟自由贸易区的成立，东盟六国的双边关税已降至5%，2010年产品关税全面为零，2015年中国大陆与东盟各国将完全撤销产品关税，台湾石化产品将面临严重的外销危机。

从长远的产业布局考虑，台湾已决定开放台商到大陆投资设立轻油裂解厂，台湾石化业将得以在大陆建立上、中、下游完整产业链，以减少岛内石化制品出口大陆的关税障碍。台湾也放开了去东盟国家投资设厂，以开拓东盟市场，同时在岛内实行产业升级，防止台湾石化产业被边缘化。

在金融危机后发生后，由于出口减少，台湾石化业遭遇"瓶颈"，石化企业纷纷另谋出路。台湾石化工业开始向高附加值领域和多种经营延伸，进军生化、新能源、电子信息等高新技术领域。石化产业企业发展电子光电材料、特化品，打入高科技业供应链。也有多家企业，如台湾"中油"、台塑、台聚、李长荣及台苯等公司打算进入太阳能的上游原料多晶硅行业。

资料来源：台湾石油化学工业同业工会及台湾工研院。

（3）汽车产业

台湾汽车工业的发展可以划分为两个阶段。第一个阶段是 80 年代中期以前实行高保护阶段。这个阶段，台湾以保护幼稚工业为目的，实施进口替代和出口导向战略。这个阶段汽车工业研发和竞争能力弱小。第二个阶段是 80 年代中期以后开放阶段。80 年代中期台湾实行对外开放的政策，1985 年开始实施《六年汽车工业发展方案》，大幅度降低汽车进口关税，放宽整车装配厂的设立标准，为汽车企业的竞争创造宽松的条件。当局积极引导汽车工业参与全球汽车产业分工，引导福特六和、"中华"、国瑞、裕隆、三阳等五家厂商扩大规模，减少车种，降低开发成本。并鼓励汽车零部件进入美、日等国市场。尽管台湾汽车竞争力有所提升，但总体而言汽车产业的国际竞争力仍然较弱。

台湾重视电动汽车的发展。台湾"行政院"出台鼓励电动汽车发展的政策，并决定实行阶段性推广。第一阶段，从 2010 年起到 2013 年，选定 10 个区，每区 300 辆，共 3000 辆汽车实行示范运营，主要用于邮局邮务车、公务车等公共服务性质车辆。当局对示范运营车辆实行补贴。第二阶段，从 2014 年起全面推广使用电动汽车，并对购买电动车的消费者实行现金或者利息补贴，现金补贴额度约在20—30万元之间。

台湾岛内诸多汽车厂商受到政策引导，积极推出电动汽车。例如和泰汽车、丰田和凌志等都推出自己的电动汽车，裕隆集团旗下华创车电，与东元电机、金富田、致茂、台湾能源及美国 ACP 携手合作，已完成 PLUG – IN（插电式）电动车及锂电池电动车的电控系统、马达及电池等关键零件模块。目前电动车辆整车发展上已进入商业化量产阶段。

受政策推动，电动汽车行业发展迅速。预计至 2015 年，电动汽车产业产值可达 1200 亿元，其中 900 亿元为整车产值，300 亿元为马达、电池等零组件产值。电动汽车零部件发展已经具有一定品牌效应，美国 TEXLA 电动车及 BMW 生产 MINI – E 电动车，均采购台湾生产的电池、马达及电源控制模块等零组件。

（4）机械产业

台湾机械工业在 1945 年前就已经开始出现。当时主要是日本出于战备考虑，认为台湾必须具备相对独立的军事能力，开始在台湾发展机械器具、船舶车辆、金属制品制造与金属冶炼等机械项目，使得机械工业开始在台湾出现。在 1945 年后，由于台湾当局实行四年经济计划，台湾民众收入提高，家用电器与机动车辆等耐用性消费品需求增加，岛内看到这些行业有利可图，开始利用进口零组件拼装，为台湾机械业开创了一条新的出路。

自 1961 年起，台湾决定实行进口替代，将机械工业列为重点发展行业，机械工业从仿制外国机器中奠定了良好基础，缝纫机、自行车、织布机、针织机、染整机、塑料加工机、造纸机等均得到较快发展，并积极开拓岛外市场。

从 80 年代开始，台湾开始推动实施自动化，并选择机械、电机、电子与塑料加工等四行业作为推动自动化工业的重点领域，机械工业在整机与关键零组件研发上均有突破性发展。机械工业也被定位成战略性工业。

90 年代以来，台湾的机械工业已经具有一定竞争力。为面对经济全球化发展，台湾成立推动"亚太制造中心"，并于 1996 年配合成立"精密机械工业推动小组"，推动精密机床、半导体制造设备、高科技污染防治设备、医疗保健仪器设备及关键机械零组件等高性能器械研发，形成了岛内机械工业的合理布局。从整个机械工业分布上来看，台湾北部地区以模具、纺织机械为主，中部地区为机床、机械零部件、木工机械等产业大本营，南部地区则全力发展塑料橡胶机械、农业机械与皮革与制鞋机械等。经过近 30 年的发展，台湾机械产业已经具有很强的国际竞争力，台湾机械制造业产值排名世界第十。在模具、电子生产设备、塑胶机械、木工机械、切削机床、成型机床等领域具有世界级水准。2008 年机械产值达到 9100 亿元，工具机、橡塑料机等都进入全球前五名范围内，木工机排名更居世界第三。台湾机械产品已在国际市场上占有举足较重的地位，机械工业已成为促进台湾地区经济发展的支柱性产业。

近年来，由于基础工业不够强大及市场扩充存在严重瓶颈，台湾机械工业发展受到极大制约。随着大陆和台湾的经济合作增多，台湾机械工业开始向福建迁移。整体搬迁的台湾机械企业总数将超过 120 家。此次搬迁完成后，台湾机械工业的核心部分将基本流向大陆。

尽管台湾机械工业发展已经取得了很大成绩，但是台湾机械工业发展本身存在不平衡。主要表现为关键零部件的稳定性、加工精确度、使用寿命、生产效率、系统整合能力、振动噪音及安全性设计等方面亟待加强，远落后日本、美国与德国等机械制造大国。台湾的机械工业虽然在零部件供应及产业配套体系上相当完整，但是所需的关键零部件仍需大量依赖进口，导致其竞争力相对不高，亟须通过增加研发投入，提升关键机械行业的技术竞争力。

目前，台湾积极推动机械工业发展。台湾"经济部"通过加强机械业的研发投入，整合当前主流产业——平板显示器产业与机械设备业搭配发展，以及大力培育机械业所需技术研发人才，试图开创机械业发展的新局面。当局用于机械业界科学专项、主导性新产品及中小企业等辅导经费，总计约 20 亿元，希望通过增加机械业研发能量，借以提升产品附加价值，也希望通过提升产品精度和品级，满足全球 3G 产业与塑料制品的质量要求。

为了提高岛内精密机械产业精度，以进一步提升下一阶段的全球竞争力，工研院机械所投入全球最高整合性的运动控制芯片的研发，内建有 CPU 可实现 32 轴全数字同动、1024 点 IO 控制、奈米级解析命令与微米级轨迹精度，具备高性能实时性的运动控制能力，可应用到新兴机器人、五轴加工机、高端光学加工机、线切割放电机、油电复合机、PCB 钻孔机等高值工具机与产业机械领域，创造出每年逾 400 亿元的产值。在高值工具机的应用方面，机械所还建立整合性多轴精密控制平台，抢回控制桌面及相关软件值的主导权，帮助岛内五轴工具机销售量由 100 台提升至 1000 台，每年新增 60 亿元的产值。

（5）纺织工业

台湾纺织业产业体系完整，具有包括人纤制造、纺纱、织布、染整、成衣及服饰品等完整的生产体系。台湾纺织业自 1945 年开始建立，经历了复兴期、出口扩张期、增长期和成熟转型等几个阶段。在 60 年代以前，台湾的纺织业以棉纺织为主。在 60 年代至 70 年代初，由于岛内开始实行进口替代政策，鼓励进口机器设备原料增加生产，台湾开始发展人造纤维业。在 70 年代至 90 年代初，台湾的纺织业以发展成衣为主。90 年代之后，虽然仍以衣着纺织品作为发展重点，但是由于面临东南亚国家与中国大陆低成本竞争，台湾在一般纺织品和成衣服饰等劳动密集型产业的优势逐渐丧失，台湾纺织业进入转型升级期，产业开始转向人造纤维纺织和高科技纺织业，不断提升纺织产品的附加值，通过产品差异化来参与全球市场竞争。并积极发展产业用纤维，这已经成为纺织业转型升级的具体方向。

通过增加研发新产品、更新生产设备，台湾纺织品已成为世界纺织品消费市场主要供应来源之一，从而在国际市场上占据了一席之地。

未来台湾纺织产业将继续沿着科技创新、产业升级的方向努力。在不断完善产业链，以上游生产优势带动下游产品研发的同时，将朝着通过强化品牌效应，实行绿色生产，开发绿色环保和功能性纺织产品的方向发展。

近年来，由于全球消费不景气和人们对环保节能的关注，台湾纺织业开始关注绿色生产。以织布大厂"和友"为例，该厂是岛内少数拥有中游织造及下游染整的大厂，近年来非常重视绿色生产，致力于发展宝特瓶回收纱，研发特殊功能的 PET 布。在生产过程中，注重建构安全制造环境，降低有害物质浓度，节省资源，使生产出的纺织品符合生态标准。通过该厂的带动作用，具有上下游关系的纺纱、人造纤维、染整及染机设备等 10 家企业进行绿色生产，每年减少二氧化碳排放量 18000 公吨，原物料、能源、废弃物处理等成本减少 1000 万元。

除对环保议题的关注外，台湾纺织厂商更专注于研发及产品多样化的发展。在 2009 年 10 月举办的纺织科技国际论坛暨研发成果展及台北纺织展中，台湾纺织厂商以"创新与整合"为主轴，使产品朝向高附加价值与产业用纺织品发展，通过技术和产品创新，提升产业核心竞争力，促进产业转型，为产业创造新的发展契机。例如，福懋兴业推出了"蓝色标志"的冷黑科技及单一或复合机能的超轻量布料、具有"视觉工艺"的聚酯纤维。还有些厂家推出了碳纤维、亲水基 TPEE 薄膜、环保纱、功能性薄膜等新产品。

2. 台湾产业发展的成功经验总结

（1）台湾产业发展中相关政策的推动作用

从台湾过去数十年来的产业结构演化和优势产业形成轨迹，可以看出台湾当局正确而适时的产业政策在其中起着积极且关键的作用。

台湾产业发展的主轴，从上世纪 40 年代的农业、50—60 年代的轻工业、70 年代的重化工业到八九十年代以后的高科技工业以及服务业，产业政策从保护、奖励到以市场竞争为主，产业政策的重点也从生产转为研发、创新以及全球市场布局。台湾产业政策演变的一个明显特点是当局干预与市场机制相结合，并在不同时期各有侧重，从而使当局对产业升级的宏观调控作用发挥得较好。综观台湾各个时期不同的产业政策措施，可以认为台湾的产业政策主要围绕两个方面展开：一是营造良好的产业发展环境，如扩大教育与培训、制定法律法规、提供金融租税优惠、加强基础设施建设等；二是扶持企业和推动产业升级，如引进技术、协助研发、规划工业园区、辅导中小企业、推广资讯体系等。下面，就台湾有特色的、成功的产业政策作一介绍。

①人力资源政策

产业技术水准和人力资源有着密不可分的关系。台湾在很早就意识到这一点，因此一直以来就非常重视人力资源的开发与利用，从基础教育、职业培训、专业人才培育到人才延揽、奖励均有着一系列的政策措施，具体见表13－6。

表13－6　台湾人力资源政策措施一览

类别	政策目的	具体措施	成果
基本教育	提高教育普及率和教育水平	实施九年义务教育，提高全民素质，通过法律规定教育经费比例，保证教育投入鼓励私人办学，实施公私并举的办学方针，增加教育资源推动学教合作和国际交流，提高教育水平，建立留学制度，进行海外人才储备	义务教育入学100%，教育经费占GNP的比重1995年达6.75%。2004年，全岛有大学校院145所、专科14所，高等教育学生占总人口比率5.42%。到1993年，在美国培养的台湾留学生在8万名以上
专业人才培训	满足新兴产业、重点产业、跨领域的人才需求	建立重点产业学院（如半导体、IC设计和数位内容学院），增设新兴产业、重点产业和综合领域的专业科系，提高大学相关专业的招生名额和师资人员配备	如半导体学院，2003年举办研讨会和技术训练课程4班，培训在职工城市1650人次，举办中长期养成课程9班，培训225人次
职业培训	提升在职员工的工作能力和水平，提高毕业生和传统产业人员接受新任务的能力	当局补贴、厂商配合、结合生产力中心、研究机构、学术单位、行业协会力量、多种渠道开展职前培训、在职培训、专业训练选派人员赴海外学习进修	仅2001年，当局补贴约新台币2.3亿元，厂家出资2.04亿新台币，开班1305次，共培育33397人
人才延揽	延揽在海外工作的留学生回台，以及拥有专业技术的非台湾籍人士来台	建立海外人才供需动态资料库，运用海外科技团体及人力中介公司，招揽海外人才，结合创投相关资源，吸引海外人才来台创业	大批留学生回台创业或工作，带回宝贵的经验，如前任台湾中研院院长吴大博士、现任院长李远哲博士等为台湾科技产业作出不小贡献
人才奖励	鼓励研发，激发潜能	制定相关科技领域的研发奖励办法以及专题研究补助	使科技研究与人才培育在合作、良性竞争与学习中快速茁壮成长

资料来源：台湾"经济部"。

台湾的人力资源政策措施不仅涉及面广，而且相关人力资源政策是根据产业发展的需求而不断调整。例如，在发展劳动力密集型产业之初，普及全民基础教育；在产业技术水平上升一个台阶时，大力发展技术职业教育；在高科技产业为主时，重视高等教育，并且积极培育产业发展急需的人才。

完整的教育和培训体系，使得台湾人民的整体素质和从业能力得到大幅提高，再加上配套的人才引进和奖励制度，从而使台湾产业发展拥有了充足且高品质的人力资源。

②创新研发政策

台湾产业技术创新升级主要依靠产、官、学、研四方面的共同参与、互动合作来进行。台湾当局在推动创新研发方面做了以下几个方面的工作：

第一，制定完整法令。从 1999 年 1 月 20 日 "科学技术基本法" 公布实行后，陆续通过 "科学技术研究发展归属与运用方法"、"经济部科学技术委托发展计划成果归属与运用方法"，鼓励通过大学及研究机构广设技术移转单位，明确研究成果的归属以及相关的激励措施，鼓励合作研发。其法令已逐渐赶上欧美等先进国家。

第二，提供财税支持。一是补助，包括开发新技术新产品的补助、提升品质及强化成本优势的补助、产学合作补助。二是融资，由 "行政院" 开发基金提拨专款，代替承贷银行自有资金，办理各项专案低利贷款。三是风险性资金，即制定法律，成立创业投资公司，参与投资高研发风险的计划。四是税收减免，包括投资抵减、加速折旧、个人创作发明的奖励、海外投资、侨外投资、保留盈余、股票股利缓课、资产重估免税等。

第三，增加科技研发投资。当局不断加大研发投入，同时鼓励民间投入研发。台湾的研发经费占 GDP 的比值由 1978 年的 0.66% 增加到 2011 年的 3.02%，接近工业发达国家目前的水平。①

第四，设立专门机构，主导和推动创新研发活动。这些机构包括 "行政院国家科学委员会"、技术移转中心、科学工业园区、工业研究院、创新育成中心、产业智库等，其中影响力和成效最大的是工研院。工研院是在台湾 "经济部" 指导下成立的，主要从事应用研究的研发，包括发展前瞻性技术、研究成果推广、辅导中小

① 参见 "台湾科技研发经费比率 要追上日韩"，http：//www.fjsen.com/b/2012 - 12/18/content_10130066.htm。

企业和传统产业升级、提高台湾的整体竞争力等，是台湾进行创新活动和服务的重要机构。工研院成立 30 年来，为台湾孕育了 105 家集中在竹科的创新企业，先后有 1.6 万多人转投官产学研各界，缔造了 50 多位 CEO 级人物。① 最有说服力的例子是：在台湾半导体产业发展之初，工研院电子所率先引进技术，培训人才，设立示范工厂，在技术成熟后进一步成立包括联电、台积电等衍生公司，成功地将技术移转到民间，对台湾电子资讯产业的增长起到了极大的示范和推动作用。

通过上述一系列政策措施，岛内形成了良好的创新环境与创新氛围，在自主创新与研发方面有了较大的进展，2012 年台湾每千名就业人口中的研究人员数为 10.6 人，2010 年在美国申请专利数为 8238 件。② 同时，在知识创造与产业升级中，官产学研的每个参与方都扮演着不同的角色，通过绵密高效的合作机制，创造出整体产业和经济发展的活力，不断在世界产业舞台上创造佳绩。

③产业集群政策

一国或一地区的优势产业往往表现为优势产业群，而产业政策对促进产业集群起着重要作用。台湾的产业集群政策主要体现为推动各类园区的设立以及协助中卫体系的建立。

Ⅰ. 园区介绍

台湾当局在较早时期就开始各类园区的建设，包括加工出口区、工业区和科学工业园等。这些园区的成立为台湾产业集群发展起到了较大的推动和促进作用。其中又以高雄加工出口区和新竹科学工业园的成效最为显著。

60 年代，台湾当局为拓展对外贸易，于 1966 年设立高雄加工出口区，这也是亚太地区第一个加工出口区。区内企业专做外销，凡用于制造出口的机器、原料等一律不征收关税，免除各项退税及其他繁琐手续，而各机关集中加工区办公，方便而有效率，这样一来，吸引了大批厂商包括外商的入驻。高雄加工出口区的设立，不仅扩大了出口，而且对吸收外资、创造就业及引进新技术也有很大贡献。

进入 80 年代后，台湾当局有感于不断创新才能维持发展，于 1980 年设立新竹科学工业园。其特色为：一是地理位置优越，基础设施完备，环境优美；二是拥有相对独立的行政管理体制；三是学术、研究机构林立；四是申请入园企业要遵守核

---

① 参见"台湾产业转型经验的启示"，http：//epaper. oeeee. com/F/html/2009 - 01/18/content _ 688684. htm。

② 参见投资台湾入口网：http：//investtaiwan. org/。

准验放制度；五是被批准入园的企业可以享受优惠政策。在这些条件的吸引下，越来越多的高科技企业向该园区集中。新竹科学园区已成为世界高科技园区的典范之一。

专栏 13-3　台湾新竹科技工业园发展概况

　　成立于 1980 年 12 月 15 日的台湾新竹科学工业园占地面积 632 公顷，跨越新竹县、市两个行政区，位于台湾西北部的新竹境内。新竹科学工业园以促进台湾产业升级为目标，以创建优良的投资环境吸引高科技人才和投资为宗旨，成功地将台湾发展成为全球信息产业第三、半导体第四的地区。如今新竹科学工业园经过 30 多年的发展，已成为世界高技术产业园区的技术引进再吸收模式的成功案例，被视为 20 世纪信息技术时代的一个奇迹。

　　新竹科学园区成功推动了台湾的高技术产业转型，培育了一大批在国际高科技产业领域颇负盛名的台湾公司，使台湾在当今世界的高科技产业中占有一席之地，被认为是亚洲三个主要科学园区到目前为止最为成功的一个。美国 Site Selection 杂志评选新竹科学工业园区为 2007 年全球十大发展园区中的第一名。

　　面积只有 605 公顷的新竹科学工业园区内有 438 家厂商，主要产业类别包括半导体、电脑、通信、光电、精密机械与生物技术；累计营业额为新台币 11428 亿元，约占台湾产业总产值的 1/10，园区内许多如笔记本电脑、网卡、扫描仪、集线器等产品生产量位居世界第一，晶圆代工占世界第一，IC 设计位居全球第二，许多产品的生产都占到了台湾全部产量的 100%。还应运而生了一大批名牌企业，诸如台积电、宏碁电脑、华邦电子、旺宏电子、国联光电等，不仅成为台湾高技术产业的中心地带和台湾经济发展的重要支柱，还被誉为是同硅谷并列的信息技术时代的工业化中创造奇迹的地方，是世界高技术产业发展的重要基石之一。

　　为了创新资源能够在产业链的各个环节中发挥作用，使得创新网络能够顺利形成，园区管理部门在实现园区产值和国际竞争力提升的同时，注重具有发展前景产业的垂直一体化，注重主导产业的选择与建园方针匹配。科学化、学院化、国际化的建园方针是台湾新竹科学工业园在创建之初就确定的，并确定园区重点研发集成电路产业、计算机及周边产业、通信产业、光电产业、精密仪器机械产业、生物技术产业等六大高技术产业。

新竹科学工业园区内的集成电路产业是园区内的第一大产业，占园区生产总值的40%以上，最初成立时由工业技术研究院电子所进行技术研发，其后由园区提供完善的设备环境，以此在集成电路产业发展的同时，带动上下游相关产业如 IC 设计、IC 制造（晶圆代工）、IC 材料、Sip 封装发展，从而形成了完整的专业化分工模式。

计算机及周边产业主要包括微电脑系统、储存设备、输入设备、网络设备、特殊软体以及关键性机电及其组件。目前，园区内已不生产低端、低附加值的产品，只保留高端产品以及研发、设计和行销等。

通信产业包括四个产业：无线通信设备、用户终端设备、局用交换设备和局端传输设备。主要产品为：电话机、数据机、交换机、微波组件等电信系统设备，通信系统与半导体相关组件，光纤系统与相关组件以及卫星通信系统。

光电产业包括光电材料组件系统、太阳能电池、平面显示器、光学组件系统及光电电池等。目前园区内的光电产业已脱离了为岛外大企业纯粹代工的模式，转变为共同开发技术为主，并以此建立自有关键技术再图谋发展。

精密机械产业主要包括：自动化系统、精密仪器设备、精密组件、半导体与 LCD 设备。园区内的精密产业多数通过与岛外技术合作等方式来进行生产。

生物技术产业是园区内规模最小的产业，其领域包括：检验药剂、疫苗制药、医疗器材及农业应用等方面。生物技术产业正利用电子产业的既有优势，向生物电子产业方向发展。

资料来源：朱邦耀：《台湾新竹工业园的技术创新措施及对重庆高新区发展的启示》，《重庆交通大学学报：社会科学版》，2008 年 1 期。

专栏 13－4　台湾新竹科技工业园服务体系

新竹工业园按照台湾当局的指示将大学、研究所和私人高技术公司组成"三角合作"，不同于硅谷的"三角合作"，新竹园区走出了具有自己特色的高技术产业园区发展道路，也就是"引进—消化—出口"型的高技术出口导向型发展道路。这种高技术产业园区模式是将台湾当局的计划性与市场相结合，同时确定高技术产品的出口战略以及园区的创新机制。台湾当局听取某些经济学家的意见，以优惠的政策和完善的园区服务体系吸引移居美国的台湾籍工程师，大大增加了园区的技术人才储备。

（1）中介机构

台湾新竹科学工业园区的发展离不开园区内众多的中介机构的帮助，它们是园区创新网络体系中重要的环节，代表了园区企业的利益，同时也是沟通企业与行政主管部门之间的纽带。园区的中介组织为企业与企业、企业与行政主管部门间的协调作出了许多的努力，如加速企业学习及技术升级方面，电子制造商协会为园区 IC 产业和半导体产业等企业作了许多专业性的服务；产品销售方面，贸易协会、产品发展协会为企业开拓岛外市场、提升企业竞争力作出巨大的努力；园区企业良性发展方面，科学同业公会积极为园区企业员工争取公共福利等事务，也是协调企业间、企业与行政主管部门的重要中介组织。台湾新竹科学工业园中介组织为园区企业提供了完善的园区服务，让企业可以毫无后顾之忧地发展，也让新竹科学工业园在世界高技术产业园区占据重要的地位。

（2）法律法规政策

台湾当局为了促进高技术产业园区的快速发展制定了一系列对高技术产业适用的法律法规政策，其中 1979 年颁布的《科学工业园区设置管理条例》作为园区管理的基本条例，对诸如投资商的权利义务、园区的优惠政策、行政管理等诸多方面作出了翔实而又严格的规定，明确了园区的各项政策，有效地推进了新竹科学工业园的快速发展。1988 年又修订了条例内不适应高技术产业园区发展的部分，及时地调整了政策，目前使用的是 2004 年再次修订的版本。随后分别颁布了《科学工业园区外汇管理办法》、《科学工业园区贸易管理办法》和《科学工业园区事业派员出国办法》。而为了吸引和规范风险投资，台湾当局在1983 年颁布了《风险资本条例》和《创业投资事业管理规划》，对高技术产业的投资亏损实施政策补贴，以及鼓励风险投资进入高技术产业园。并且在 1985年和 1990 年分别从"开发基金"中投入 8 亿和 16 亿元新台币作为种子基金以鼓励私人风险资本发展。为了鼓励园区创新，台湾当局还设立了"科技园区创新技术研究发展计划奖"以及"研究开发关键零组件及产品计划奖"用于奖励企业每年的创新成果，刺激园区企业加大研发经费投入和产品创新。

新竹科学工业园区的政策主要包括税收政策和科技人才政策两方面。税收政策方面，园区推行对进口设备、燃料、原材料、半成品等免征货物税及进口税捐，对出口产品免征货物税及营业税等进出口税收优惠政策。同时还规定企业销售技术产品5年之内免收营利事业所得税，企业扩大规模的新增设备，按新增设备15%的成本抵减当年度的营业盈利所得税，但营利所得税及附加捐总额不得超过全年课税的22%，还对园区管理局认定的对台湾科技有特殊贡献的企业，减免5年的土地租金。科技人才政策方面，园区允许科技人员以最高作价占总投资额15%的高比例专利权和专利技术作为股份进行投资，而且要求入区企业对台湾本地科技人员的雇佣比例必须达到一半，否则撤销当年对企业免征营利事业税这一优惠政策，有效地培养了本地科技人员的科研能力。

（3）园区规划

园区分为五大区，铜锣园区发展高科技国防工业，龙潭园区以光电产业为主，宜兰园区为通信服务业园区，竹北生医园区是台湾首座结合大学、医院、医研中心、研发型生物医学产业的生技聚落，进行癌症等研究开发。园区内企业之间、企业与科研机构之间以及其他协调组织形成区域集群网络，从而使园区企业不断从企业外部获取优势资源，得到核心竞争力的发展。企业要经过严格审查，符合条件的才能在工业园区落户。其主要条件是：a. 低污染；b. 科技程度高；c. 能源密度低；d. 附加值高。并且明确规定园区的土地不卖，设施建设也要有关部门的批准。进入工业园区的企业，有的是利用管理局建的厂房，也有的租土地自建厂房。由于严格准入制度，绝大多数企业是成功的。如果进入工业园区企业的管理费按营业额交纳不尽合理，可改为按企业的职工人数和占地面积来收取。工业园区之所以能控制企业进入，关键在于园区管理局集中管理，凡是园区内所有企业的设立、吸引外资、产品检验、进出口查验、护照签发、核准外籍和侨居外国人员的聘雇、核发减免捐税证明、核发工商登记执照、厂房或住房兴建及租售等，均由管理局统一管辖。凡海关、税务、邮电、金融、警察、土地及水电等公用事业在园区内设立的分支机构，都要接受管理局的指导和监督。

（4）人文环境（区域创新）

新竹工业园区在创立之初就制定了一系列的政策来吸引海外留学生和华人科学家进入园区创业，大量的海外华人为新竹带来了新技术、新思想，极大地夯实了新竹的人才基础，帮助新竹科学工业园快速发展，成为20世纪高技术产业园的一个奇迹。大量的海外人才的回归为新竹和硅谷的网络联系起到了决定性的作用，他们与台湾本地人才造就了新竹科学工业园区不断创新勇于冒险的创新文化，形成了独特的区域创新网络体系。受美国教育的海外工程师团体，以其丰富的经营和创新理念成为联系新竹和硅谷的桥梁，园区内许多企业在海外的分支机构通过许可证交易、战略联盟、合作投资等方式进入了全球高技术产业共同体，形成了全球战略联盟网络。在这个网络中，硅谷拥有众多的以产品的设计和创新为理念的企业家，新竹拥有众多的将科技产品商业化、产业化的经理人，两个园区之中不同的园区定位形成了良好的国际合作网络。而由于这些海外科学家与硅谷之间密切的个人和专业联系，促使知识、技能、技术信息以及资本在硅谷和新竹之间双向流动，同时两个区域之间不同而又相互联系的专业化分工让"硅谷—新竹"形成了在硅谷进行产品的研发设计，而在新竹进行规模化生产的国际模式。而新竹又能够在与发达国家高技术企业的合作中更新经营，创新理念，消化吸收引进技术，提高园区企业的国际竞争力。

（5）其他

台湾当局在新竹科学工业园建设初期就将行政管理部门定位为公平、公正的市场引导者和秩序维护者，并先后投入180亿新台币用于建设园区软件、硬件和研究基地。在新竹科学工业园建设过程当中，当局吸收美国、日本、韩国的经验，逐步建立行政管理部门主导下的官民学相结合的推动模式，行政管理部门负责规划、领导、协调和调配技术、人才、市场以及生产、财政等方面，促使高技术企业与大学、科研机构建立"学企合作"的新型合作开发机制。以科学化、学院化、国际化的建园方针建设新竹科学工业园，并颁布《科学工业园区设置管理条例》规范各行为主体在园区中的权利义务，将当时落后的农业生产区域转变为新型的高技术产业园区，使新竹科学工业园成为台湾产业结构转型的典范。为了激励园区企业加大研发经费的投入和产品的创新，当局设置了大量科技基金和科技奖项来奖励园区内的创新企业，每年当局投入到创新技术研发计划的资金占到了计划总金额的 20% 以上，2003 年新竹科学工业园区企业投入至创新产品中的研发经费占到了企业销售收入的 6.9%，总计 589 亿新台币（约 17.5 亿美元）。

资料来源：张嘉棠：《台湾新竹科学工业园区》，《科学对社会的影响》，1995 年第 4 期。

Ⅱ. 中卫体系介绍

台湾当局有鉴于岛内企业大多为中小企业，缺乏产销合作与对外竞争的能力，于是在岛内推行中心卫星工厂制度（简称中卫体系），希望由此结合大企业（中心企业）与中小企业（卫星工厂）间的力量，通过专业分工达成各自的规模经济，提高整个体系的生产力，增强整体对外竞争力。台湾当局于 1984 年成立中卫制度推动小组，又于 1990 年成立财团法人中卫发展中心，其宗旨就是协助企业界建立中卫制度。中卫发展中心对产业最大的帮助是整体辅导资源的结合，除了中心本身庞大的专业人才与技术外，来自当局、业界、学术界，甚至国际方面的力量，都向中心汇聚，为产业界服务。台湾地区的中卫体系在早期推动时，只有汽车、机车、自行车、机械、电机、家电等几类产业的龙头企业登录了 14 个体系，近年来，中卫体系已成功登录 25 个以上的产业，影响层面已普及到汽车、计算机信息、电子、航天、民生用品等产业。中卫体系经历了 20 多年的推广与建立，证实产业或企业建立这种协同合作制度将更具效益与弹性、更能抵抗金融危机等风险。台湾地区通过推行中卫体系，使得一部分中小企业联合为大企业进行生产和服务而得以生存和发展，在一定程度上遏制了中小企业出走或破产倒闭的情况发生，促进了企业经济实力和经济竞争力的增强。[1]

正如许多经济学家所言：人力资源、知识资源是产业发展的关键，产业集群是竞争力的核心，强大的中小企业是产业的基石。台湾正是由于重视了这些关键和核心因素的发展，才使得台湾的产业具备如今的竞争优势。

（2）台湾产业发展中民间力量的作用

台湾 50 多年来创造令人称羡的经济与产业发展成就，除当局的发展策略得当

---

[1] 参见梁茹等：《台湾中卫体系的发展经验及对广东省专业镇转型升级的启示》，《科技管理研究》，2012 年第 16 期，第 139 页。

外，真正创造奇迹的，是广大的民间企业，同时那些协助企业发展的各个产业组织也作出了不少贡献。

①企业界的力量

台湾企业曾经创造了加工出口的奇迹，也曾获得了许许多多制成品"王国"的称号，从全世界最大的圣诞灯生产者，到最大的脚踏车生产者，最大的信息工业商品制造者，目前也还有若干项目（至少主机板和笔记型计算机）是世界第一。台湾企业能够不断顺应产业环境的快速变迁，得以绵延发展，探究其原因大致有以下几个方面：

第一，大小并存的经营业态。在台湾，大型企业与中小型企业并存，以大企业为龙头与骨架，它主导着经济发展的方向；中小企业为基础与主体，它既是大企业零部件的供应商，也是大企业产品的消费者、客户。从而形成大中小企业之间相互补充与合作的关系。通常大型企业较注重"以量取胜"的规模发展，对于市场变动所造成的经济冲击，反应不及中小型企业，而台湾的中小企业组成的"蚂蚁雄兵"是带动台湾外销、促进经济增长的主要力量。在1998年亚洲金融风暴中，台湾的这种业态结构使得其危机承受能力和恢复能力都优于韩国。

第二，开放创新的经营理念。因为台湾岛内市场空间有限，企业要发展，就必须到国际市场上寻求出路。在这种压力下，台湾的企业不断学习新知识、新理念，自觉接受国际标准的管束，主动接触国际客户，积极参与国际市场经营和产业分工。在长期的经验累积下，台湾企业建立了广泛的国际行销网络，对国际商情有着快速反应能力和机制。在台湾，企业的外销比例均较高，有的甚至达100%，并且许多企业成为了跨国巨头的长期战略合作伙伴。台湾企业不仅理念开放，而且讲求创新，这种创新意识体现在设计、生产、工艺的方方面面，国际代工就是台湾企业对世界制造分工模式的创新。企业一方面在引进技术后注重消化吸收与改进；另一方面在研究发展自有技术，许多代工企业已从最初的OEM走向ODM，甚至OBM。通过科技沉淀，台湾已从当年的世界"加工厂"，跃升为"创意工厂"。

第三，专精灵活的经营方式。"专"指企业间分工细致，台湾的每家企业往往只从事产业链上的一个环节或层次；"精"指台湾企业都向国际先进水平看齐，致力于做到行业中最好；"活"指台湾企业应对外在环境变化时能灵活应对，富有弹性。同时，台湾企业善于发现和开拓发达国家跨国公司不屑一顾的市场缝隙，并且愿意根据顾客需要提供个性化产品，因此其产品具有相当高的专业性和独特性，不易被竞争者取代。由于台湾以中小企业为主体，使得它们更接近市场和用户，而且由于其决策程序简捷、调度灵活，因此形成了机动灵活、市场适应性较强等经营特点和优势。

第四，联合协作的经营策略。台湾企业善于整合各种资源，特别重视产业网络关系，通过各种纵横交错的产业网络，企业可以降低成本，分散风险，有效取得关键资源和提高竞争地位。目前产业网络的形式主要有中卫体系和策略联盟。中卫体系前面已介绍过，通过这个体系，中心工厂能够获得高品质、低成本的产品，提高本身竞争力；卫星工厂能够通过稳定的采购关系，达到简单化、专业化、标准化的科学管理目标，获得真正的规模经济。策略联盟主要是指企业根据自己的发展策略，与其他企业形成结盟或者固定协作关系，企业之间因此而资源共享，增强对外谈判的实力，提升竞争力。台湾的产业网络使得大中小企业之间形成了高效联合协作关系，取长补短，携手共进，从而增强了整体产业的国际竞争力。

第五，严格精细的经营管理。台湾企业熟悉国际市场，善于最大限度地利用比较优势，创造企业经营所需要的最低成本、最高品质、最可靠交货期等关键制胜要素。台湾企业为使产品在国际市场上具有竞争力，将成本控制贯穿于整个产业流程，并通过垂直整合，对成本进行严格、细致的控制。并通过购买定制 SAP、ORACLE 等国际知名管理厂商产品，建立应用企业 ERP、CRM、SCM、LOGISTIC 等管理系统，实现电子管理与电子商务，取得显著的竞争力优势。台湾企业的成本控制能力和精细管理模式深得世界产业界的认可。

第六，专业高效的经营团队。在长期的自由经济的熏陶下，台湾形成了浓厚的创业敬业的氛围。台湾企业领导人具有冒险进取、不服输、向外拓展的创业家精神以及"把大生意当做小生意来做、把小生意当做大生意来做"的精明。尤其是高科技产业的领导人，还都是具有高学历及前瞻性眼光的科技专才。其中许多人在海外学习或工作过，他们不仅自己回来创业，而且还带回来了海外先进的技术、理念以及人脉关系。台湾企业员工的职业素养都较好，他们不仅有专业知识和技能，而且有敬业的态度。这样一大批具有创新精神、战略眼光、胆识魄力的杰出企业家和敬业的员工形成了一个专业、高效、协作的团队，有了这支团队，台湾企业才能走向国际，并且保持增长与竞争力。

②产业组织协会和商会的作用

在台湾产业发展中，还必须提到的是与产业相关的社会团体，它们组织完备，管理幅度广阔，在协助企业发展、促进产业升级方面发挥了较好的作用。

台湾有"业必归会，一业一会"的规定，因此行业组织的覆盖面广，几乎囊括了各个企业。除了法令规定之外，还有许多按"自愿原则"、为着共同利益而聚集在一起的产业团体。目前台湾最有影响力的六大工商团体分别是：工业总会、商业总会、工商协进会、工商建研会、青商会。此外，还有在各专业领域中享有较高知名度和号召力的团体，如外贸协会、纺拓会等。这些工商团体活跃在台湾的产业和经济活动中，为产业发展和结构调整发挥着积极作用。

第一，作为管理部门与企业联系沟通的管道，发挥桥梁、纽带的作用。一方面协调、解决企业的问题与需求，并通过座谈、请愿、媒体、联谊会等方式向管理部门反映会员意见，解决行业的共同问题，提出政策建言；另一方面也传达管理部门政策及讯息给企业，让管理部门可以通过这样一个中介组织更有效地传达产业经济政策。

第二，作为会员之间经验、讯息交流的平台，发挥联谊、沟通的作用。不管是同业公会还是利益团体，相同产业或不同产业间的会员可以通过这样一个组织进行经验交流、讯息互换、感情联络，由此增加了各种关系网络建立的途径，无形中为企业降低了交易成本。

第三，作为会员企业技术与管理升级的推手，发挥辅导、促进作用。这些社团组织通常会联合学术机构、研究单位等，针对企业遇到的瓶颈和关注的问题，举办专题的培训、讲习、研讨、座谈等，通过这些定期或不定期的活动，共同来协助和推进企业的管理和技术升级。

第四，作为会员了解产业和市场动态的窗口，发挥参谋、服务的作用。一般这些组织都有自己的网站，并有专业论文和出版刊物发表，内容涉及新品研发、市场动态、贸易拓展、产业环境等，另外还经常组织会员参展和交流观摩，通过这些出版物的发表和活动的举办，让会员了解最新的形势，掌握最新的资讯。

第五，作为会员集体利益的代表，发挥整合、开拓的作用。由于台湾以中小企业为主，若论单个企业的力量较小，但小股力量经整合后，就发挥出 $1+1>2$ 的效应。这种效用在开辟新战场时尤其突出。

在当局提供的有利环境下，民间企业的努力和工商团体的协助加速了台湾科技与产业发展的脚步。在以中小企业为主体的产业结构下，培育出台湾企业特有的创新经营弹性与活力，尤其在高科技产业中，高效的经营团队、敬业精神与专业能力，发展出深受国际社会肯定的制造能力。

第三节　当前台湾产业发展特点分析

1. 外销订单的高速增长是台湾经济增长最主要的支撑力

众所周知，台湾是以出口导向为主的经济体，经济增长主要依靠对外贸易的支撑。即使在遭受全球金融危机冲击的情势下，对外贸易仍是维系台湾经济增长的"生命线"，特别是出口，对台湾经济发展更为重要。具体而言，现阶段推动台湾经济增长的关键首先还在于随着全球景气的回升而导致的外销订单大幅度增长；其次是 ECFA 签署后台商对于进入大陆市场具有更加明确的信心，进而推动企业库存与设备投资的增长。此外，受金融危机影响和成本上升因素的影响，发达经济体进一步扩大海外生产比重，推动产能外移，这也是台湾外需增长主要来源之一。

在外需迅速扩张的激励下，根据台湾"行政院主计处"公布的最新数据，[①] 台湾 2012 年对外贸易总额达到 5718.4 亿美元，其中出口总额达到 3011.1 亿美元，进口总额 2707.3 亿美元，年增长率达 13.3%。从金额上看，全年台湾对大陆（含香港）的出口额已达 1186.7 亿美元，占同期台湾出口比重的 49.4%；从大陆及香港进口 435.7 亿美元，占同期台湾进口比重的 16.1%；台湾对大陆（含香港）的出超达到创纪录的 751 亿美元，而同期台湾的整体贸易顺差为 303.8 亿美元，由此可见，对大陆出口的快速增长成为带动台湾整体对外贸易乃至经济快速复苏的重要因素。

2. 内需驱动成为推动台湾经济快速增长的重要基础

根据相关统计分析，内需市场的提振成为近年来推动台湾经济快速复苏的关键性因素。在内需增长的构成中，投资发挥了最积极的作用。随着两岸关系的改善和 ECFA 的签署，企业界对于台湾经济发展前景看好度不断攀升，2010 年民间投资呈现出 31.55% 的高增长，其中二季度，民间投资对 GDP 的贡献率达到 20.59%，创自 1998 年以来的新高；尤其是资本设备进口连续 6 个月超过 30 亿美元，显示企业

---

① 参见台湾"行政院主计处"网站，http://www.ey.gov.tw/。

界对于未来经济景气极为乐观。

除投资的迅速增长外，台湾民间消费也成为带动经济增长的主要推动力之一。台湾"经济部"统计，岛内 2010 年 12 月份批发、零售及餐饮营业总额达到 1.1926 万亿元新台币，为史上单月次高。其中餐饮业的年增率达 7.12%，也是近十年来的最高纪录。与此相应，根据台湾"中央大学"经济发展研究中心 12 月的调查，消费者信心指数（CCI）连续八个月上扬，民众对个人经济及景气看法指数为 86.78，创下近十年来新高。上述情况反映出，近年来，台湾内需市场呈现出罕见的增长态势，在一定程度上改变了长期以来台湾"外热内冷"的增长模式，带动了台湾经济增长率持续攀升，也使台湾对外公布的经济预测数据出现罕见的连续修正调高的状况。需要指出的是，大陆因素在这一过程中发挥着日益重要的作用。仅以台湾开放大陆游客赴台而言，据台湾"行政院主计处"的统计，2010 年大陆游客达 163 万人次（2012 年已超过 200 万人次），已成为台湾最大的游客来源地，占台湾外来游客的 29%（2010 年台湾外来游客总量为 556.7 万，创历史新高），对台湾经济增长的贡献率为 0.28%，收入为 20.6 亿美元（约合 618 亿元新台币），超过台湾整体餐饮业两个月的营业额。

从反映经济的橱窗股市来看，台北股市 2010 年封关当天，市值从去年封关当日的 19.18 万亿元增长至 24.22 万亿元（新台币，下同），一年来市值大约增加 5 万亿元，若以年增值平均分给台湾 2300 万人，每人财富可增加 21.7 万元。①

3. 高科技仍是维持台湾经济增长的支柱产业

尽管从台湾经济的基本结构看，服务业在 GDP 的构成中占据绝对的优势，达到 70%，而就经济增长的动力源而言，制造业尽管在 GDP 的构成中仅为 11.8%，却始终是带动台湾经济增长的最活跃因素。而在制造业中，发挥主导作用的主要是高科技产业，而高科技产业则仍以代工模式为主，主要集中于半导体、面板、ICT 及相关产业。在此波经济快速复苏的过程中，上述产业依旧承担着主要的角色。从统计数据看，外销来源地依次为大陆、美国、欧洲，而出口最大产品集中于电子产品、信息与通讯产品（由于相关电子产品热销导致对智能手机、平板电脑产品需求

---

① 参见"虎年发虎威：台湾经济迈入稳健发展期"，http：//news. ifeng. com/gundong/detail _ 2011 _ 02/01/4543269 _ 0. shtml。

旺盛，带动接单的热络）。由此分析，台湾在东亚区域产业分工中依旧承担着高端装配加工基地的角色，同样面临着经济结构的调整与经济增长方式的转变。

快速扩张的需求和两岸关系改善的利好消息有效地刺激了高科技产业的投资，2010 第一季度为扩充产能及强化竞争力，高科技厂商积极扩增资本支出，使得第一季度资本设备进口快速增长 63.85%，而整体的民间投资实质增长率也高达 37.11%。受这一波大企业的投资带动，再加上出口的迅猛增长，出口企业新增的投资也有较快增长。在高科技产业的带动下，台湾劳动力生产指数达到 124.1（而 2008 年仅为 106.6），劳动生产率的提升为此波经济复苏奠定坚实的基础，也为两岸产业合作的深化提供了更有利的条件。[①]

4. 以代工为主的高科技产业发展模式短期内难以改变

台湾高科技产业在发展过程中，充分利用自身制造技术较高、生产成本较低、中小企业众多的特点，选择了一条为国际大企业代工生产（OEM）和（ODM）的独特发展道路。这一产业发展模式在电子信息和半导体产业领域迅速取得成功，并进而形成台湾高科技产业发展的基本模式，包括新兴产业在发展上也基本依循这一模式演进。以代工为主的生产模式，其成功关键是人才、管理体制、企业模式与社会环境的整合，具体体现在产业链接、应用研发、品质管理、成本控制与客户沟通等方面总体优势的整合，而台湾在这方面已经形成明显的竞争优势，通过这一模式，不仅使台湾能够在短期内迅速形成与国际科技产业最新趋势的紧密结合，带动台湾高科技产业集群的形成和出口的迅速扩张，而且也带动了台湾服务业等其他产业的发展。但其致命的缺陷在于导致台湾高科技产业发展难以形成品牌竞争力和原创性的自主研发体系，并对国际市场、岛外资金与技术形成严重的依赖，整体经济发展亦极易受到国际经济景气波动的影响。目前台湾 ICT、面板、光电等产品 60% 以上的最终消费地是欧、美、日，而关键设备与零部件 90% 的进口也基本依赖于欧美与日本。以代工为主的产业结构模式，构成了台湾高科技产业"两头在外"的特征，也决定了台湾经济对国际市场的严重依赖。资讯电子业受制于人。例如 2001 年世界知名的电脑厂商戴尔（DELL）宣布，将把其亚太采购总部（IPO）由台湾转

---

① 参见"唐永红：台湾经济复苏初现　但任重道远"，http://www.huaxia.com/thpl/sdfx/1917893.html。

移至香港，就引起了岛内资讯电子厂商的一片恐慌，因为超过70%以上的台湾电脑硬件产业产值是为国际大公司做代工。① 随着国际大企业采取全球运筹式管理体系（Global Logistic，即将制造、库存、销售等下游环节外移海外厂商，自己仅负责研发和市场开放等上游环节）的加强，台湾厂商更进一步被纳入国际大企业的全球供应链体系，代工模式现阶段还看不到能够得到根本性调整的迹象。

在东亚产业分工梯度态势下，台湾的代工产业模式尚有一定的发展空间。但在新的国际竞争与区域经济一体化加快的压力下，这一模式会对台湾构建创新型经济体的目标形成制约与阻碍，因此，向产业链高端延伸、创建自主品牌是台湾产业模式调整的重点，而在ECFA完成签署的条件下，尽快构建起新型的两岸产业合作模式将成为台湾产业发展模式得以顺利转型的关键。

5. 制造业结构短期内难以得到有效调整

目前，台湾高科技产业主要集中于半导体、光电、TFT - LCD三大领域，2008年上述三大产业的产值占台湾制造业的40%、出口的60%、民间投资总额的70%，成为带动制造业增长的关键性观察指标，在很大程度上也成为观察台湾经济走势的重要指标。② 正是由于引导台湾经济发展的产业门类过于集中，以致有人将台湾经济发展的形态称为"刀锋经济"，亦即显示出上述产业荣衰对于台湾整体经济的发展具有直接的影响。从制造业的内部构成分析，软体设计领域相对薄弱，而且，如前所述，台湾高科技产业的发展以代工为主要模式，产业链主要集中于中间制程段，且以"大进大出"为主要特点，生产设备、原材料、关键零配件及半成品主要依赖进口，对其他行业的拉动较为有限，由此导致台湾制造业产业内的集聚度高，但产业间关联度有限的状况，尤其需要指出的是，尽管占据制造业的大部分资源（投资的70%），但其附加价值仅占制造业的42%，这也是台湾高科技产业具有强烈对外依赖性的基本原因。

为了避免潜在市场风险，推动经济的可持续发展，台湾当局确定了发展包括文化创意、生物科技、新能源、医疗照护等在内的六大新兴产业，还通过"产业创新

---

① 参见陈晓东：《透析台湾制造业国际竞争力的衰退》，《国际贸易问题》，2002年第12期，第59页。

② 参见"盛九元：马英九经济新'内阁'与'黄金十年'挑战"，http://finance.ifeng.com/opin-ion/zjgc/20120214/5579098.shtml。

条例"以取代"促进产业升级条例",进一步推动创新型经济的发展。但总体而言,从当前的发展态势看,由于新兴产业难以在短期内发挥产业引领效应,ICT、面板、光电产业仍处于上升势头,尤其半导体、面板产业的大型投资案还是民间投资的主体,因此这种产业布局短期内仍然难以改变。这也使得新兴产业的发展在社会资本的认同度、空间布局与资源使用等方面尚无法迅速得以提升,尤其是难以形成大型的产业群落,进而使岛内新兴产业与国际新的产业发展态势之间出现相对脱节的现象。

2011年3月5日,温家宝总理在政府工作报告中提出,要继续推进两岸协商,积极落实两岸经济合作框架协议,加强产业合作,加快新兴产业、金融服务业等现代服务业的合作发展,支持有条件的企业赴台投资,并将与台湾的经济合作明确纳入"十二五"国民经济与社会发展规划纲要之中,两岸在这一领域的合作空间很大。由此分析,随着ECFA的签署和后续协商的开展,两岸在高科技产业及新兴产业领域将进一步整合彼此优势,从而为台湾制造业结构调整与分工地位提升创造更有利的条件。

表 13 – 7 两岸推动的新兴产业类别对照

中国大陆七大战略性新兴产业	台湾相对应的产业	
	名称	类别
节能环保产业	绿色能源	六大新兴产业
新一代信息技术产业	云计算	四大智慧产业
生物产业	生物科技	六大新兴产业
高端装备制造产业		
新能源产业	绿色能源	六大新兴产业
新材料产业		
新能源汽车产业	智慧电动车	六大新兴产业

资料来源:林祖嘉,《ECFA评析与两岸产业深化合作探讨》,"纪念辛亥革命100周年与两岸关系研讨会",华东师范大学主办,第172页。

6. 服务业竞争力弱,对经济的拉动有限

自上个世纪90年代以来,台湾快速进入后工业化社会,到2011年,台湾服务业增加值占地区生产总值比重约70%,接近发达国家和地区的水平。但与发达经济相比,台湾服务业存在着明显的差距,主要体现在以内需服务为主、国际竞争力不

强、传统业态比重高、新兴业态的发展空间有限等。更重要的是，台湾服务业比重的迅速提升与制造业加速外移、海外生产比重高密切相关，再加上政策与功能性的限制，缺乏延伸服务的能力，导致服务业发展的空间进一步收窄，制约了台湾服务业的规模经济的形成和竞争力的提升。在此情况下，服务业对整体经济发展的拉动作用也相对有限。目前，台湾服务业劳动生产率不及台湾工业劳动生产率的一半，且服务贸易比重持续下降，在服务出口全球排名中不但位居亚洲四小龙之末，甚至被波兰、土耳其等新兴经济体超越。由此分析，台湾服务业以占 GDP 的 67.08% 的比重却仅能创造 59.21% 的就业量，也就不难理解。[①] 从这一角度来看，尽管台湾已进入后工业化阶段，但在经济结构、社会形态、发展模式与市场开放等方面尚难以完全适应这一阶段的发展需求，需要从多个角度进一步推动社会经济向服务业转型升级。尤其是借助 ECFA 签署后的新情势，利用大陆市场开放的有利时机，实现服务业市场空间的有效扩展和竞争力的全面提升。显然，上述的领域的拓展还需要台湾各方面的共同努力，从而为台湾经济实现稳定与可持续的发展奠定基础。

从台湾经济的上述发展态势与制约瓶颈分析，其外向型的经济结构特征在全球化的推动下愈加明显。在这种情势下，台湾经济对大陆依赖程度不断深化是不可避免的；同时，台湾还将面临新的经济结构调整，寻机向运筹中心、高附加值中心以及高端服务业等领域演进，以更好地适应东亚区域经济合作与两岸分工的新态势，在这一过程中，两岸经济制度性一体化的建构与发展将成为台湾最有利的外部条件，而 ECFA 的签署及生效则将更有效地推进这一进程。

第四节 台湾中小企业发展情况分析

台湾拥有全球比例最高的中小企业，并享有"中小企业王国"之美称。从上世纪 60 年代起，台湾中小企业进入了出口导向时期，并从 80 年代中期起，初步完成了中小企业发展的自由化、国际化和制度化。战后数十年以来，台湾的中小企业在岛内经济发展中一直扮演着举足轻重的角色，是台湾经济的重要支柱，其成功的发展经验已为世人瞩目。

---

① 数据来源于朱磊，张晓楹：《投资台湾指南》，北京：中国经济出版社，2012 年版，第 26、106 页。

1. 台湾中小企业的发展阶段

（1）初兴发展时期（1945—1961）

①战后重建时期（1945—1952）

1945 年，台湾从日本的殖民统治之下光复，被压抑达 50 年（1895—1945）之久的民族工业获得新生，台湾当局接管了大部分日本在台的企业，并先后将一些零星企业售于私人经营。由于长期战争的破坏和殖民政策的影响，台湾经济普遍缺乏资本和技术，生产落后于战前水平。为了稳定经济，克服困难，台湾在实行币制改革的同时，一方面恢复各项建设，另一方面实行土地改革。此时土地资本开始导入工商业，民间有限的资本开始投入商业，中小企业的发展开始起步。

1949 年国民党当局自大陆迁台后，岛内人口激增，消费资料需求旺盛，大批生产经营日常生活用品的中小企业应运而生。在这一时期，台湾当局把主要的注意力放在农业改革上。为了发展农业生产，还用很大精力来发展纺织工业、化肥工业以及电力工业。

②进口替代时期（1953—1961）

从 1953 年开始，台湾推行四年经济建设计划，此时经济发展策略是"以农业培养工业，以工业发展农业"，大力提高农业生产技术，增加农业产品生产，从而做到农产品自给有余，用农产品出口换取发展工业生产所需要的设备和原料，同时，充分利用充沛的人力资源，发展劳动密集型产业，以替代进口产品。这样，由于发展生产所需的资金较少，易于筹措，生产设备和技术层次较低，企业管理简单，加之有利的国际环境，经济稳定增长，中小企业得到迅速发展。同时，台湾当局还实施了进口替代的工业发展战略，中小企业也因此获得了初步发展。

在这一时期，轻工业的劳动密集程度不断加强，技术工艺较为简单。在该时期开展了"耕者有其田"运动，开始实现经济建设的中期规划，还实行了国有企业私有化，采取各种措施刺激投资和税收的增加，广泛建立可以大力促进中小型私营企业发展的借贷资金。所有这一切都帮助了农业生产的发展。此外，通过农产品的出口获取了更多的外汇，以满足台湾地区市场需求为宗旨的中小企业开始显露出生机。

但总体而言，1945 年至 1961 年，由于台湾资金严重短缺，整个金融体系又极不健全，实力弱小的中小企业因借贷无门，基本上是处于惨淡经营的初创阶段。促进这一时期中小企业萌芽并初步发展的因素主要有：第一，当局售让政策的扶持与进口替代发展战略的推动；第二，大陆私人资本的流入为台湾中小企业的生成与发展提供了物质基础；第三，1949—1953 年间的"四七减租"、"公地放领"与"耕者有其田"等土地改革政策的实施，在促进农业发展的同时，也使土地价格下降，促进土地资本转向工商业，从而促进了民营企业特别是中小企业的发展。

（2）蓬勃发展时期（1962—1984）

①出口扩张时期（1962—1973）

台湾中小企业的迅猛崛起甚至蓬勃发展起始于 20 世纪 60 年代。进入 20 世纪 60 年代后，台湾的商品市场已经开始饱和，为了寻求海外市场，推动工业生产的持续发展，台湾便开始实行出口导向的工业发展策略，采取了一系列奖励出口的政策，如扩大出口退税等。因而，在这一时期，随着台湾当局推行的经济发展战略从进口替代转向出口扩张，在台湾当局对中小企业辅导政策的扶持下，各种以出口为导向的中小企业相继崛起，并借助廉价劳动力的比较成本竞争优势，迅速进占国际市场。中小企业生产经营的劳动密集型产品取代传统农产品成为台湾出口产品的最主要部分，中小企业成为台湾产品进军国际市场的主力军。同时，随着出口扩张政策的实施，中小企业在制造业、服务业中所占的比重日益扩大。

该时期制定和通过了一系列旨在鼓励岛外投资和建立出口生产基地的法律法规。出口企业的经营目标主要是生产食品和轻工业品。后来，一些生产电器机械和电器器材、仪器的企业以及生产塑料产品的企业也加入到出口企业的行列中来。这期间相继出现了一些大的公司，而这些大公司产品的零部件和组装件则主要是由中小型企业来生产。中小企业的灵活性加上廉价的劳动力，使得台湾中小企业成为在国际市场上具有强大竞争力的企业。这一时期，在台湾地区的所有企业总数中，小型企业占 70%，中型企业占 25%，大型企业占 5%。

②稳定增长时期（1974—1984）

进入 20 世纪 70 年代后，台湾民众收入有了很大的提高，储蓄率增加，资本积累较快。此时，国际经济因全球性石油危机而渐趋萧条，原料成本上涨；台湾内部也开始出现了工资的大幅度增长，劳动力紧缺，所以台湾的出口导向经济也受到很大打击。面对世界经济格局的变迁，为了促进经济发展，台湾当局及时调整了产业结构，实行"稳定中求发展"的发展策略，实施第二次进口替代政策，特别是在轻工业部门尤其如此。对外贸易开始带来可观的效益，这时台湾当局着手实现十大建设项目，在实施重大工程建设、扩大公共投资的同时，积极推进资本密集型产业的发展，其中包括要求官方进行大量投资的冶金工业、石油化学工业、机械制造工业。在这一时期，台湾的各项基础设施日臻完善。此外，台湾当局还成立了台湾工业技术研究院。此时的中小企业也顺应产业调整的趋势稳定增长，有的发展成为大型企业的卫星工厂和加工车间，有的发展成为高科技跨国厂商的代理工厂。但就大多数中小企业而言，仍然维持自己的本行业，致力于产品品质的提升与产品种类的更新，积极拓展海外市场。中小企业在全台湾 GDP 中所占比重、在劳动力市场和资本市场所占比重都有显著增长。

总之，随着国际经济环境的变化及台湾当局调整产业结构的政策，台湾中小企业在整个经济中的地位日益重要。

（3）转型发展时期（1985 年至今）

①工业结构改革时期（1985—20 世纪末）

台湾中小企业从 20 世纪 80 年代中期到 20 世纪末进入了工业结构改造时期，在这一时期，具有高精尖技术工艺的工业开始出现，台湾岛内岛外的环境都发生了很大的变化。在岛内，工人工资有了大幅度增加，台湾的货币更加坚挺，土地和不动产不断升值。在岛外，世界科学技术加快发展，高科技新产品不断涌现，生态环境保护呼声日益高涨，而且一些发展中国家的劳动密集产业开始发展起来，并将其产品打入国际市场，而发达国家的国际贸易保护主义抬头，区域性的经济组织对外排他性显现。并且一些大型跨国公司，拥有雄厚的经济实力，能够机动地利用不同地区的比较优势，与同类企业开展竞争；还有一些近年来形成的从生产到分销一体化作业的企业，以雄厚的资本、较低的边际成本、精良的产品参与市场竞争。这些变化都导致了台湾周边国家和地区的竞争渐趋激烈。对于台湾中小企业而言，由于其生产经营成本不断提高，产品销售日益困难，管理不善的弊端日显突出，自有资金少而融资能力弱，生产经营越来越困难，处境越来越艰难。

针对这些变化，台湾行政当局开始注重刺激那些具有战略意义的工业部门的发展，以及刺激那些技术工艺装备水平高、增加值高而能源消耗低的部门的发展。在该时期，台湾当局还成立了在世界上享有盛名的工业科学园区（如新竹科学园区）。企业开始大力开展和从事科研与开发工作，努力提高劳动生产率，提高产品质量，巩固和保持了台湾企业在国际市场的竞争能力。

在这一时期，台湾的中小企业开始了对外投资，出现了台湾中小企业的新生代，即新一代的中小企业。为了促进中小企业对外投资，台湾行政当局着重改善投资环境，大力吸引外国投资以及引进外国的先进技术。由于工资较大幅度的增长，台湾在生产增加值不高和劳动密集型商品方面逐渐失去了原有的竞争力，因此，台湾当局制定了关于发展工业和发展中小企业的一系列法律法规，以及制订和通过了"六年计划"。在这些法规文件中都列有详细的崭新的经济数据。

为刺激科学研究和开发工作，培训干部，实现生产的自动化以及保护环境，台湾当局在这些方面都制定了专门的税收优惠政策，还专门为中小企业提供了电子商务和互联网服务。总之，当局竭尽一切努力，创造一切条件，使知识转换成商品，转换成劳务，转换成收入。

②实现挑战计划时期（21世纪初至今）

2002年为了应对大陆和全球经济飞速发展的挑战，台湾当局制定了"全台湾地区经济与社会发展规划"。该规划对中小企业的发展专门制订旨在吸引外国投资，建立科研基地和提高生产性工业产品价值的附加计划。"规划"规定将分拨出10000亿台币（合302亿美元）用于发展中小企业，其中500亿台币用于中小企业的技术革新和技术改造以及从事科研与开发工作。还专门为中小企业设立网络咨询系统，组织各种展览和博览会，对企业家进行培训或再培训，大力提高人才中心的活动效率等等。其根本目的就是提高台湾在世界市场的竞争能力。

概括地说，随着台湾当局经济自由化与国际化发展战略的实施，台湾中小企业自20世纪80年代中期进入了升级转型的发展时期。众多的中小企业正致力于实现技术升级与产业转型，以此来提高其国际竞争力。在技术层次上，中小企业致力于提高企业的技术档次与企业生产自动化作业的程度，由劳动密集型产业向技术密集型产业转型，提高产品的科技含量与附加值；在组织结构上，中小企业由分散经营走向联合发展，实行网络化分工协作；在投资方向上，纷纷将资本、设备转移到邻近的大陆以及东南亚国家或地区，掀起了一股股"西进"、"南向"的投资热潮。[①]

2. 台湾中小企业发展现状

在全球经济增长动力趋缓的形势下，2011年台湾整体经济较上年仅小幅增长，而依据营业税征收资料及"行政院主计总处"人力资源数据显示，2011年台湾企业家数、销售产值（包括内销值及出口值）、就业及受雇人数仍呈正增长。

---

① 黄立军：《台湾中小企业发展面面观》，《发展研究》，2000年第3期，第53—54页。

2011 年台湾中小企业家数、销售值、内销值、出口值、就业及受雇人数均较
2010 年增长，家数有 1279784 家，占全部企业家数的 97.63%，较 2010 年增加
31786 家，或增加 2.55%。其中，中小企业家数、销售值、内销值、出口值较 2010
年分别增长 2.55%、4.84%、5.37%、1.85%；不过除家数增幅高于 2010 年之外，
销售值、内销值及出口值的增长幅度，都不及 2010 年，分别滑落 11.7、10.07、
21.22 个百分点；大企业 2011 年也均呈正增长，但跌幅均比中小企业大（表 13 -
8）。2011 台湾经济增长由强转弱，景气由年初的过热转变为 11 月、12 月趋冷，这
影响了中小企业及大企业的经营，不过总体来看仍呈小幅增长。

表 13 - 8　2010 年和 2011 年企业家数、销售值、就业及受雇人数规模概况

单位：家；百万元；千人;%

	全部企业		中小企业		大企业	
	2010 年	2011 年	2010 年	2011 年	2010 年	2011 年
家数	1277585	1310791	1279998	1279784	29587	31007
比率	100.00	100.00	97.68	97.63	2.32	2.37
年增率	1.54	2.60	1.30	2.55	12.78	4.80
销售值	36239637	37881681	10709005	11226933	25530632	26654748
比率	100.00	100.100	29.55	29.64	70.45	70.36
年增率	20.87	4.53	16.54	4.84	22.79	4.40
内销值	26216138	27754779	9088972	9576948	17127166	18177832
比率	100.00	100.00	34.67	34.51	65.33	65.49
年增率	18.20	5.87	15.44	5.37	19.71	6.13
出口值	10023499	10126901	1620033	1649985	8403466	8476916
比率	100.00	100.00	16.16	16.29	83.84	83.71
年增率	28.48	1.03	23.07	1.85	29.57	0.87
就业人数	10493	10709	8191	8337	1253	1334
比率	100.00	100.00	78.06	77.85	11.94	12.46
年增率	2.09	2.06	1.56	1.78	6.77	6.50
受雇员工人数	8104	8328	5805	5958	1250	1332
比率	100.00	100.00	71.63	71.54	15.42	15.99
年增率	2.72	2.77	2.22	2.64	6.73	6.58

注：表中"全部企业"的就业人数及受雇员工人数及比率，包括受当局雇佣的 104 万人及其比率
（当局雇佣人数占就业人数的 9.69%，占全部受雇人数 12.48%）。

资料来源：（1）家数及销售值资料整理自台湾"财政部"财税资料中心，营业税征收原始资料，
2011 年。

（2）就业及受雇人数资料整理自台湾"行政院主计处"，《人力资源月报》原始资料，2011 年。

近6年中小企业销售值变化情况显示，2008及2009受金融海啸的影响，两年销售值及内销值都衰退，2010年景气强势反弹，两者均大幅回升，2011年景气趋缓，但仍约有5%的增幅；出口值在2009年大幅滑落近2成，但2010年因景气强势反弹及比较基数较低，增幅高达23.01%，2011年出口值又因为比较基期较高，及经济复苏脚步趋缓，影响出口，增幅大幅滑落21.22个百分点，但仍呈正增长。

表13-9 2006年至2011年中小企业家数、销售值变动情况

单位：家；千人；百万元；%

指标 \ 年别	2006年	2007年	2008年	2009年	2010年	2011年
家数	1244099	1237270	1234749	1232025	1247998	1279784
比率	97.77	97.63	97.70	97.91	97.68	97.63
年增率	1.47	-0.55	-0.20	-0.22	1.30	2.55
销售值	10241215	10481910	10462696	9189463	10709005	11226933
比率	29.84	28.34	29.69	30.65	29.55	29.64
年增率	2.51	2.35	-0.18	-12.17	16.54	4.84
内销值	8678992	8842983	8817989	7873111	9088972	9567948
比率	33.91	32.49	34.23	35.50	34.67	34.51
年增率	2.33	1.89	-0.28	-10.72	15.44	5.37
出口值	1562224	1638927	1644707	1316352	1620033	1649985
比率	17.89	17.06	17.36	16.87	16.16	16.29
年增率	2.86	4.91	0.35	-19.96	23.01	1.85

资料来源：整理自台湾"财政部"财税资料中心，营业税征收原始资料，2006年至2011年。

从产业部门结构观察，2011年中小企业家数以服务业最多，所占比率超过8成，近6年来中小企业服务业的家数，维持在80.99%至80.09%之间；2011年中小型工业企业数占19.01%，但其营业收入占全部中小企业5成（50.13%），出口值所占比率更高达72.50%；农业中中小企业所占比率各项指标都不及1%。

3. 台湾中小企业的发展特点

台湾中小企业之所以在台湾经济中发挥着重要的作用，并在台湾当局的扶持下快速发展，主要原因之一就在于其自身的特点和优势。台湾中小企业的特点概括起来主要有三个方面，即灵活性、外向性以及浓厚的家族色彩。

（1）灵活性

①创业时所受到的限制较少

在资金与技术方面，中小企业无须较大的资金额和较强的技术力量便可开业。就其生产的领域来说，无论是制造业、商业、手工业、服务业，还是适合以较大规模经营或本身更适合中小规模经营的行业，中小企业均可加入经营，特别是对于大型企业经营范围之外的市场空隙，中小企业的填补作用就显得更加灵活。就分布的地区而言，中小企业要比大企业更广泛，其所受到的市场、原料、交通运输以及其他基础设施的限制都比较少，即使是原料资源和劳动力资源比较少、比较分散的地区，也可发展中小企业。

②具有较强的应变弹性

早在20世纪70年代初中期，两次全球性能源危机所带来的经济衰退和通货膨胀，曾经使很多大型企业难以生存，然而台湾的中小企业却多能很快地适应；80年代后半期，受经济自由化的冲击，新台币对美元大幅升值，使台湾产品的竞争力大为减弱，然而多数中小企业却能及时调整其生产结构，将比较优势的生产设备，以投资的方式，转移到其他地区继续生产，并创造更多的附加价值。这一方面是由于台湾中小企业所提供的产品或服务大多系单一品种，产量小，多属加工层次较少的轻工产品；另一方面是由于其规模小，决策层次少，时效性强，管理成本低，管理也比大企业灵活，创新意识强。再加上台湾长期以来实施以出口带动经济的发展，企业根据订单来制订销售计划，因此，中小企业可以在较短的时间内调整产品结构，改变生产方向，对市场的应变能力强，风险性较小，从而可以尽快地适应新市场、新产品、新款式，始终保持"少量多样"的生产方式，以适应变化纷繁的国际市场的需要。

③经营管理成本普遍较低

台湾中小企业的经营规模普遍偏小，大部分企业的固定资产设备投资所占比重都较低，特别是大型专用机械设备投资更少，大多采用通用机械设备，具有高度的自给能力与应变能力，可随时根据市场和社会需求的变化相应调整产销业务，使得企业生产成本较低，竞争力优势明显，短期效率高。台湾中小企业的经营方式极其灵活，其中尤以"中卫体系"与"策略联盟"最为著名。它们采取产、供、销分工协作的网络化经营模式，不仅大大降低了整体生产的经营成本，而且有力地提升了中小企业的市场竞争力。此外，以电子、信息、医药等技术密集型产业为代表的部分中小企业，也往往在科研机构或同业工会的主导下，互相联合结成技术联盟，发挥各自独特的技术资源优势，共同合作从事新产品开发与技术创新，借以减少产品开发的成本与风险，维持并强化自身的技术竞争优势。

台湾中小企业多为家族式企业，企业40%的从业人员由家庭成员充任，且多担任各部门的主管。这种以家庭网络关系为根基的企业文化一方面增加了企业的稳定性，使从业人员多富有忠诚、奉献的精神理念，另一方面也减轻了企业监督管理的成本。

（2）外向性

台湾的中小企业带着显著的外向性特点，其产品大部分直接或间接外销。台湾产业第一个突出的特点就是"大厂主内，小厂主外"，即大企业以岛内市场为主，中小企业以国际市场为主，具有高度的出口导向。促成台湾中小企业外向性特点形成的因素主要有两个：

第一，与台湾推行以对外贸易为导向的经济战略有关。早在1955年，台湾便公布了《外销品退还税捐办法》，对于产品出口使用的原料的进口税、货物税、防卫捐和港工捐等，在出口时予以退还。进入20世纪60年代后，台湾更积极鼓励厂商拓展外销，向国际市场输出产品。1960年9月公布的《奖励投资条例》中明确规定，给予外销工业以免征营业税、减轻印花税等一系列优待。而且，在对中小企业的辅导过程中，对于主要外销工业也予以优先考虑。上述政策的制定与推行，都对引导中小企业向外向型企业发展起了重要作用。

第二，内销市场狭小而且大多为大企业所垄断。20世纪80年代前后，台湾大企业对内销市场的占有率曾高达95%以上。尽管20世纪90年代后中小企业在内销市场的比重有所提高，但占有率也仅为8%。此外，在内销市场上，中小企业的同一行业间的竞争也非常激烈，特别是某一产品有利可图时，各家更是蜂拥而上，造成生产过剩的现象。在这种情况下，大量的中小企业只好向外寻找市场。

中小企业在产品外销方面也存在着一定的弱点。与大企业相比，中小企业限于资金、技术、设备等条件，其出口的产品还多属劳动密集型，加工层次较少，附加值也比较低，从外销产品和外销市场的结构看，又相对集中在纺织、电子、食品等几个行业以及美、日等西方国家，很容易受到各种保护主义的打击。

（3）浓厚的家族色彩

在台湾，除少量大型企业、财团以外99%以上的都属于中小企业，其中属家族企业的中小企业又占企业的95%以上。除此之外，台湾一些在表面上已具有公司组织形态的企业，实际上也是掌握在家族手中。

最能体现台湾中小企业的家族色彩的是这些企业所表现出的强烈的排他性，这主要表现在两个方面。第一，在用人问题上，企业的重要职位大多由家族成员担任。家长往往是企业主，而董事、经理也为其亲属所担任。企业的经营、生产、销售、财务、人事等重要环节，都控制在家族手中，家族外的人员很难受到重用，这种任人唯亲的状况，加之企业本身在生产条件、福利待遇等方面不甚理想，便造成企业中人员（包括优秀的技术与管理人员）流动率偏高的现象。以 1981 年的制造业为例，雇员为 100—499 人的企业，其人员流动的平均进入率和平均退出率分别为 4.9% 和 4.4%；而 30—99 人的企业的平均进入率和退出率已分别达 9% 和 7.9%；1—29 人的企业更高达 15.8% 和 13%。劳动力流动率如此之高，造成企业的产量、质量的不稳定，显然不利于企业的正常生产活动。

第二，家族企业对于吸收外来资金也多持拒绝态度。台湾中小企业多由个人独资或少数亲友集资创办，这并不能适应企业的发展需要。另一方面，家族企业的规模小，信用差，而且又不易通过银行渠道进行融资。尽管如此，大部分家族企业为保持本身的"独立性"，并自享利润，而并不愿吸收其他外来资金。

台湾中小企业的这种家族性特征，一方面是由于中小企业创业较易，另一方面则主要是根源于"秉承祖业"与"宁为鸡首、不为凤尾"的传统思想观念。浓厚的家族色彩，使中小企业不易摆脱其落后与保守的经营方式，难以延揽人才并尽快地引进新技术，建立起现代化的经营管理制度。①

4. 台湾当局促进中小企业发展的政策

台湾的中小企业以 98% 的企业数占比、60% 左右的就业数占比、50% 左右的产值占比以及约 65% 的出口值占比在台湾经济中占据了大半壁江山。但相较于大企业而言，中小企业在发展过程中，尤其是面临急剧变动的环境时，常会因融资不足、管理欠缺、研发薄弱等问题而造成竞争力下降。因此台湾早期就意识到发展中小企业的重要性，出台了多项扶持政策与措施，主要如下：

（1）建立法律法规保障

从 1967 年的《中小企业辅导准则》、1987 年的《辅导中小企业方案》到 1991

---

① 周志怀：《台湾中小企业的特点与未来发展方向》，《亚太经济》，1987 年第 3 期，第 43—45 页。

年的《中小企业发展条例》，上述法律法规明确规定台湾当局应对中小企业在市场的调查及开发、经营合理化的促进、相互合作的推动、生产因素及技术的取得与确保以及人才的培育等方面给予辅导与奖励，从而为中小企业建立了公平合理的法规环境。

（2）设立专门的管理、辅导和服务机构

台湾从 1966 年设立"中小企业辅导工作小组"以来，先后成立了多个各条线的专门机构。目前台湾"经济部"是中小企业的主管机关，设有"中小企业处"，"经济部"下属工业局为辅导机关，它又联合"财政部钱币司"、"行政院"青年辅导会、国际贸易局、生产力中心、中小企业协会等 11 个单位成立"中小企业联合服务中心"。另外"行政院"设有"中小企业咨询委员会"、各县市设有"中小企业服务中心"。这些机构为中小企业提供商务、技术及行政服务的支持体系。

（3）设立中小企业金融体系

针对中小企业融资困难的情况，早在 1954 年台湾当局就办理美援小型民营工业贷款，其后一直积极提供帮助，不仅建立"中小企业发展基金"，还专门制订了"协助中小企业融资行动方案"，形成了以中小企业专业银行与一般银行等金融机构为骨干，再配合中小企业信用保证基金、公营行库、中小企业联合辅导中心共同组成的中小企业金融体系。通过融资、保证、辅导三者相辅相成，为中小企业提供不少帮助。

（4）协助创业和技术升级

台湾当局为协助中小企业克服技术研发及产业结构转型的困难，制订了"经济部所属事业协助中小企业推动研究发展计划"，并在大学中设置中小企业研训中心。在这些措施中，尤其值得一提的是"创新育成中心"（又称孵化器）的设立，它主要为企业在创业之初提供空间、设施、技术支持、商业服务、管理训练甚至资金注入的协助与服务，目的是降低创业风险，提高成功几率。育成中心在 1996 年即开始推动，随后 8 年成功辅导 1883 家中小企业创业，且有 12 家在育成后陆续上市，所诱发的投资额累计 285 亿元。到 2004 年底，台湾育成中心约计 82 所，由中小企业发展基金投资设置的有 3 所，补助设立的有 71 所。在台湾育成中心的发展上面，62 家接受辅导的育成中心总营运经费已达 4.49 亿，总计共进驻 1117 家厂商于其中，而全台湾 74 家育成中心，更已促成 243 家厂商的毕业。①

　　健全的中小企业辅导体系，为台湾中小企业的发展营造了良好的经营环境，使中小企业得以克服自身问题，并且提高了应对环境变迁的能力和独自发展的能力，从而使得中小企业在面临内部经济结构转型及国际竞争日益激烈的情况下，依然保持活力和竞争力。

---

　　①　参见"台湾中小企业创新与融资及两岸产业合作"，http：//www. npf. org. tw/post/2/3275。

第十四章　两岸产业分工合作的发展历史和现状

第一节　两岸产业分工合作的发展演进

经济学一般把国际或区域间的产业分工分为三种模式。第一，是垂直型产业分工，一般指经济技术发展水平相差悬殊的国家（如发达国家与发展中国家）或区域之间的国际分工。它又分为两类。一类是指部分国家供给初级原料，而另一部分国家供给制成品的分工形态，初级产品与制成品这两类产业的生产过程构成垂直联系，彼此互为市场。另一类是指同一产业内技术密集程度较高的产品与技术密集程度较低的产品之间的国际分工，或同一产品的生产过程中技术密集程度较高的工序与技术密集程度较低的工序之间的国际分工，这是相同产业内部因技术差距所引致的国际分工。

第二，是水平型国际分工。这一般是指经济发展水平相同或接近的国家（如发达国家以及一部分新兴工业化国家）或区域之间在工业制成品生产上的国际分工。水平分工可分为产业内与产业间水平分工。前者又称为"差异产品分工"，是指同一产业内不同厂商生产的产品虽有相同或相近的技术程度，但其外观设计、内在质量、规格、品种、商标、牌号或价格有所差异，从而产生的国际分工和相互交换，它反映了寡占企业的竞争和消费者偏好的多样化。后者则是指不同产业所生产的制成品之间的国际分工和贸易。由于发达资本主义国家的工业发展有先有后，侧重的工业部门有所不同，各国以其重点工业部门的产品去换取非重点工业部门的产品。工业制成品生产之间的分工不断向纵深发展，由此形成水平型国际分工。

第三，是混合型国际分工。混合型国际分工是把"垂直型"和"水平型"结合起来的国际分工方式。主要是指一些发达国家和地区参与国际分工的方式，其对第三世界是"垂直型"的，向发展中国家进口原料，出口工业品；而对发达国家则是"水平型"的，进出口商品主要是机器设备和零配件，其对外投资也主要集中在发达国家和地区。例如，德国参与国际分工的方式就带有较为明显的混合型特征。

从上世纪80年代台商赴大陆投资开始，经过20多年的迅速发展，台商投资领域和投资区域不断拓展和深化。两岸产业分工由最初的垂直分工模式，到90年代中期逐渐演化为兼具垂直分工和水平分工内容的混合型特征，进而到进入新世纪以后演化为以水平分工为主要特征的多元化分工格局，其内涵不断调整升级，表现为一个动态的快速演进过程。迄今为止，由于两岸投资贸易关系尚未实现完全正常化，两岸产业尚不存在真正意义上的双向互动分工，这里所探讨的两岸分工模式主要是指由于台商赴大陆投资所形成的台资在两岸布局而反映的两岸产业之间的分工关系。在这一过程中，用国际上关于外商投资和产业分工的传统理论，如比较优势理论、边际产业扩展论、生产折中论、产品生命周期理论、竞争优势理论等，似乎都只能部分地或阶段性地对两岸产业分工合作模式作出解释。[①]

1. 垂直分工主导阶段（上世纪80年代至90年代初期）

这一阶段基本上是两岸产业合作的试探和起步阶段。由于当时大陆开放程度和制造业发展水平较低，两岸经济发展阶段总体上存在较为明显的落差，且当时转移到大陆的台资项目主要是在台湾已经处于饱和或不具竞争力的劳动密集型企业，因此很自然地使两岸之间的产业呈现出某种垂直分工的关系。

这里所指的垂直分工，表现在两个层面：一是台商在大陆的工厂与台湾母厂之间形成垂直分工关系。属于产业上游的原料、主要机器设备等由台湾母厂提供，属于下游的产品加工装配则在大陆进行，形成两岸垂直分工模式；二是台湾和大陆的产业在发展阶段上呈现垂直分工特征，由于生产技术水平的差异，大陆重点发展劳动力密集型产业，产业技术层次和附加价值较低，台湾重点发展资本及技术密集型产业，技术层次和附加价值较高。

---

① 庄荣良：《海峡两岸产业分工的发展阶段、模式演进和发展机遇》，《福建论坛·人文社会科学版》，2009年第5期，第137—139页。

2. 兼具垂直和水平特征的混合型分工主导阶段（上世纪 90 年代中后期）

这一阶段，随着大陆发展社会主义市场经济取向的确立、对外开放的持续扩大和制造业水平的快速提升，大陆不仅总体经济实力迅速增长，而且产业整体技术水平与台湾的差距也显著缩小，两岸产业互有长短、各具优势的特征更加明显，两岸产业分工关系也更多地表现为兼具垂直分工和水平分工内容的多元化特征。一方面，在制造业的部分行业，台湾仍具有一定的相对优势，相当部分台资企业除了生产制造功能在大陆进行外，其研发、管理、行销等高附加值环节仍由台湾母公司掌控，两岸产业内垂直分工的特征尚未完全改变。另一方面，随着台湾中上游产业和信息电子产业加快向大陆转移，在两岸分工上，大陆台资企业主要从事生产较低端产品，岛内企业生产较高端产品，台资在两岸的布局开始呈现产业内水平分工特征。更重要的是，这一阶段两岸产业的阶梯型层次已显著淡化，大陆不仅形成了完整的制造业体系，产业结构显著优化，技术水平也得到了跨越式提升。特别是在大陆沿海地区若干经济板块的快速崛起，培育了一些具有竞争优势的产业集群，两岸产业间水平分工的格局逐步成型。

在这一阶段，两岸制造业发展阶段虽然仍有一定落差，但差距已显著缩小。例如，在化学品制造业和半导体、电子零组件等电子资讯业方面，台湾仍具有较强的优势，两岸在这些产业内的分工仍以垂直分工为主要特征；在金属制造、机械设备、电子电器制造业等领域，两岸基本上处于同一水平，各具优势，呈现水平分工的特征。在传统的食品、纺织等劳动密集型产业，大陆的优势地位继续得以巩固；而在太空技术、核能技术、超导研究、基因生物工程等高科技领域，以及航天、矿冶、无机化工等基础产业方面，大陆已经形成了具有世界领先水平的产业基础。在服务业领域，大陆的发展则仍然较为缓慢，台湾的优势地位较为明显。因此，海峡两岸在这一阶段的分工，呈现较为复杂的混合型特征。

3. 多元化分工格局主导阶段（两岸加入世贸组织以来）

进入 21 世纪以来，在知识经济的快速发展和发达国家产业结构升级需求的推动下，新一轮国际产业转移的热潮方兴未艾。与以往国际产业转移所不同的是，这一轮产业转移是发生于经济全球化进程加快推进的背景下，并且极大地得益于信息技术的推动。随着两岸在 2001 年相继加入世贸组织，新阶段的两岸产业分工合作受这一潮流的影响，也自然地成为国际产业转移和分工中的一个环节，并带有这一时期国际产业转移的一些显著特征。

纵观新世纪以来的国际产业转移，不难发现有以下新趋势贯穿其中。一是产业转移主体的变化。在跨国公司作为国际产业转移主体的地位更加凸显的同时，新兴经济体和发展中国家或地区开始成为产业转移主体中的新成员。二是产业转移目的的变化。产业转移的目的不再局限于衰退产业的转移和加速培育新的主导产业，被动地配合国内或地区产业结构升级的完成，而是更注重整个产业在全球的优势整合，主动寻找最有利的增值点，以寻求全球竞争优势。三是产业转移内容的变化。产业转移的重心由过去以资源开发导向型、结构转换导向型为主向技术创新导向型、全球布局投资型转变，转移的产业结构呈现高度化和知识化趋势，其中资本和技术密集型产业（电子信息产业）成为当前国际产业转移的重点领域。四是服务业成为国际产业转移的热点。随着跨国公司开始新一轮全球产业布局调整，服务业通过项目外包、跨国公司业务离岸化等途径向新兴市场国家或地区转移的趋势日趋明显，跨国公司所控制的价值增值环节只集中于少数具有相对竞争优势的核心业务。五是集聚式的产业链转移趋势日益明显。要素自由流动推动下的"全球在地化"或"在地全球化"趋势，使产业的国际转移呈现更为明显的企业"集聚"特征。外移企业改变以往单个企业、单个产业、单个项目、单个价值链环节分散寻找投资地的资本转移方式，而是采取上、中、下游完整产业链群体的跨国或区界复制方式，龙头企业的投资可以带动一批相关行业的大量投资。

两岸先后加入 WTO 至今，台湾产业链的制造端加快向大陆转移，两岸在同一产业内形成大陆主要从事生产制造环节，岛内主要从事管理、研发、财务运作、市场营销等为主的功能性分工。绝大部分到大陆投资的台商都维持母公司在台湾继续营运，并在两岸均设有制造部门，大陆投资事业是其全球投资的重要一环。以电子信息产业为例，台湾厂商依据本身所具有的所有权和内部化优势，发挥两岸之间的区位优势，大多采取如下分工形态：即台湾母公司着重承担全球运筹管理功能，包括拟定集团经营管理策略、财务调度、研发和行销；大陆企业则专注于制造环节，特别是产量大、附加值相对较低、劳动密集度相对较高，以及大陆具有技术、人才优势，或符合大陆市场特定需求的产品，而母公司的制造活动只保留少量处于产业价值链高端的高附加值产品。从这一趋势看，台资企业在两岸的布局结构使得两岸产业已呈现明显的功能性分工特征。

同时，从两岸产业的整体发展上看，目前大陆沿海地区正大力发展高、精、新产品和出口创汇产品，特别是在国际市场上有竞争力的优质名牌产品，并逐步打造大陆高新技术产业基地和出口产业基地。随着大陆沿海地区的产业结构的优化和竞争力的提升，两岸之间已具备发展以水平分工为主要分工形态的条件；而对于广大中西部地区，由于制造业发展水平还明显低于台湾，台资企业在当地的发展与台湾岛内的关联企业之间仍然主要呈垂直分工特征。显然，基于大陆经济发展的区域差异性和特殊性，现阶段只有多层次、多元化的对外经济合作，才符合两岸经济发展的现状与趋势，也才符合大陆经济发展的需要。决定产业分工形态的诸多因素及其在两岸经济中的展开，充分说明两岸产业分工是垂直分工与水平分工纵横交错且呈多元化、多层次的分工合作结构，其中水平分工是主导形态，是分工发展的基本趋势。实践证明，这种分工结构符合两岸经济发展的长远利益，并且呈现出不可阻挡的必然趋势。也惟其如此，才能促进两岸经贸关系健康顺利向前发展。

第二节　两岸产业合作的效应分析

1. 两岸产业合作促进经济增长

经济增长是产业合作的重要动因。两岸产业合作可以使两岸生产要素和资源配置更加合理，从而提高各自的经济效率，拉动经济增长。海峡两岸自然条件、资源状况、经济发展和科技水平存在一定的差异，许多产业的关联性与互补性强，通过经贸交流，将各自的比较优势结合起来，进行合理的资源配置和有效的分工合作，可以充分发挥互补、互利的经济效果，从而带动两岸经济的发展和共赢。

两岸比较优势的互补，主要是通过不同产业分工形态的生产要素交换实现的。双方以经济利益为动力，以产业对接为内容，把各自的相对优势组合成整体优势，逐步建立具有比较利益优势、规模效益和市场竞争力的优势产业，形成"垂直分工与水平分工"相结合的产业分工体系。从20世纪80年代中后期台湾中小企业大量涌入大陆东南沿海地区设立加工出口基地，到90年代大型企业不断进入大陆拓展市场空间，再到 21 世纪初期技术密集型企业纷纷到大陆投资设厂，[①] 由台湾投资大陆和两岸贸易引发的两岸产业合作及其发展，对两岸经济增长、产业结构的优化、投资的增加、就业的扩大等起了重要的作用。例如，两岸产业合作将显著扩大台湾就业。在两岸贸易自由化推进过程中，大陆将不断给予台湾农产品更大的开放度，以支持台湾农民就业。减少和降低 10＋1 自由贸易区减税计划实施之后，大陆可减免或降低相关行业的关税税率，进而使相关行业保持发展，带动就业。两岸签署经济合作协议后，将有效降低总失业人口数，再加上贸易自由化，岛内投资拉动的就业效应，两岸合作机制对台湾就业促进效益将进一步增大。

　　两岸产业合作促进了两岸的经济增长与产业升级。从台湾方面看，台商投资大陆为台湾转移落后产能提供了机会，使台湾本土顺利实现产业升级。两岸的产业合作为台湾经济的发展提供了充沛的资源、广阔的市场以及不断提高的技术与管理水平。台湾是高度的外向型经济体，出口贸易对台湾 GDP 的贡献度大。大陆是台湾最大的出口市场，近年来台湾对大陆出口基本占其出口总额的 30% 左右，大陆对台湾出口有积极拉动作用。台湾对大陆贸易的比较优势主要是资本技术密集型产品，对大陆有大量贸易顺差的部门主要集中在石化、机械设备、电子、光学仪器等部门。两岸产业合作的进一步发展将带动台湾对大陆出口有更大幅度的增长。从大陆方面看，台商投资大陆和两岸贸易的发展促进了大陆地区尤其是台商投资密集地区的经济发展。台湾经贸发展与产业结构转型是两岸经贸互动的主要原因，其中台湾经营环境的转变，导致生产成本上升，是台商到中国大陆投资的主因原因，而在全球各大企业"中国战略"的驱动下，台商与跨国企业合作网络延伸至中国大陆。其中"科技进步"则是支撑台商在大陆营运的重要基础。但另一方面，两岸经贸的发展却又是影响台湾经贸发展的重要变数，特别是台商带动大陆产业外部投资和国际贸易发展，且台商引进技术转移也促成大陆产业升级，进而使台湾传统劳动力密集、中低科技产品出口市场被大陆所取代。台湾产业阶梯型地转移大陆，一定程度上促进了大陆经济的增长、就业的增加和产业的升级。

　　特别是加强两岸产业合作，将显著提升大陆产品和技术的国际竞争力。两岸经济发展处于不同的阶段，台湾工业化进程对大陆有一定的借鉴意义。两岸产业合作

---

　　① 李非：《本期话题：两岸产业合作研究》，《福建师范大学学报（哲学社会科学版）》，2010 年第 5 期，第 69 页。

使大陆获得一定程度的先进技术和管理等要素的外溢效应，台资企业赴大陆发展也为大陆产业的发展带来了新的活力。随着两岸自由贸易进程的加速，尤其是扩大高新技术产品市场开放，不仅能促进大陆对台贸易发展，同时，进出口贸易所带来的资源转换效应，将使大陆产品市场竞争力进一步增强，进而带动大陆总体对外贸易发展。两岸现代服务业与高新技术产业合作深化将带动大陆投资增长。两岸建立经济合作机制后，产业合作将持续拓展、深化。尤其是大陆对台湾扩大服务业市场开放，将会加强两岸在金融、旅游、物流等多个服务业领域合作。与此同时两岸制造业合作水平和层次将进一步提升。两岸推出的"搭桥专案"将在中草药、太阳光电、风力发电、汽车电子、航空、纺织与纤维、通讯、电动自行车、生物技术等领域展开合作。两岸高新技术产业合作的规模、领域和层次将有较大提升，进而推动大陆投资增长。

2012 年上半年大陆 GDP 为人民币 227098 亿元，较 2011 年同期增长了 7.8%，虽为三年来首次跌破 8% 大关，但仍在亚洲排名第一，而台湾第二季呈现负增长，为 −0.18%。由于两岸制造业大部分以代工制造为主，并出口至欧美市场，适逢 2012 年上半年全球市场受到欧债危机、美国财政悬崖等问题打击，导致两岸经济增长趋缓甚至衰退，严重冲击两岸制造业，其中台湾工业指数 2012 年上半年增长率出现衰退，显示岛内经济发展状况较差。同一时间，大陆也受全球经济发展欠佳所影响，外销现状不如以往风光，所幸岛内的内需仍可支撑经济增长。当前加强两岸产业合作，可望刺激台湾景气逐步回稳。

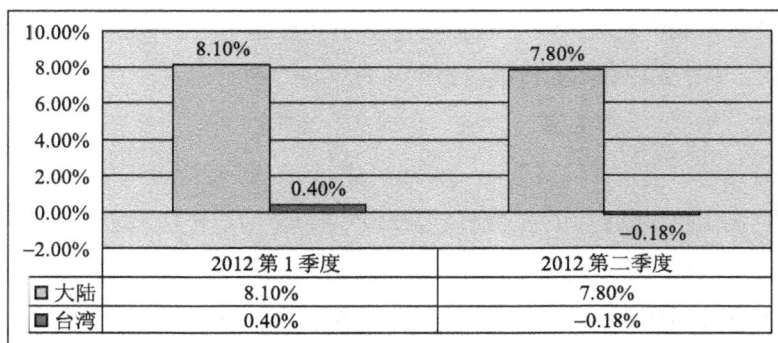

	2012 第 1 季度	2012 第二季度
大陆	8.10%	7.80%
台湾	0.40%	−0.18%

图 14-1　2012 年第 1、2 季度两岸 GDP 增长率情况

资料来源："中华征信所"。

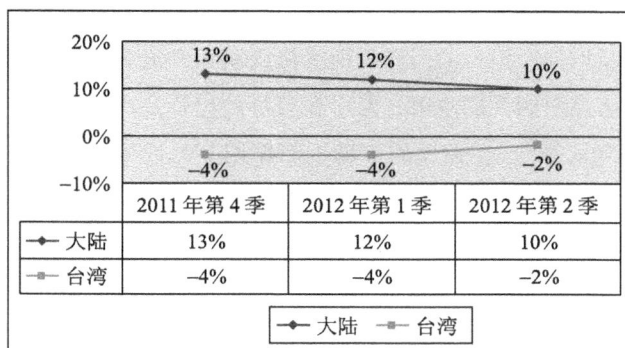

图 14 - 2　2011—2012 年两岸工业指数年增长情况

资料来源：同上。

2. 两岸产业合作促进两岸经济相互依赖

根据李鹏对经济相互依赖和海峡两岸经济相互依赖的定义，经济相互依赖是指各个国家、地区或其他经济体之间，以及它们与区域经济或世界经济体系之间发生的、且难以摆脱的一种相互影响、相互制约、相互作用的关系。它是一种静态的客观状态和事实，也是一种动态的发展趋势；它既是一种经济现象，也是一种政治现象。海峡两岸经济相互依赖，无论是作为一种静态的客观状态和事实，还是作为动态的发展趋势，在狭义上是指祖国大陆与台湾地区之间形成的且难以摆脱的一种相互影响、相互制约和相互作用的经济关系；在广义上还包括两岸经济关系与区域经济和世界经济之间的一种难以摆脱的相互影响、相互制约和相互作用的关系。[①]

自 1979 年两岸关系解冻以来，台商以各种方式不断扩大对大陆投资及由此开始的两岸贸易高速增长，使台湾与大陆的产业合作及其经济关系的功能性整合不断深化发展，大陆以积极开放的态度鼓励台湾同胞赴大陆投资设厂，开展与台湾之间的贸易。两岸经贸依存度和经济整合程度逐渐加深，两岸经济交流为台湾提升竞争力参与国际产业分工提供了巨大的空间，两岸经济合作对台湾外贸与经济增长贡献度巨大。1979 年台湾对大陆的贸易依存度只有 0.25%，自 2001 年大陆加入世贸组织后，台湾对大陆的贸易依存度逐年上升，到 2008 年已上升至 19.66%，其中对大陆的出口依存度达 26.24%。显然，在两岸产业分工、投资带动贸易的经济环境下，

[①]　李鹏：《海峡两岸经济互赖之效应研究》，北京：九州出版社，2010 年版，第 22—23 页。

台湾对大陆的出口依赖持续升高。伴随着台湾对大陆贸易顺差的不断增多，对大陆市场依存度也不断增强。但台湾当局长期严格限制大陆赴台投资和产品入岛，在两岸经贸上制定了诸多限制性的政策，两岸在贸易、投资及产业分工等方面表现出长期"不对称的相互依赖"。在强大的市场机制作用下，近年来台湾当局限制岛内资金和产业西进大陆的实际影响力呈下降趋势，且筹码不断流失，选择余地越来越小。① 马英九上台后，在岛内经济面临严重的内忧和外患的背景下，为重振岛内经济，避免在地区整合中"被边缘化"，推出了搁置争议，把扩大两岸经贸交流、推动两岸建立制度性合作架构作为经济政策的重点。两岸通过海协会与海基会启动对话与合作的机制，使相互依赖的经济体之间逐步摆脱合作的制度化障碍。两岸签订综合性经济协定，以及台湾对大陆资本入岛的渐进开放等政策的实行，使得两岸不对称的相互依赖关系在未来也会有所缓和，从而有利于形成两岸互相开放、双向交流的互利合作关系。

3. 两岸产业合作有利于推动两岸政治互信

2000 年，在台湾第一次政党轮替之后，台湾岛内政局发展深刻变化，两岸关系在民进党执政的八年面临更加严峻的考验。两岸在政论上相互对立甚至互不接触，然而在经济上却暗潮汹涌，相互合作，两岸之间出现了"政冷经热"的局面。经济上的合作为两岸民众提供了更多交流与接触的机会，成为两岸民间或团体接触对话最重要的因素。在某种程度上由经济上的交流合作加深了两岸民众对彼此的认识与了解，有利于推进两岸民间的互信与认同。同时，下野的国民党痛定思痛，积极寻求与大陆的合作，岛内其他泛蓝阵营为了扩大自己的影响也积极与大陆官方进行接触与协商，2005 年在野的国民党、亲民党、新党领袖相继访问大陆，开启了在民进党执政时代两岸政党合作与对话的先河。在承认"九二共识"的基础上，经济合作与产业互动成为两岸政党协商合作重要的议题。同时两岸经贸论坛的定期举行为海峡两岸深化合作与增加互信提供了良好的平台。而不断扩大与日益加深的两岸经济关系是这些对话渠道开启的重要基础。

2008 年台湾第二次政党轮替，国民党执政，两岸关系在国共几年的合作酝酿下

① 周志怀主编：《台湾研究优秀成果奖获奖论文汇编 2008 卷》，北京：九州出版社，2009 年版，第 54 页。

取得重大突破，两会重启对话与商谈，经过两年多的对话协商，两岸不仅实现了两岸同胞期盼已久的"三通"，并于2009年6月签署了在两岸经济与产业合作问题上具有里程碑意义的《海峡两岸经济合作框架协议》，标志着两岸在经济、事务性方面的协商谈判取得阶段性的成果。以民促官，以民间交流网络的建设促进两岸高层的制度化协商机制的建设，是两岸关系发展的重要特点。

根据《海峡两岸经济合作框架协议》第十一条规定，双方成立"两岸经济合作委员会"，负责处理两岸经济合作的相关事宜，并定期召开例会，监督评估协议的执行。2011年1月6日，两岸经济合作委员会在海协会和海基会的框架下正式成立。委员会采取双首席代表制，成立由双方指定人员组成的委员会，"大陆方面首席代表为海协会特邀顾问、商务部副部长姜增伟，代表包括商务部、国台办、发改委、工信部、财政部、海关总署、质检总局等7个部门的海协会理事、专家。台湾方面首席代表为'经济部'常务次长梁国新，代表分别来自台湾当局经济、两岸事务、金融管理、经济建设、财政部门和海基会"。① 两岸经济合作委员会的建立，不仅有利于进一步扩大两岸经贸合作，推动两岸经济关系制度化的发展，而且在处理经济合作问题的同时，为两岸公务部门的接触协商提供了平台，以两岸在职官员为主体的经济合作委员会代表，在以后的交流合作中将有更进一步的了解与接触，有利于两岸官方互信的累积。

2009年7月，台湾正式开放部分大陆资本入台，两岸开启双向投资的时代。签署两岸投资保障协议也随着"陈江会"会谈的不断深化而进入第七次会谈将要解决的议题。长期以来，大陆资本被禁止进入台湾投资，而台商投资大陆所依据的法律在两岸各有不同，大陆方面为《中华人民共和国台湾同胞投资保护法》及其细则，台湾方面为《台湾地区与大陆地区人民关系条例》及其施行细则。双方在税制、具体投资经营的政策上有较大不同，由于两岸关系的不稳定性和复杂性，两岸一直未能建立经过双方协商制定的关于投资保障方面的协定。《海峡两岸经济合作框架协议》签署之后，建立两岸投资保障机制提上日程。框架协议第五条规定，在协议生效后半年内建立至少包括以下四方面的关于投资保障协议的事项，即："（1）建立投资保障机制；（2）提高投资相关规定的透明度；（3）逐步减少双方相互投资的限制；（4）促进投资便利化"。两岸协作共同探讨建立两岸投资保障协议来为两岸

---

① 两岸经济合作委员会的来龙去脉：http：//library. xmu. edu. cn/news/detail. asp? serial＝70750。

的经贸合作提供制度化的保障，将为两岸产业合作的便利化和有序化创造良好的条件。同时，若能签订投资保障协议，两岸官方将会合作处理琐碎而复杂的经济事务，在频繁的交流过程中将进一步增进对彼此的了解和认识，两岸的差异化与同一性在合作中将更进一步展现出来，有利于两岸官方形成积极务实的态度，在此基础上处理更进一步的问题。

随着台湾放开大陆民众赴台旅游与准许部分大陆资本进入台湾，以及"两岸经济合作委员会"的建立，2012 年 8 月 9 日《海峡两岸投资保障和促进协议》的终于正式签订，两岸之间的交流与合作逐步走向双向的互动。两岸产业合作的深入发展，使两岸之间贸易、投资关系进一步强化，人员的交流往来更加频繁。两岸高层的合作与商谈，增进了政治互信，随着两岸经贸关系的加强，未来两岸关系进一步发展的动力将逐步凸显。如何协商、谈判敏感的政治议题，推动两岸关系向纵深发展，成为两岸必须面对的重要问题，两岸经济上的协商虽然不能取代两岸存在分歧的政治商谈，但由经济议题协商取得的政治互信一定程度上为两岸政治商谈创造了条件，预作了准备。

第三节　两岸产业合作的分工机制与合作模式

1. 两岸产业合作的形成机制

发展水平、政策导向、体制因素、资源禀赋、产业目标的巨大差异，使得两岸产业结构存在诸多的差异。这主要体现在四方面。首先，产业发展的阶段不同，大陆仍处于工业化的中后期阶段，制造业在整体经济发展中所占比重偏高；而台湾已基本进入服务经济时代，服务业比重高达七成，与发达经济体接近。其次，制造业的内部结构不同，大陆传统产业仍是制造业的主体，而台湾制造业中高科技产业所占比重高，尤其是电子信息产业和光电产业已成为制造业中的支柱性产业。再次，大陆作为具有全球性影响的经济体，已经逐步形成门类齐全、发展相对均衡的产业结构，而台湾的产业构成则具有明显的集中性特征，例如，2009 年的半导体与面板产业产值占台湾制造业产值的一半以上，具有举足轻重的影响。最后，两岸产业的发展模式不同，大陆产业仍以投资驱动型为主，主要依靠资本、劳动力与资源的投入带动产业实现规模扩张，而台湾产业发展已基本进入创新驱动阶段，以发展知识密集型产业见长。而这些差异性正是推动两岸产业互补合作的基本驱动力。当然，在上述差异中，两岸产业发展还有一个最主要的共性，就是在经济发展过程中，制造业依旧是推动经济增长的主要动力。目前，大陆第二产业比重仍是 GDP 主要构成部分，高于服务业约 4 个百分点。尽管台湾的服务业比重高达 70% 左右，但在 GDP 构成中，对外贸易仍是带动经济增长的主要来源，显示出口行业对经济发展具有举足轻重的影响；而在台湾的出口结构中，货物贸易占 90%，因此，制造业作为经济发展核心动力的重要地位尚难以撼动。从这一角度分析，两岸产业合作的基本内容必然是以制造业为主体的，这一点从台商对大陆投资的产业结构就可以得到验证。

值得关注的是，两岸产业合作的动因来源于内外两方面。从内部因素看，由两岸产业资源禀赋的巨大差异所引致的产业合作比较利益以及台湾经济环境变化引起的产业外移，使得两岸产业合作存在巨大的互补合作空间，这是推动两岸产业合作不断深化的原动力。从外部环境看，面对日本、韩国的激烈竞争，以及东盟各经济体、中国大陆的快速赶超，台湾产业发展面临着前后"夹击"的巨大压力，迫使其必须通过与大陆合作实现优势互补，获得新的发展空间。事实证明，无论是台湾的夕阳产业（传统产业）、策略性产业（高科技产业，尤其是电子信息产业）还是新兴产业大多都通过对大陆的投资与合作达到延缓衰退周期、促进产业增长的目标，显示通过产业合作，确实能够实现两岸在要素资源、产业结构、技术水平三方面的优势互补，从而形成产业之间强大的利益驱动机制，推动着两岸产业合作的深化。[①]

2. 两岸产业的合作模式

从已有的资料分析，当前的两岸产业合作主要有三种模式，即产业分工、投资与贸易。产业分工是两岸产业合作的基本形式。两岸产业结构、要素禀赋、比较利益优势的差异，决定了两岸分工将呈现出垂直分工和水平分工并存的特点，这两种分工方式在两岸各类产业合作中均存在。从产业门类来看，在以出口导向为主的高科技产业的合作中，垂直分工仍是最主要的形态；而在以内销导向为主的产业中，水平分工最为普遍。总体而言，随着大陆经济的快速发展以及两岸合作的深化，水平分工将成为两岸分工的常态。投资是当前实现两岸产业合作的主要途径。由于产

[①] 参见盛九元：《两岸经济合作的路径选择与机制建构——基于一体化理论的研究视角》，长春：吉林人民出版社，2011 年版，第 135—136 页。

业发展的水平差异，现阶段两岸产业合作仍以台商对大陆的投资为主导，再加上台湾当局对陆资入台的限制，使得现阶段两岸相互投资的失衡仍是两岸产业合作最显著的特征。贸易是推动两岸产业合作的主要动力。在东亚产业分工网络中，缺乏最终产品的消费者，因此，两岸产业合作的重点并非生产最终产品在当地消费，而是以生产零组件和中间制成品在大陆加工装配成最终产品并实现出口为主，具有典型的"投资带动贸易"特征，属于加工贸易方式，这种方式是两岸产业合作的重要形式，具体模式就是台湾母公司投资大陆的子公司，而子公司的产品直接或经返台再加工后供出口。由此产生出东亚区域产业分工中典型由出口带动的第二次乃至第三次出口需求拉动的效果，这既是两岸产业合作的重要方式，也是台商投资"出口极大化"效应产生的源泉。

需要指出的是，高科技产业是两岸产业合作的重要组成部分，处于两岸产业合作中的核心地位，这种细致、绵密的合作也为两岸经济合作的深化提供了有利的条件。从目前情况看，在高科技产业发展方面，两岸各具优势，大陆的优势在于产业发展门类齐全、基础研发能力强，台湾的优势在于与国际市场结合度高、制程先进、获利能力强。具体到两岸产业合作，台湾仍居于主导地位，这主要是由于合作载体是以台湾的优势产业为主，以出口导向为主，合作主要围绕台湾具有比较优势的产业展开。从现阶段两岸高科技产业的合作的态势看，主要体现出五方面的特点：一是以大企业为主，二是以电子信息产业为核心，三是产业地区集聚度高，四是本地化趋势明显，五是以加工装配为主（也就是台湾承担国际代工的延伸）。上述特征具有典型的东亚区域产业分工特点，因此，对国际产业分工背景下的两岸产业合作进行研究就具有重要的理论意义和现实意义。[①]

当前，应以"两岸产业搭桥"计划为载体，通过深化两岸产业合作，进一步提升两岸经济合作的层次，实现两岸在东亚产业分工中各自地位的提升，以有效彰显两岸制度性一体化建设的实际效应。产业合作是两岸经济合作最主要的内容，深化两岸产业合作不仅有助于两岸经贸互动的深化，也是两岸提升在东亚产业分工地位过程中核心竞争力的重要方面。在此基础上，2008年8月，台湾当局启动的"产业搭桥项目"可以成为深化两岸产业合作的切入点。该计划的内容主要包括以下

---

① 参见盛九元：《两岸经济合作的路径选择与机制建构——基于一体化理论的研究视角》，长春：吉林人民出版社，2011年版，第136—137页。

方面：

（1）合作的方式

以举办两岸产业交流会议的方式为两岸产业合作建立平台，项目的规划时间为"一年交流，二年洽商，三年合作"，由两岸轮流举办产业合作交流会议。其中，第一年进行两岸产业项目的交流，第二年为合作洽谈期，第三年达成实质性的合作。会议由两岸专门机构（国台办经济局与台湾的"经济部"技术处）具体负责，参与"搭桥"。

表 14 - 1　两岸产业合作的方向与方式

合作 方向	新兴领域（绿能、LED、电子书、电动车、云端计算、生技等）	1. 合资或专门机构合作，共同投资于商品化前期的技术研究，以取得 IP 2. 合作或共同营销、交互授权与进行品牌合作 3. 共同制定标准、规格、实行认证，合作进军全球市场 4. 共同开展医疗器械、医疗照护的 R&D 及软、硬件技术的合作
	传统产业	1. 提升合作的质量（如台湾的裕隆汽车/大陆的东风汽车） 2. 结合技术/营销的优势开展分工合作 3. 按照市场调节实际产业的整体转移
	服务业	1. 以授权、合资方式在大陆和海外加强连锁经营方面的合作 2. 开展文化创意产业合作 3. 实行医疗照护、金融服务的拓展（以两岸市场为基础）
合作 方式	1. 区域试点（海西、成渝等）与进行基地试验相结合 2. 以重大项目为突破口（以世界市场为目标） 3. 开放服务业市场 4. 文化创意产业、食品饮料等内需型产业形成两岸联接的市场通道	

资料来源：陈添枝（2010）：《后 ECFA 时代的两岸产业政策》、刘震涛（2010）：《深化产业合作，扩大共同利基》，2010.9.24，两岸经济产业合作大趋势论坛。

（2）合作的目标

以两岸企业直接交流、促成两岸产业合作项目为目标，力求发挥台湾企业的创新能力，进入大陆的内需供应体系，进行全球创新，构建新的生产网络，推动实现两岸合作并建立相关高科技产业的标准。在具体的合作方式上，"搭桥专案"强调以妥善结合与运用两岸和区域内的产能为基础，采取多样化的合作机制，推动两岸企业以这一平台为基础，进行产业的共同研发、共同生产、产销合作、共同投资，还包括两岸合作进行跨国企业管理、产业集资、金融服务、仓储转运等方面的合作，在全球产业网络中建构起新形态的创新网络。

（3）合作的具体项目

两岸产业"搭桥"项目初步选定的项目，包括中草药、太阳光电、车载资通讯、航空、通讯、LED 照明、光储存、信息服务、风力发电、车辆、设计、流通服务、食品、精密机械 15 个产业进行交流合作；2010 年还增加了电子书、废旧电子清洁生产项目。

（4）合作的成效

自 2008 年 12 月至 2010 年底，两岸已举办过 21 场次的产业搭桥会议。2011 年一年促成 520 家企业参与洽商，130 多家企业进行合作，签署 50 项产业合作意向书。[①] 典型的案例包括，大陆第二大单晶太阳能硅晶圆厂——阳光能源公司投资台湾的纳米龙模块厂，就是搭桥专案的具体成果。阳光能源为合晶公司在香港转投资企业（以港资企业身份），在锦州设厂生产太阳能电池用硅晶圆。阳光能源投资台湾纳米龙模块厂后，新公司更名为景懋光电，阳光能源收购景懋光电 78.93% 的股份，正式涉足太阳光电模块制造。从上述进展可以看出，尽管"产业搭桥"计划体现出以台湾为主、以拓展大陆内需市场为目标的产业合作方向，但只要善加运用，通过双方的优势互补，完全可以借此推进两岸产业的深化和竞争力的共同提升，从而提高两岸在全球产业分工中地位的目标，推动经济一体化建设的深化。其中需要强调的问题有三：首先，两岸产业合作必须以大陆市场为依托，实现自创品牌、自主创新的目标，以便在共同制定技术与制程标准方面占据更有利的地位，通过双赢进一步提高两岸合作的意愿。其次，在产业合作中，以促进两岸企业之间的合作为主要方向，在市场机制下，提升两岸企业的合作效率，拓展产业合作的领域和范围，推动两岸合作进一步从制造业向服务业领域发展，从而进一步增强经济一体化建设的微观动力。再次，以加强新兴领域的合作为目标，通过占据产业发展制高点取代以往的"赶超战略"，从而使两岸在国际产业分工中居于更有利的地位，为两岸制度性一体化的发展奠定更有利的基础。[②]

---

① 参见《产业搭桥推动两岸产业交流》，台湾：《经济日报》，2010 年 3 月 19 日。

② 参见盛九元：《ECFA 的后续发展：趋势、路径与步骤》，《亚太经济》，2012 年第 1 期，第 129 页。

表 14 - 2　两岸"产业搭桥"专案场次安排

台湾场次（5 场）

场次	日期	交流项目	地点	指导单位	主办单位联系窗口
1	2010/5/25 - 26	生技与医材	台北圆山	技术处	海峡两岸医药卫生交流协会与台湾生技中心
2	2010/8/10	纺织与纤维	台北圆山	技术处	中国纺织工业协会与台湾纺织研究所
3	2010/9/7	数位内容（含电子书、动画、游戏）	台北国际会议中心	工业局	中国电子信息产业发展研究院与台湾资策会
4	2010/10/18 - 19	电子业清洁生产暨废电子产品资源化	台北张荣发基金会	工业局	中国再生资源回收再利用协会与台湾绿基会
5	议题协商中，顺延 2011/4/27 第一季办理	中草药	台北	技术处	中医药学会、国家中医药管理局与台湾工研院生医所

大陆场次（10 场）

场次	日期	交流项目	地点	指导单位	主办单位联系窗口
1	2010/6/8 - 11	通讯产业	北京	工业局	中国通讯企业协会与台湾工研院资通所
2	2010/6/23 - 27	绿能产业（LED 照明）	北京	能源局	中国半导体照明协会与台湾工研院能环所
3	2010/7/26 - 8/1	可再生能源产业（太阳能、风电）	南京	能源局	北京鉴衡认证中心与台湾工研院太电中心和机械所
4	2010/6/23 - 27	食品产业	北京	技术处	中国食品科学技术学会与台湾食品研究所
5	2010/9/2 - 5	信息服务	南京	工业局	中国电子信息产业发展研究院和台湾资策会
6	2010/9/5 - 7	物流	天津	商业司	中国国际货运代理协会与台北市计算机公会
8	2010/10/24 - 28	电子商务	上海	商业司	中国机械工业联合会与台湾资策会产支处
9	2010/10/12 - 13	精密机械	南京	技术处	中国互联网协会与台湾工研院机械所
10	2010/12/7 - 8	车辆产业（含电动车）	杭州	技术处、工业局	中国汽车协会与台湾车测中心

资料来源：根据台湾"经济部"技术处的资料整理。

第十五章 ECFA 与两岸产业合作

第一节 ECFA 简介

1. 背景

随着交通通讯技术的快速发展，世界各国经济贸易往来日益频繁，在各方力量的推动下，世界经济一体化已经成为当今世界的主要潮流。然而，由于世界各国利益分歧较大，南北之间、地区之间很难达成共同协议。于是很自然地，区域经济一体化便成为了可行的替代选择。当前，区域经济一体化发展最成熟的莫过于欧盟。其次，各地还签署一大批双边或多边的经济合作协议。例如，东南亚国家联盟、亚太经合组织和北美自由贸易区。还包括一些国家签署的 FTA（Free Trade Area）自由贸易区，如美国与韩国签署的自贸协定，中国与新西兰签署的自贸协定等等。这些区域贸易协定都是对全球经济一体化的有益补充。

2001 年中国成为 WTO 的成员国，2001 年 11 月 5 日，台湾地区提出十年内与东盟形成"中国—东盟自由贸易区"，2002 年东盟 10 + 1 会议签署了《中国与东盟全面经济合作框架协议》，2003 年中国内地分别与中国香港和澳门地区签署 CEPA，标志着在东亚与东南亚范围内自由贸易区雏形的形成。由于政治问题，台湾一直以来很难与主权国家签订自贸协定。随着中国与东盟相关协定的生效，中国台湾地区在中国大陆的市场将受到东盟国家和日韩相关产品的挤压，面临边缘化的危险。台湾地区若能与中国大陆签订贸易协定，便可利用大陆所签署的一系列协定，开拓更多的市场份额。

　　两岸建立经济合作机制的研究始于上世纪 90 年代初，当时已有学者提出在一个中国原则下，加强大陆与港、澳、台经贸合作的构想。其中较有影响的有香港亚太二十一学会会长黄枝连的"中华经济共同体"、留美学者郑竹园的"大中华经济圈"、台湾学者高希均的"亚洲华人共同市场"和大陆学者金泓汛的"海峡两岸经济圈"，[①] 目的都是为打破两岸政治僵局，为构建两岸制度性一体化寻找合适的途径。这些提法与模式对于推动和建立两岸经济合作机制有着积极意义。

　　2000 年 11 月 12 日，萧万长在台北提出建立"两岸共同市场"的构想，并于次年 3 月 26 日筹资 1 亿元新台币组织"共同市场基金会"，推动"两岸共同市场"的研究。[②] 这成为台湾民间推动两岸经济合作机制化建设的先声。2001 年 12 月和 2002 年 1 月，大陆与台湾先后加入 WTO，使两岸的经济合作格局面临着新的外部冲击和影响，但同时也为两岸经济一体化的发展提供了新的契机。WTO 的本质是有规则的、开放的经济，在这一主旨下，两岸经济合作必然要突破以往的"民间、单向、间接"的框架，朝制度化、规范化方向发展。而且，随着东亚经济格局的变化，尤其是区域经济一体化建设的加快，两岸经济交流交往的民间性模式已经成为阻碍合作深化的瓶颈，有必要进行相应调整。针对这一情势，2002 年 1 月 28 日，在纪念"江八点"（江泽民"关于发展两岸关系、推动祖国和平统一的八项主张"）发表七周年大会上，国务院副总理钱其琛首次代表大陆正式提出建立"两岸经济合作机制"的构想。对这一构想，钱副总理进行了深刻的阐述，指出"两岸双方已先后加入世界贸易组织，这是双方一件大事，也是进一步发展两岸经贸关系的新契机。当前，经济全球化程度不断加深，区域经济合作的趋势更加突出。双方都面临着巨大的发展机遇，也将接受相当程度的挑战。面对共同的机遇与挑战，两岸同胞理应甘苦共尝，相互扶持……进一步发展两岸经济关系，是客观趋势所致，是两岸同胞所愿，是双方利益所在。我们主张不以政治分歧干扰两岸经贸交流。限制两岸经济合作的人为障碍，应当尽快拆除。两岸经贸问题应该也完全可以在两岸之间解决……为推动两岸经济关系上升到一个新的水平，我们愿意听取台湾各界人士关于建立两岸经济合作机制、密切两岸经济关系的意见和建议，以加强两岸经济合作的

---

　　① 参见李友华：《当前两岸建立经济介作机制的症结及对策》，《安徽师范大学学报》，2008 年第 1 期，第 31 页。

　　② 参见《两岸共同市场基金会正式启动》，台湾：《联合报》，2001 年 3 月 27 日。

方式推进两岸共同提升国际竞争力"。① 钱副总理的讲话当即在台湾引起强烈反响，岛内许多的专家、学者以及部分官员纷纷撰文或讲话，对大陆官方的这个正式提法发表各种看法，并据此提出一系列相应的主张。时任台湾金融研训院院长的台湾著名经济学家薛琦则从另一角度指出，两岸关系若停滞不前，且岛内经济改革迟缓，则台湾在亚太经济分工中将处于边缘化地位。

2003 年 6 月 30 日，大陆与香港签署 CEPA 协议（更紧密经贸关系安排），就两地货物贸易、服务贸易和贸易便利化作出安排。随后大陆与澳门也签署了 CEPA 协议。同年 11 月 12 日，国台办新闻发言人李惟一表示，愿以 CEPA 模式促进两岸经济的进一步合作。

2005 年 8 月与 2006 年 4 月，大陆相继举办了首届"两岸菁英论坛"与"国共经贸论坛"。两大论坛的《新闻公报》均强调要加快建立两岸经济合作机制。自 2005 年以来，大陆一直将建立两岸经济合作机制作为对台开展经济合作的主要目标，并正式列入十七大报告。2008 年 12 月 31 日，胡锦涛主席在人民大会堂举行的纪念《告台湾同胞书》发表 30 周年座谈会上发表重要讲话，强调要在尊重历史、尊重现实的基础上，以更加灵活务实的态度来解决两岸之间的分歧；在对当前两岸现状进行深入分析与准确把握的基础上，提出了发展两岸关系的六点意见，并将签署两岸综合经济合作协议、建立有两岸特色的经济合作机制作为其中的重要内容，这为两岸制度性经济合作的建构提供了更加明确的方向。

从这一时期有关两岸经济合作机制讨论所涉及的议题上看，其目的在于：第一，促进两岸经贸合作制度化、规范化，推动两岸经贸关系从以市场导向为主的、民间自发的方式逐渐向规范化、制度化的方向。第二，推进两岸经贸关系正常化，完善两岸经贸交流格局，实现两岸全面直接双向"三通"和双向直接投资。第三，促进两岸经贸合作的进一步深化，积极推动两岸在农业、金融、旅游、运输及医疗等服务领域的合作，扩大及促进人才交流，实现在社会、文化、教育、体育等与经济相关领域的无障碍往来与合作，最终实现两岸经济的全面融合。这也是当时大多数从事两岸问题研究的学者所主张的。由此可见，两岸经济合作机制与"两岸经济合作框架协议"一样，均是以建构两岸经济制度性的合作机制为指向的，从而为

---

① 参见《钱其琛副总理在纪念江泽民同志"关于发展两岸关系、推动祖国和平统一的八项主张"发表七周年大会上的讲话》，《人民日报》，2002 年 1 月 23 日。

ECFA 的推进与签署作了充分的舆论和思想准备。

但由于当时在台湾主政的是主张"台独"的民进党，因此，尽管这一议题始终在两岸热议，但限于当时的两岸政治关系的对立与僵持，一直未能有效推进。

签署"两岸综合经济合作协议"（即 Comprehensive Economic Cooperation Arrangement，简称为 CECA）是马英九在竞选期间所提出的发展两岸经贸关系的基本主张，但囿于岛内政局的纷争，马英九当选后没有直接将此列为两岸政策的内容。2009 年 2 月 12 日岛内六大工商团体联合发表声明，要求当局尽快与大陆签署 CECA；声明指出，自 2009 年 1 月 1 日起，大陆与东盟之间的关税税率在 10% 以下的项目均降至零关税，到 2010 年，10 +1 自由贸易区正式形成后，随着关税的逐步取消，贸易转移效应将进一步增强，台湾的石化、机械、塑胶、汽车零部件等产品的出口将受到严重冲击。2 月 19 日，马英九在接受英文报纸《台北时报》专访时指出，一定要推动与大陆签署 CECA。20 日，台湾行政部门负责人院长刘兆玄在接受岛内民意机构质询时表示，有关部门已经在具体规划推动 CECA。这一系列的动作显示，尽快与大陆签署 CECA 已成为岛内执政党的主流意见。① 但随着民进党与部分民众反对声浪的逐步扩大，马英九及其执政团队被迫在 CECA 议题上进行调整。2009 年 3 月 2 日，马英九的发言人王郁琦提出签署"两岸经济合作框架协议"（Economic Cooperation Framework Agreement，简称 ECFA）以取代在岛内备受争议的 CECA，由此，台湾各相关部门均着手以建构 ECFA 为基本政策目标，ECFA 由此成为台湾主张进行两岸合作的主要议题与拓展两岸经济合作的基本途径，使两岸经济制度化合作模式由综合、全面型转向原则性与框架化，以循序实现两岸经贸关系的规范化、正常化和机制化，避免过早开放使某些产业受到损害，并根据 10 +1 的开放项目，确定对可能受到损害的产业采用早期收获方式予以尽快开放，以解决其面临的实际困难，从而缓解台湾经济发展所面临的压力。

经过两岸的共同努力，2009 年 12 月，有关开展 ECFA 协商的内容正式列入两会（海协会、海基会）协商议程，2010 年 1 月份进行第一次工作会谈，这标志着两岸公权力正式启动两岸经贸制度性合作架构的协商。截至 2010 年 6 月 24 日，经过四次工作协商，两岸完成具体文本的讨论。29 日，两会领导人在重庆正式签署 EC-

---

① 参见"盛九元：CECA——台湾低迷经济的选择"，http://finance.sina.com.cn/roll/20090224/03405891826.shtml。

FA，两岸经济一体化进入新的发展阶段。

从有关 ECFA 签署的基本进程看，相关协议之所以能够顺利进行，其核心因素包括以下三方面：

首先，金融危机和中国—东盟自由贸易区正式实施的冲击。从台湾经济发展的角度看，国际金融危机的发生对岛内各界均产生极大的震动。在危机的冲击下，台湾经济的脆弱性一览无遗。据台湾方面统计，2008 年上半年台湾对大陆出口还保持两位数增长，仅仅过了半年时间，12 月份对大陆出口就大幅下降 54%，远高于日韩、香港等周边经济体对大陆出口的下滑幅度。①

此外，从 2010 年 1 月 1 日起，中国—东盟自由贸易区正式生效，平均关税税率降至 0.1%，而台湾则需要面对 7%—11% 的平均关税。短期内，纺织、机械、化工等产业将受到冲击，涉及产品约 700 多项；从中期看，台湾将由于贸易转移效应显性化而出现产业加速外移的现象；长期而言，由于两岸经济合作的机制化建构无法完成，更将导致台湾经济的边缘化，基本被排斥于区域经济一体化的协商进程之外。② 由此可能产生的严重后果使得岛内经济界人士忧心如焚，强烈呼吁当局加快与大陆协商 ECFA 的进程。

其次，两岸领导人在推进 ECFA 问题上均持积极的态度。由于 ECFA 的核心是由两岸公权力介入以协商建构经济合作的制度性架构，因此，协商必须建立在政治互信以及由市场机制驱动所形成的共同利益基础上。两岸间密切而热烈的经贸交往以及功能性一体化的合作形态，使得制度性协商本身就具有推动合作深化的直接效应，所以问题的关键还在于两岸高层能否在共同的政治基础上开展沟通与协商。

2008 年 5 月，马英九在就职典礼上明确表示愿意在"九二共识"的基础上与大陆展开协商，这就使得两岸开展经济合作制度性协商的基础基本具备。2008 年 12 月，马英九在面对媒体时，明确指出"ECFA 签署越快越好"；台湾行政机关负责人吴敦义在接受"立法院"质询时直截了当地表示"ECFA 对台湾有利"，海基会董事长江丙坤在接受采访时也强调"签署 ECFA 有助于台湾避免边缘化"。而大陆方面更是将推动 ECFA 的协商签署与促进两岸关系"和平发展"紧密结合起来，胡锦涛总书记春节在福建考察时强调"对台湾民众有利的事一定要做，而且要做好"，

① 参见刘旭：《后危机时代台湾经济的发展趋势》，《中国经济时报》，2010 年 4 月 27 日。
② 参见盛九元：《ECFA 对两岸经济合作的影响：进展与前景》，《世界经济与政治论坛》，2010 年第 4 期，第 30 页。

温家宝总理在 2009 年 3 月的政府工作报告中指出要"通过商签两岸经济合作框架协议，促进互利共赢，建立具有两岸特色的经济合作机制"；国台办主任王毅则将此具体化为"平等互利（符合 WTO 规范）、合情合理（符合两岸经济发展实际需要、符合民众关切）、释放善意（承诺不开放大陆劳工与农产品赴台）、好事办好（造福民众、产生实效）"16 字方针。正是在两岸政治互信逐步建立和两岸高层的积极努力下，ECFA 的协商进程得以顺利推进。①

最后，两岸各界对强化产业合作诉求的推动。随着两岸关系"求和平、求稳定、求发展"主轴的确立，两岸经济的合作范围和领域不断得到提升，两岸经贸的密切互动日益成为推动两岸经济一体化发展的重要动力源。随着两岸经贸交流交往的扩大，两岸之间的经济融合程度不断提升。在贸易往来日益密切的情势下，两岸产业合作范围和领域得到进一步拓展，尤其是东亚经济一体化趋势不断深入的背景下，两岸经济的联动效应也不断加强，这就决定了两岸经贸关系必然进一步深化发展的客观性、联动性与不可逆转性。台湾各界已充分认识到，台湾以加工贸易为主体的"两头在外"的贸易模式，以及结构单一的制造业和竞争力有限的服务业必须加以调整，而在这方面唯一可以借助的就是大陆的市场及与两岸产业合作的深化。随着两岸经济全面合作条件的逐步成熟，两岸经贸关系将呈现以全面的要素合作取代垂直分工，以共同进行技术研发和制定技术标准取代单纯的技术、产能移转，以项目整合和共同拓展内需市场取代单纯的接单生产的基本态势。这一发展态势表明，只要制度性一体化的建设取得突破，则两岸经济合作将会呈现更广阔的发展空间。

正是基于上述原因，两岸在有关 ECFA 的协商过程中，很快形成相应的共识，并在基本原则上达成一致，完成相关签署工作，从而使两岸经济合作进入正常化、规范化、制度化的发展阶段。更重要的是，尽管目前签署的是框架性合作协议，但依循"先易后难、循序渐进"的原则，两岸将在此基础上进一步充实具体内容，照顾彼此关切，以使这一协议充分发挥优化资源配置、提升竞争力和增进民众福祉的作用。2010 年 6 月国台办主任王毅在第二届海峡论坛上所提出的 ECFA"有利于台湾经济更好地应对区域经济一体化带来的机遇与挑战"，更是对于有效解决 ECFA 签署后的发展深化与衍生问题的解决提供了新的思路与空间。

---

① 参见"盛九元：ECFA——两岸关系发展的新起点，http：//www. guancha. cn/life/2011 _04 _11 _55922. shtml"。

专栏 15 -1   ECFA 大事记（台湾方面公布）

时间	重要事件
2012 - 12 - 11	经合会第四次例会在广州举行，双方检视 ECFA 各项工作推动进展，规划下阶段工作，并就因应全球经济情势变化与加强两岸经济合作等经验交换意见。本次会议，双方肯定各项议题的推动成果，包括：ECFA 早期收获效益持续显现；ECFA 后续协议协商进展顺利；积极落实海峡两岸投保协议及海关合作协议；两岸产业合作成果持续深化；两岸经贸团体互设办事机构获得进展，双方各已核准第一家经贸团体设立办事机构等
2012 - 08 - 09	第八次"陈江会谈"于台北举行，签署"海峡两岸投资保障和促进协议"和"海峡两岸海关合作协议"
2012 - 04 - 26	经合会第三次例会在新北市（淡水）举行，两岸双方欣见EC-FA 早期收获计划成效显现，两岸经贸团体互设办事机构正式启动，两岸投保协议及海关合作协议签署有望，ECFA 货品贸易、服务贸易及争端解决协议协商进展顺利，产业合作初见成效等议题之推动成果
2011 - 11 - 01	经合会第二次例会在杭州举行，两岸双方就 ECFA 货品及服务贸易早期收获计划之执行情形、ECFA 后续四项协议之协商，产业合作、海关合作及两岸经贸团体互设办事机构事宜等经济合作事项之推动，以及 ECFA 未来半年工作计划等议题深入交换意见
2011 - 10 - 20	第七次"陈江会谈"于天津举行，签署"海峡两岸核电安全合作协议"
2011 - 02 - 22	经合会第一次例会在中坜举行，正式启动 ECFA 货品贸易、服务贸易、投资保障及争端解决等四项后续协议之协商，并展开产业合作、海关合作及两岸经贸团体互设办事机构等经济合作事项之推动

续表

时间	重要事件
2010 - 12 - 21	第六次"陈江会谈"于台北举行，签署"海峡两岸医药卫生合作协议"
2010 - 09 - 12	两岸经济合作框架协议生效实施
2010 - 06 - 29	海峡两岸关系协会会长陈云林与海峡交流基金会董事长江丙坤在重庆签署了《海峡两岸经济合作框架协议》
2010 - 03 - 31	台湾"经济部"国际贸易局局长黄志鹏担任主谈与海协会理事、商务部台港澳司司长唐炜担任团长进行两岸经济合作框架协议第二次协商
2010 - 03 - 15	台湾"经济部部长"赴"立法院"报告第二次正式协商准备工作
2010 - 02 - 03	台湾"经济部部长"赴"立法院"拜会王"院长"报告两岸经济合作框架协议第一次正式协商情形
2010 - 01 - 20	台湾"经济部部长"赴"立法院"拜会王"院长"说明两岸经济合作框架协议正式协商准备工作相关事宜
2010 - 01 - 04	台湾"经济部部长"赴经济委员会专案报告"两岸经济合作架构协议（ECFA）正式协商准备工作说明"，并备询
2009 - 12 - 18	台湾"经济部"贸易局局长出席潘孟安委员召开之"两岸签署ECFA对台影响"公听会，说明ECFA可能内容及配套措施
2009 - 11 - 18	台湾"经济部部长"邀请经济委员会委员，说明ECFA非正式意见交换相关情形
2009 - 11 - 16	台湾"经济部次长"代表"经济部"赴"立法院财政委员会"，就金融MOU与争取金融服务业列入ECFA早期收获之相关说明进行专案报告，并备质询
2009 - 11 - 13	台湾"经济部次长"陪同"行政院金管会"拜会"立法院"王"院长"，说明金融MOU及ECFA之关系，争取对MOU之支持

续表

时间	重要事件
2009 – 11 – 09	台湾"经济部"梁"次长"代表"经济部"赴"立法院财政委员会",就 ECFA 推动进展进行专案报告,并备质询
2009 – 11 – 16	台湾"经济部次长"代表"经济部"赴"立法院经济委员会",就 ECFA 推动进展暨争取金融服务业列入 ECFA 早期收获相关情形进行专案报告,并备质询
2009 – 10 – 23	台湾"经济部"贸易局副局长出席邱镜淳委员举办的"两岸经济合作架构协议(ECFA)对产业与劳工就业之影响"研讨会,说明 ECFA 及应对措施
2009 – 10 – 07	台湾"经济部"贸易局局长出席侯彩凤委员举办的"两岸经济合作架构协议(ECFA)对产业与劳工就业之影响"研讨会,说明 ECFA 及应对措施
2009 – 08 – 27	台湾"行政院公民投票审议委员会"召开会议审查"你是否同意台湾与大陆签订之经济合作架构协议(ECFA),政府应交付台湾人民公民投票决定?"公民投票案,以 13 票认定,不符规定,驳回前述"公投"案
2009 – 08 – 18	台湾"行政院公民投票审议委员会"召开"你是否同意台湾与大陆签订之经济合作架构协议(ECFA),政府应交付台湾人民公民投票决定?"全岛"公民"投票案公听会
2009 – 07 – 29	台湾"经济部部长"召开"ECFA 经济影响评估报告"记者会
2009 – 04 – 13	台湾"经济部部长"赴"立法院经济能源委员会"专案报告 ECFA 进展
2009 – 03 – 17	台湾"经济部"贸易局局长出席潘孟安委员召开之"ECFA 对台湾产生存发展之影响"公听会说明推动 ECFA 立场

续表

时间	重要事件
2009 - 03 - 03	台湾"经济部部长"出席"立法院经济委员会"国民党立委会前会，说明推动 ECFA 立场
2009 - 02 - 22	台湾"经济部部长"召开记者会说明"推动两岸经济合作架构协议方案"

资料来源：www. ecfa. org. tw。

2. 定义

ECFA 的名称被定为"两岸经济合作框架协议"，是规范两岸之间经济合作活动的基本协议，正式的中、英文名称需要等到未来两岸双方协商后才能确定，目前暂时的英文名字为 ECFA（Economic Cooperation Framework Agreement）。

"框架协议"是指签署正式协议之前所拟订的纲要，仅先定框架及目标，具体内容日后再协商，因为要协商签署正式协议旷日持久，为了考虑实际需要，所以，先签署纲要式的"框架协议"，并针对重要的产业，可先进行互免关税或优惠市场开放条件之协商，协商完成者先执行，这部分称为"早期收获（Early Harvest）"，可立即解决台湾面临国际经营困境，产业亟须排除关税障碍的需求。国际上，也有其他国家签署框架协议之案例，例如，东协分别与中国大陆、韩国、日本、印度等国都签有框架协议。

3. 主要内容

（1）ECFA 概述

ECFA 文本由序言与总则、贸易与投资、经济合作、早期收获、其他共五章十六条组成，其内容涵盖了两岸间的主要经济活动，是一个具有两岸特色的综合性的经济协议。

一是贸易与投资，针对货物贸易、服务贸易、投资制定了双方进一步协商的原则和项目，包括货物贸易协议的关税减让或消除模式、原产地规则、海关程序及非关税壁垒、贸易救济措施等；服务贸易协议的逐步减少或消除两岸间的服务贸易限制措施、继续扩展服务贸易的深度与广度、增进两岸在服务贸易领域的合作；以及投资的建立投资保障机制、提高投资相关规定的透明度、逐步减少两岸相互投资的限制、促进投资便利化。

二是经济合作，制定了后续的合作事项，包括知识产权保护与合作、贸易促进及贸易便利化、金融合作、电子商务合作、海关合作等内容。

三是早期收获，包括货物贸易早期收获和服务贸易早期收获。在货物贸易早期收获方面，大陆同意列入台湾货物早收清单的货品共有 539 项，金额超过了 120 亿美元，不仅包含石化、运输工具、机械产品、电子产品、汽车零部件、纺织等与台湾传统产业、中小企业利益相关的货品，也包含了 18 项台湾的农渔产品。而台湾同意列入大陆货物早收清单的项目共有 267 项，包含石化产品、纺织产品、机械产品及其他产品等四类，约 30 亿美元。两岸将在早期收获计划实施后最多两年的时间内，分成三步对早期收获产品实现零关税。在服务贸易的早期收获方面，大陆承诺，对会计、研究和开发、会议、计算机及其相关服务、专业设计、医院、民用航空器维修、进口电影片配额及银行、保险、证券等多个服务行业，对台湾施行更加开放的政策措施。台湾对大陆承诺进一步开放研究与发展、特制品设计、会议、展览、进口影片配额、航空电脑定位系统、经纪商以及银行等九个服务业。

四是其他，主要包括例外、争端解决、机构安排、文书格式、附件及后续协议、修正、生效等内容，以保障两岸经贸合作的顺利进行。五个附件依次为：货物贸易早期收获产品清单及降税安排、适用于货物贸易早期收获产品的临时原产地规则、适用于货物贸易早期收获产品的双方保障措施、服务贸易早期收获部门及开放措施、适用于服务贸易早期收获部门及开放措施的服务提供者定义。

表 15 – 1　大陆对台湾早期收获计划产品的降税安排

2009 年进口关税（%）	早期收获产品		协议税率（%）		
	项目	比重（%）	第 1 年	第 2 年	第 3 年
0%—5%	76	14.1	0		
5%—15%	433	80.3	5	0	
>15%	30	5.6	10	5	0

资料来源：根据《海峡两岸经济合作框架协议》附件一：货物贸易早期收获清单及降税安排整理。

表 15-2　台湾对早期收获计划产品的降税安排

2009 年进口关税（%）	早期收获产品		协议税率（%）		
	项目	比重（%）	第 1 年	第 2 年	第 3 年
0%—2.5%	67	25.1	0		
2.55%—7.5%	187	70.0	2.5	0	
>7.5%	13	4.9	5	2.5	0

资料来源：同上表。

（2）ECFA 的文本内容

《海峡两岸经济合作框架协议》全文如下：

序言

海峡两岸关系协会与财团法人海峡交流基金会遵循平等互惠、循序渐进的原则，达成加强海峡两岸经贸关系的意愿；

双方同意，本着世界贸易组织（WTO）基本原则，考虑双方的经济条件，逐步减少或消除彼此间的贸易和投资障碍，创造公平的贸易与投资环境；通过签署《海峡两岸经济合作框架协议》（以下简称本协议），进一步增进双方的贸易与投资关系，建立有利于两岸经济繁荣与发展的合作机制；

经协商，达成协议如下：

第一章　总则

第一条　目标

本协议目标为：

一、加强和增进双方之间的经济、贸易和投资合作。

二、促进双方货物和服务贸易进一步自由化，逐步建立公平、透明、便利的投资及其保障机制。

三、扩大经济合作领域，建立合作机制。

第二条　合作措施

双方同意，考虑双方的经济条件，采取包括但不限于以下措施，加强海峡两岸的经济交流与合作：

一、逐步减少或消除双方之间实质多数货物贸易的关税和非关税壁垒。

二、逐步减少或消除双方之间涵盖众多部门的服务贸易限制性措施。

三、提供投资保护，促进双向投资。

四、促进贸易投资便利化和产业交流与合作。

第二章　贸易与投资

第三条　货物贸易

一、双方同意，在本协议第七条规定的"货物贸易早期收获"基础上，不迟于本协议生效后六个月内就货物贸易协议展开磋商，并尽速完成。

二、货物贸易协议磋商内容包括但不限于：

（一）关税减让或消除模式；

（二）原产地规则；

（三）海关程序；

（四）非关税措施，包括但不限于技术性贸易壁垒（TBT）、卫生与植物卫生措施（SPS）；

（五）贸易救济措施，包括世界贸易组织《关于实施1994年关税与贸易总协定第六条的协定》、《补贴与反补贴措施协定》、《保障措施协定》规定的措施及适用于双方之间货物贸易的双方保障措施。

三、依据本条纳入货物贸易协议的产品应分为立即实现零关税产品、分阶段降税产品、例外或其他产品三类。

四、任何一方均可在货物贸易协议规定的关税减让承诺的基础上自主加速实施降税。

第四条　服务贸易

一、双方同意，在第八条规定的"服务贸易早期收获"基础上，不迟于本协议生效后六个月内就服务贸易协议展开磋商，并尽速完成。

二、服务贸易协议的磋商应致力于：

（一）逐步减少或消除双方之间涵盖众多部门的服务贸易限制性措施；

（二）继续扩展服务贸易的广度与深度；

（三）增进双方在服务贸易领域的合作。

三、任何一方均可在服务贸易协议规定的开放承诺的基础上自主加速开放或消除限制性措施。

第五条　投资

一、双方同意，在本协议生效后六个月内，针对本条第二款所述事项展开磋商，并尽速达成协议。

二、该协议包括但不限于以下事项：

（一）建立投资保障机制；

（二）提高投资相关规定的透明度；

（三）逐步减少双方相互投资的限制；

（四）促进投资便利化。

第三章　经济合作

第六条　经济合作

一、为强化并扩大本协议的效益，双方同意，加强包括但不限于以下合作：

（一）知识产权保护与合作；

（二）金融合作；

（三）贸易促进及贸易便利化；

（四）海关合作；

（五）电子商务合作；

（六）研究双方产业合作布局和重点领域，推动双方重大项目合作，协调解决双方产业合作中出现的问题；

（七）推动双方中小企业合作，提升中小企业竞争力；

（八）推动双方经贸社团互设办事机构。

二、双方应尽速针对本条合作事项的具体计划与内容展开协商。

第四章　早期收获

第七条　货物贸易早期收获

一、为加速实现本协议目标，双方同意对附件一所列产品实施早期收获计划，早期收获计划将于本协议生效后六个月内开始实施。

二、货物贸易早期收获计划的实施应遵循以下规定：

（一）双方应按照附件一列明的早期收获产品及降税安排实施降税；但双方各自对其他所有世界贸易组织成员普遍适用的非临时性进口关税税率较低时，则适用该税率；

（二）本协议附件一所列产品适用附件二所列临时原产地规则。依据该规则被认定为原产于一方的上述产品，另一方在进口时应给予优惠关税待遇；

（三）本协议附件一所列产品适用的临时贸易救济措施，是指本协议第三条第二款第五项所规定的措施，其中双方保障措施列入本协议附件三。

三、自双方根据本协议第三条达成的货物贸易协议生效之日起，本协议附件二中列明的临时原产地规则和本条第二款第三项规定的临时贸易救济措施规则应终止适用。

第八条　服务贸易早期收获

一、为加速实现本协议目标，双方同意对附件四所列服务贸易部门实施早期收获计划，早期收获计划应于本协议生效后尽速实施。

二、服务贸易早期收获计划的实施应遵循下列规定：

（一）一方应按照附件四列明的服务贸易早期收获部门及开放措施，对另一方的服务及服务提供者减少或消除实行的限制性措施；

（二）本协议附件四所列服务贸易部门及开放措施适用附件五规定的服务提供者定义；

（三）自双方根据本协议第四条达成的服务贸易协议生效之日起，本协议附件五规定的服务提供者定义应终止适用；

（四）若因实施服务贸易早期收获计划对一方的服务部门造成实质性负面影响，受影响的一方可要求与另一方磋商，寻求解决方案。

第五章　其他

第九条　例外

本协议的任何规定不得解释为妨碍一方采取或维持与世界贸易组织规则相一致的例外措施。

第十条　争端解决

一、双方应不迟于本协议生效后六个月内就建立适当的争端解决程序展开磋商，并尽速达成协议，以解决任何关于本协议解释、实施和适用的争端。

二、在本条第一款所指的争端解决协议生效前，任何关于本协议解释、实施和适用的争端，应由双方通过协商解决，或由根据本协议第十一条设立的"两岸经济合作委员会"以适当方式加以解决。

第十一条　机构安排

一、双方成立"两岸经济合作委员会"（以下简称委员会）。委员会由双方指定的代表组成，负责处理与本协议相关的事宜，包括但不限于：

（一）完成为落实本协议目标所必需的磋商；

（二）监督并评估本协议的执行；

（三）解释本协议的规定；

（四）通报重要经贸信息；

（五）根据本协议第十条规定，解决任何关于本协议解释、实施和适用的争端。

二、委员会可根据需要设立工作小组，处理特定领域中与本协议相关的事宜，并接受委员会监督。

三、委员会每半年召开一次例会，必要时经双方同意可召开临时会议。

四、与本协议相关的业务事宜由双方业务主管部门指定的联络人负责联络。

第十二条　文书格式

基于本协议所进行的业务联系，应使用双方商定的文书格式。

第十三条　附件及后续协议

本协议的附件及根据本协议签署的后续协议，构成本协议的一部分。

第十四条　修正

本协议修正，应经双方协商同意，并以书面形式确认。

第十五条　生效

本协议签署后，双方应各自完成相关程序并以书面通知另一方。本协议自双方均收到对方通知后次日起生效。

第十六条　终止

一、一方终止本协议应以书面通知另一方。双方应在终止通知发出之日起三十日内开始协商。如协商未能达成一致，则本协议自通知一方发出终止通知之日起第一百八十日终止。

二、本协议终止后三十日内，双方应就因本协议终止而产生的问题展开协商。

本协议于六月二十九日签署，一式四份，双方各执两份。四份文本中对应表述的不同用语所含意义相同，四份文本具有同等效力。

附件一　货物贸易早期收获产品清单及降税安排

附件二　适用于货物贸易早期收获产品的临时原产地规则

附件三　适用于货物贸易早期收获产品的双方保障措施

附件四　服务贸易早期收获部门及开放措施

附件五　适用于服务贸易早期收获部门及开放措施的服务提供者定义

海峡两岸关系协会会长　陈云林

海峡交流基金会董事长　江丙坤

4. ECFA 与 CEPA、FTA 等的区别

ECFA、CEPA 在本质上都属于 FTA 的性质，而其最关键的区别在于主权问题。FTA 是独立关税主体之间以自愿结合方式，就贸易自由化及其相关问题达成的协定，而台湾自古以来就是中华民族不可分割的一部分，不具有独立主权，因此，中国大陆不可能与台湾签订 FTA。CEPA 是大陆与香港、澳门在"一国两制"的架构下签订的更紧密经贸伙伴关系协议，台湾地区迫于岛内"台独"势力的压力，也不可能与祖国大陆签署 CEPA。为了解决这一矛盾，台湾有关方面建议，两岸在特殊关系下签订贸易协议 ECFA，当然 ECFA 的内容在实质上与 FTA 基本无异，只是为了避免两岸在主权意见上产生分歧，阻碍两岸经贸一体化的进程，所以协议的名字就不使用 FTA 或 CEPA，而采用 ECFA。

根据以上分析可以知道，ECFA 是介于 FTA 与 CEPA 之间的，适用于两岸特殊关系的一个自由贸易协议形式。ECFA、CEPA、FTA 都是以降低关税、减少贸易壁垒、开放市场为目的，是自由贸易协议的不同表现形式，同样具有国际法的效力，都能够促进协议各方的经贸发展。

总之，ECFA 具有鲜明的两岸特色，既不同于以往 WTO 成员间签署的一般性自由贸易协定（FTA），也不同于中国大陆与港澳地区签署的 CEPA（《关于建立更紧密经贸关系的安排》）。其特色突出表现在：第一，两岸经济自由化是在尚未完全实现经济正常化的条件下推动的。截至 2009 年 3 月，总共 153 个 WTO 成员间共签署并报备了 421 个区域贸易协定（RTA），相互提供比当初加入 WTO 时所承诺的更优惠的关税减让条件，即"超 WTO 协议（WTO – Plus Agreement）"。但两岸由于其特殊的背景，在逐步实现 WTO 承诺的同时便展开了"超 WTO 协议"的谈判，这与一般 FTA 谈判仅限于"超 WTO 协议"的自由化内容不同。第二，一般国家之间的早期 FTA 内容仅限于货物贸易关税减让，而较少涉及服务贸易与投资，即使近年来服务贸易和投资内容也经常出现在 FTA 内容中，但依然很少涉及经济合作，而 ECFA 的内容不仅涵盖货物贸易、服务贸易和投资，还包括了经济规划、政策支持、产学研一起参与的新型产业合作与经济合作，其意义远远超过一般的 FTA。第三，两岸虽同为 WTO 成员，但却有着极其特殊的关系，不可能完全按照 WTO 规则处理两岸之间所有的经济问题，只能是在"WTO 精神"指导下签署 ECFA。就拿两岸之间农产品问题来说，在台湾农产品开放问题上大陆需要作出适当让步和妥协，而不是完

全按照"对等开放"的 WTO 规则要求台湾全面开放，这是从两岸的实际情况出发在 WTO 原则内作出的调整。总之，该协议的特点是既要符合 WTO 原则，得到两岸各界支持，受到国际社会欢迎，同时也要考虑到两岸关系特色，适应两岸共同发展需要。[①]

专栏 15 – 2　WTO 框架下 ECFA 的法律依据

2001 年 11 月 10 日中国被批准加入 WTO，按照 WTO 规定，成员被批准加入后 30 天才成为正式成员，所以在 2001 年 12 月 10 日中国正式成为 WTO 第 143 个成员。2002 年 1 月 1 日，台湾以"台澎金马单独关税区"名义成为 WTO 第 144 个成员。作为 WTO 的两个正式成员，两岸经贸往来必须在 WTO 框架下运作，而非仅仅是两岸官方或民间意愿即可。这里就 WTO 的有关规定分析两岸签署 ECFA 的合法性。

最惠国待遇（Most Favored Nation，简称 MFN）是 WTO 的一项基本原则，最惠国待遇原则自引入国际多边贸易体系以来，已成为贯穿于 WTO 多边贸易各个领域的一条总的指导思想。关于 MFN 的含义，概括地说就是"一国在贸易、航海、关税、国民法律地位等方面给予另一国的优惠待遇不得低于现时或将来给予任何第三国的优惠待遇"。WTO 的最惠国待遇原则不同于以往双边或多边贸易协定中规定的最惠国待遇。它确立的是一种无条件的普适的最惠国待遇，即作为 WTO 的成员只要给予另一 WTO 的成员的任何贸易优惠都立即无条件地提供给予所有其他成员，从而使最惠国待遇多边化，这就保证了所有成员在同一水平上进行公平的贸易竞争。

然而最惠国待遇原则也有一些例外，其中之一就是以关税同盟和自由贸易区等形式出现的区域经济一体化安排，在这些区域内部可以施行比"最惠国"还要优惠的政策。

WTO 所辖之法律文件 GATT1994 版本之第 XXIV 条明文规定了"区域经济一体化"的合法性，该条款规定，GATT 先前的（其他）条款并不妨碍 RTA 合同签署方构建关税同盟或自由贸易区，值得注意的是 XXIV：5（c）条，对于旨

---

① 参见"朱磊：对两岸经济合作路线图的思考"，http://www.huaxia.com/tslj/jjsp/2010/01/1732900.html。

在构建关税同盟或自由贸易区的过渡阶段，应该有构建关税同盟或自由贸易区的计划及时间表，而该计划及时间表应规定合理的时限。

在 GATT1994XXIV 条款中并没有规定经济一体化协议所需采取的具体名称，实际上 WTO 对于其成员签署的一体化协议，统称为 RTA，以区别于全球一体化的贸易协定。因此，只要是在实质上符合 GATT1994XXIV 条款要求，即以建立关税同盟或自由贸易区为目的的区域经济一体化协定，都不违背 WTO 原则。

一般来说 WTO 成员签署 RTA 并不会一步到位，而是先签署经济合作框架协议，以制定双方经济合作的法律基础和基本构架，明确双方合作的宗旨、目的和基本原则，确立进一步谈判所涉及的领域和大致的时间框架。至于具体的详细的安排，则通过进一步签署货物贸易协定、服务贸易协定等一系列协定来实现。

此外，框架协定还涉及的一个重要方面是早期收获计划（Early Harvest Program），即为了使双方尽早享受到自由贸易区关税降低所带来的利益，在尚未正式签订货物贸易一体化协议的情况下，对某些商品先行实施降税。早期收获计划的作用不但在于让有关缔约双方提前分享建立自贸区的好处，更有利于增强进一步协商谈判的信心。

综上所述可以看出，从 WTO 的法律依据角度看，ECFA 的签订是符合 WTO 有关文件的规定，两岸作为 WTO 正式成员，能够尊重 WTO 的基本原则。

资料来源：根据网络资料整理。

第二节　ECFA 对两岸产业合作的影响

两岸签署 ECFA，目的在于促进两岸经济的共同发展，增进两岸同胞的共同福祉，最大限度地实现优势互补，追求互利双赢。根据两岸研究单位有关"两岸经济合作框架协议"研究得出的结论与建议可知，ECFA 的签署，对两岸经济发展都会产生正面的效益，特别是台湾的正面效应更为明显。"中华经济研究院"经过调查研究发现，签署 ECFA，会对一些不同的产业带来不同程度的正、负面影响，但从整体来考虑的话，它将促使台湾的 GDP 增长，并对贸易、福利、就业、产值等总体经济产生积极影响。美国彼特森国际研究院 2010 年 6 月 28 日发表研究报告指出，两岸签署 ECFA 后台湾的 GDP 在 2020 年可增加 4.5%。① 而大陆的研究单位经过评估也认为，签署 ECFA 总体上对大陆经济发展具有正面效应，与此同时，大陆产业发展也将因竞争力强弱不同而从中获益或受到冲击，但总体上仍是有利于产业结构的调整与升级。

两岸签署 ECFA 对于提升台湾的国际竞争力、避免被边缘化尤其重要。世界范围内，RTA 的成立有利于本区域内企业的对外贸易与投资，但同时，也会对 RTA 区域外的企业竞争力产生相对不利的影响。以台湾为例，在 2010 年 "中国—东盟自由贸易区" 启动后，中国大陆与东盟大约有 90% 的商品逐渐实现零关税，而台湾出口产品的 65% 集中在这两个市场，但由于没有签订 RTA，所以不能享受关税减让，这必然会使台湾产品出口竞争力受损，台湾经济将面临被边缘化的危机。因此，如果两岸能尽早签署 ECFA，台湾将可利用协议中的 "早期收获" 条例为其石化、纺织、面板、机械、汽车及零配件等产业争取前期的关税减让，提升产业竞争力。按照台湾方面的研究结果，两岸签署 ECFA 将使台湾经济增长率提高 1.65—1.72 个百分点，总出口量上升 4.81—4.99 个百分点，总进口量上升 6.95—7.07 个百分点，社会福利增加 77.1 亿美元，就业人数可增加 25.7—26.3 万人。② 此外，该协议还将有助于台湾成为跨国企业的 "全球创新中心" 及 "亚太经贸枢纽" 和台商运筹经营的 "营运总部"。

ECFA 签署对两岸的产业的影响力不可忽视，除部分重点产业及敏感产业外，大多数产业都被列入早期降税清单。在目前签订的早期税收计划中，大陆方面降税的产业共涉及石化产业、纺织产业、机械产业、运输工具、农业及其他部分产业，总计 539 项，这些项目 2009 年大陆从台湾进口总金额达到 138.38 亿美元；而台湾方面降税也包括部分石化产业、纺织产业、机械产业、运输工具及其他产业，总计 267 项，2009 年台湾从大陆进口总金额达到 28.58 亿美元。据台湾中经院的研究，在签署 ECFA 之后经济的经济增长将提高 1.65%—1.72%，台湾未来七年可能增加 FDI 注入规模达 89 亿美元。ECFA 主要在以下几个方面对两岸之间的产业合作与发展造成影响：

---

① 参见盛九元：《ECFA 的后续发展：趋势、路径与步骤》，《亚太经济》，2012 年第 1 期，第 126 页。

② 参见 "朱磊：对两岸经济合作路线图的思考"，http：//www.taiwan.cn/zt/jmkj/gzlasqjjhzkjxy/zjsd/201001/t20100128＿1239205.htm。

1. 为两岸产业合作提供了全面保障

ECFA 签署最主要的目的在于建立一个保障两岸经贸关系正常化和深入发展的制度。在这个框架下，按照两岸经贸交流的实际情况分阶段逐步进行，有共识的可以先签署，没有达成共识的可以再继续谈判。ECFA 的基本内容涵盖海峡两岸之间的主要经济活动，包括货物贸易和服务贸易的市场开放、原产地规则、避免双重征税、早期收获计划、知识产权保护、贸易救济、贸易争端解决、投资保障协议等，今后还将按照业务议题进行协商。海峡两岸还可以就税则和有关经济管理规定与统计数据等进行交换。

ECFA 的签署基本解决了两岸之间的经贸合作的正常化、机制化和制度化问题，双方确立了开展合作的基本精神、合作规范和推进步骤。协议的实施将逐渐减少或消除两岸之间的贸易壁垒，合理地配置资源，拓展合作领域。它的签署改善了两岸交流中长期存在的不合理的"民间、单向、间接"的交流模式，从法律的高度规范了两岸交流的秩序，推动两岸经贸关系从民间自发交流和纯粹以市场导向为主的模式，逐渐向规范化、机制化方向发展，从而有效解决当前两岸经济合作中存在的不均衡、不对称状况，使两岸全体民众可以共享经济合作的成效，推动两岸经贸合作正常化。ECFA 的签订，两岸经贸关系机制化、制度化正式确立，给产业提供了一个公平的环境和稳定的基础，同时也标志着两岸的经济关系进入到一个稳定运行和不断深化的成熟期，有助于建立起投资双向化、产业合作化和形态多元化的新模式，也将对两岸经济的发展产生重大和深远影响。

2. 两岸产业转移实现由"单向"向"双向"的转变

从理论上说，自大陆入世以后，台湾对大陆产品进口的限制措施会逐步减弱甚至解除。但实际上，由于政治及其他因素影响，台湾当局在大陆贸易政策方面继续推行限制性措施，实行"出口放宽，进口严控"的贸易政策。尽管迫于政治压力也采取过一些具体措施放宽两岸贸易往来的限制，但总体上来说两岸之间贸易仍然呈现一种单向性，导致了台湾对大陆的贸易顺差日益增加，台湾对大陆的依赖性也日渐增强，两岸贸易严重失衡。再加上台湾产业发展水平普遍比大陆要高，所以导致两岸在产业合作方面也呈现相同的趋势，即只有台湾向大陆的产业转移而并没有大陆向台湾的产业转移。发达地区向不发达地区的产业转移本也无可厚非，在某些方面来说有利于两岸的产业发展，但台湾向大陆的产业转移大多只是制造业，并且只是在大陆地区设立工厂，生产和研发中心仍留在台湾。这种产业转移是不完全的，不仅影响台湾自己的产业升级和转型，也对大陆的产业升级起不了太大作用。没有达到产业转移本身的目的，两岸的产业合作仍然有更多的扩展空间。

ECFA 的签署使更多的产业解禁，使台湾对大陆的投资可以更加完全彻底，也使大陆的一些优势产业可以进入台湾，完全发挥各自的比较优势，使两岸的产业合作可以更加自由，更加彻底。一方面，ECFA 扩大了两岸产业合作的范围，以前许多限制性产业现在可以转移到大陆，为台湾的产业升级腾出更多的空间，也可以使台湾的新理念、新技术为大陆产业升级提供帮助；另一方面，可以变更以前的"单向"为现在的"双向"产业转移，不仅台湾可以向大陆产业转移，也可以让大陆实现对台湾投资，使之前蕴藏的巨大的经济合作潜能得以激发，各自发挥自己的比较优势，共同促进两岸的产业升级与合作。

3. 促进台湾对外贸易的发展

近年来，中国大陆经济迅速崛起，并以其经济实力推动东亚区域经济整合，使得对于仍然依赖贸易带动经济增长或产业发展的台湾而言，其参与国际社会区域整合将面临更大挑战，有逐渐被"边缘化"的危险。从 2010 年 1 月 1 日起，中国和东盟协议正式启动，中国大陆和东盟的绝大多数货物贸易将为零关税，货物贸易已经实现无门槛的自由往来，对大陆和东盟来说当然是互利的，但对于没有参与其中的台湾来说却冲击极大，特别是以出口为主的纺织业和塑化业影响最大。可以从以下几个方面加以分析：

（1）进口增长率：2010 年 1—5 月大陆自东盟进口额高达 590.1 亿美元，增长 70.2%，自台湾进口额为 459.6 亿美元，增长 66.7%，表明"10＋1"自由贸易区生效后，东盟在大陆市场进口增长率高于台湾。

（2）进口市场占有率：东盟在大陆的进口市场的占有率从 2009 年的 10.3% 增至 2010 年的 11.1%，增长 0.8%；而台湾在大陆的进口市场占有率则由 2009 年的 8.2% 增至 2010 年的 8.6%，增长 0.4%，也可以表明在东协"10＋1"协议生效后，东盟货物在大陆市场的进口市场占有率优于台湾。

（3）大陆前十大货品的进口增长率：2010 年 1—5 月大陆前十大进口货物中，从东盟进口的电机设备、塑料产品、有机化学、钢铁、铜及其制品、人造纤维、矿物燃料、无机化学等七项产品，分别增长 61.4%、47.6%、95.7%、45.8%、72.2%、40.9%、120.2%，优于从台湾进口的增长率的 59.5%、44.9%、85.4%、5.6%、68.3%、13.5%、10.9%；而台湾只在另外三种货物的进口增长率上略高于大陆从东盟的进口增长率。

表 15 -3　大陆自台湾及东协十国的进口情况

年度	2004	2005	2006	2007	2008
大陆从台湾的进口额	647.59	746.55	872.40	1009.85	1033.25
大陆从东协的进口额	629.54	750.16	895.37	1083.81	1169.33
大陆从台湾进口的比重	11.55%	11.31%	11.01%	10.56%	9.13%
大陆从台湾进口的比重	11.23%	11.36%	11.31%	11.33%	10.34%

资料来源：历年中国统计年鉴。

以上数据表明，2005 年东协—大陆 FTA 开始降税，大陆自东协的进口值首度超台湾，而未来几年大陆从东协进口的比重也一直高于台湾。由此可见，台湾货物在大陆已经面临严峻的考验，由于大陆是台湾最大的贸易伙伴，对大陆出口的减少会减缓台湾的经济发展。再加上台湾无法与主权国家签署 FTA，更使得台湾更加孤立无援，如果不采取措施则台湾会被边缘化。而 ECFA 是台湾加入亚洲区域合作的入场券，能够通过与大陆的贸易正常化融入整个亚洲地区的区域合作中，有助于提高其竞争力。

4. 有利于打造完整产业链，促进两岸产业深层次合作

上世纪 80 年代以来，台湾发生过三次较有代表性的产业转移，分别是以纺织为代表的劳动密集型产业、以石化为代表的资本密集型产业和以信息电子为代表的技术密集型产业。两岸之间逐渐形成产业内的垂直分工格局，大陆与台湾分别占据价值链的不同生产环节和生产工序，大陆企业处于价值链的低端环节，主要从事终端产品的组装和低档次零部件制造，技术含量小，附加值低。

但当前形势下，国际分工格局已经由线性框架下的垂直分工或水平分工概念转向网络化发展，也反映出了跨国企业的资源布局的多元化，以及以制造活动为基础的厂商，经由专业价值向价值链整合能力、创造能力等竞争优势的转变。所以两岸之间不能仅仅停留在以往的分工格局上，而是要发展网络化分工格局。目前，大陆与港台在全球供应链中基本已经建立了明确的分工合作关系，台湾接单—大陆生产

—香港（大陆）出口，ECFA 一方面对大陆与港台已经形成的全球供应链的稳定性提供了制度保障，另一方面也可以扩大和强化全球供应链，进一步提升大陆与港台区域产品在国际市场中的竞争力。在后 ECFA 时代，台湾的企业可以把整个公司迁往大陆，并且带动相应的供应商一起转移，这样可以在大陆形成一个完整的产业链，一改过去垂直分工格局带来的高成本，并且有助于产业的整合与升级，也为台湾发展自己的优势产业腾出了空间。在国际分工新局势下，ECFA 的签署必然为两岸进行深层次的产业合作，促进两岸产业形成更合理产业链并为大力发展双方优势产业扫清障碍。

5. 降低两岸经贸合作与产业合作的成本

ECFA 是一个过渡性的双边区域贸易协定，要求双方在 10 年的时间内免除 90% 的商品服务关税，并相互开放市场，包括排除关税和非关税壁垒的商品贸易、服务贸易、投资保障等的解决机制。所以，ECFA 最直接的经济意义就是关税的减免，可以降低两岸经贸合作与产业合作的直接成本，有利于两岸更大范围和更深层次的合作，特别是在台湾对大陆依赖程度逐渐加强的情况下，ECFA 的签署对台湾经济意义最为直接。在产业合作方面，由于成本的降低，两岸在产业合作方面也会较以往有更大的发挥空间，许多由于关税太高而以前不能进行转移或合作的领域现在都可以重新思考合作的可能，对台湾产业的转出和产业升级影响巨大。而对于大陆来说，也可以以更低成本接收台湾的产业转移或以低成本对台湾进行投资，对大陆的产业转型与升级也有积极作用。[①]

（1）石化产业

在 ECFA 早收清单中，石化产业中大陆方面降税项目达到 88 项，这些项目 2009 年大陆从台湾进口总金额达到 59.44 亿美元，占大陆自台湾进口总额的 6.93%；台湾方面石化产业降税项目也达 42 项，2009 年台湾从大陆进口金额为 3.29 亿美元，占台湾从大陆进口总额的 1.21%。从以上可以看出，石化产业对两岸经贸起着举足轻重的作用，而随着 ECFA 签署之后两岸关税的降低，两岸石化产业的贸易总额必定会有大幅提高。

---

① 参见谢志忠，林天时：《海峡两岸经济合作协议对台湾地区经济之影响》，《财经科学》，2012 年第 5 期，第 71—74 页。

中国大陆的乙烯自给率不到50%，大部分石化产品的自给率仅为需求量70%—80%，而中东的石化产品外销地主要为美国和欧洲，外销中国大陆的不到20%。而台湾地区石化产品有55%是外销的，并且75%销往中国大陆，ECFA签订后，台湾与大陆双边关税降至为零，以大陆为主要市场的台湾石化厂商免除了平均6.5%的关税成本，并具有贴近主要市场与销往东协零关税的优势，因此签署ECFA无疑对台湾石化产业有积极影响。在东协方面，市场规模虽不如大陆，但增长快速，且劳动力与土地成本低廉，最吸引下游塑料制品厂商进行布局。而台湾具备高水平的人力素质与技术研发能力，是台商与外资设立技术密集产业的首选地点，在ECFA签订后与大陆免除关税障碍，在台湾生产技术密集的特用化学与高值化产品，再出口大陆的模式一旦形成，有利于吸引大量外资与台商投入，亦有助于台湾石化产业升级，同时也将给台湾石化产业带来巨大的冲击。而对于中国大陆石化产业来说，由于PE（聚乙烯）、PVC（聚氯乙烯）等大陆短缺的资源暂时还未纳入ECFA，所以对大陆的石化市场冲击不是太大，但可以带来更多的台商的投资和技术升级。

（2）机械加工业

虽然以往台湾机械加工出口以欧美地区为主，但近年来中国大陆市场已经逐渐受到台湾的倚重。大陆是全球第二大的机械设备消费市场，世界各地都想要把产品卖到大陆。再加上大陆与东盟的协议，有214项机械产品税率将调降，这对台湾产品出口竞争力已形成压力。台湾机械产品过去销往大陆享有免征9.7%进口关税、17%增值税等优惠，但大陆调高免税门槛后，优惠几乎全面取消，合计台湾机械产品将被课征近30%关税及通关手续费，严重影响竞争力。海关统计，大陆调高机械产品进口免税门槛后，去年大陆进口台湾机械工具首度衰退，甚至被德国超越，排名由第二退至第三位。而今年前五月，台湾机械产品总出口值，较去年同期衰退30%，其中出口大陆就衰退近50%。据了解，两岸有关工具机产品的关税税率多达80余项，大陆税率最高为15%，台湾最高为6%。

ECFA早收清单中，机械加工产业中大陆方面降税项目达到107项，这些项目2009年大陆从台湾进口总金额达到11.43亿美元，占大陆自台湾进口总额的1.33%；台湾方面机械加工产业降税项目也达69项，2009年台湾从大陆进口金额为4.74亿美元，占台湾从大陆进口总额的1.75%。ECFA签署之后，关税效应与竞争力优势就会马上显现出来，将会极大促进台湾机械加工业对大陆的出口，而大陆市场的开放也将有助于台湾机械加工业向大陆的延伸及产业升级，在经济效益及发展趋势上都会有很大的推动作用。对于大陆的机械加工业来说，台湾的市场相对狭小，ECFA 签署后不会对大陆的机械加工业带来很大的影响，因为台湾并不是大陆机械加工业贸易的重要地区；而机械加工方面虽然台湾部分产业相对于大陆来说是走在前面，但是大陆现在已经有超越之势，对大陆的技术推动作用也不会很强烈；当然两岸机械加工业从广度和深度方面的合作也会对大陆的机械制造业的生产流程、技术升级和产品品质上有一定程度上的提高，并且台湾机械加工业前期的一些经验也值得大陆企业借鉴，在产业升级和技术创新方面将会有进一步的提高。

（3）纺织业

ECFA 早收清单中，纺织业中大陆方面降税项目达到 136 项，这些项目 2009 年大陆从台湾进口总金额达到 15.88 亿美元，占大陆自台湾进口总额的 1.85%；台湾方面纺织业降税项目也达 22 项，2009 年台湾从大陆进口金额为 1.16 亿美元，占台湾从大陆进口总额的 0.46%。这些项目中涉及纺织中上游产品、纺织下游产品、纺织制品和鞋类等多种项目。台湾每年外销纺织品高达 60 亿美元，其中有接近四成出口至大陆，但由于受到劳动力成本上升的影响，台湾一度强大的纺织业近年来不断萎缩。当 ECFA 签署后，纺织业的原料、半成品和成品有部分将逐渐实施零关税，台湾的纺织业可以从大陆进口低成本原材料，也可以到大陆开设生产基地，享受低成本的劳动力和更宽阔的市场，这对台湾的纺织业来说是利好的。但 ECFA 签署后也可能对台湾和纺织业带来一些竞争，但这些竞争应该不会产生太大影响，一方面由于台湾的市场有限，对纺织业要求并不高，二是由于台湾在纺织技术和创意方面也远远领先于大陆，所以应该不会对台湾的市场造成太多影响。

所以总体来说，ECFA 的签署对台湾纺织业来说，绝对是利大于弊，可能极大地促进台湾纺织业产业升级和技术创新，带来更好的发展。而 ECFA 的签署又会对大陆纺织业带来多大的影响呢？ECFA 早期收获计划中的产品将以两年分三期的方式降税，最后将全部为零关税。两岸相互降关税的早收产品清单涉及纺织中上游棉纱、棉布、人造纤维纱线等产品，这些产品一旦实行零关税，进口价格也会有较大幅度的下降，无疑对大陆市场也会产生一定的影响，但影响极为有限。一方面，台湾纺织产业规模不大，产能有限，无法跟大陆相提并论；另一方面，台湾原材料、劳动力等各种成本较高，没有特别的优势，并且很多企业已经把工厂转移到大陆。即使有部分产品进来，对大陆的纺织业来说也并不会产生太大影响。但是也不是一点影响都没有，外部压力会促使大陆纺织业淘汰落后，不断升级进步。与此同时，大陆纺织企业还可以学习对方的长处，台湾纺织企业在染色、整理等面料后加工领域做得更好，产品品质比较稳定而且设计理念更加贴近欧美，产品更时尚，而大陆很多企业设计的产品单纯地把时尚理解为花哨，显得比较肤浅。另外，台湾企业对于品牌的运作管理较之大陆也有优势，在全球资源整合、新产品研发、开拓市场、接单方面确实有许多可借鉴之处。

（4）电子产业

两岸电子产业的进出口关税比较低，中国大陆关税为 0.58%，台湾的也仅为 0.71%，而一些比如 IC 设计、LED、网通、电子设备及零部件的关税几乎不存在，因此从关税上面来看 ECFA 签署对现阶段的电子产业影响有限，但对未来两岸电子产业发展却有不可估量的影响。

在节约成本方面，以昆山为首的台资电子信息企业最为集中的地区，已从电子基础材料、印刷电路板、覆铜基板、面板、电子元器件到整机生产，构成了一条较为完整的 IT 产业链。业内人士分析，每一环节由一家甚至多家台湾龙头企业组成，但这些企业核心产品的原物料多从台湾进口，原材料成本较高，而 ECFA 的签署，无疑有助于降低成本，促进企业转型升级。

而更大的影响还在于，ECFA 正式签署后，两岸经贸合作将实现从单一形态到多元化形态，从内循环到产业链的深层次合作。未来，在电子产业领域，台湾很有可能取代日韩，成为全球液晶显示器产业的龙头，而大陆的联想、创维、TCL、海尔等 IT、家电巨头，将不再因液晶显示器而受制于日韩，其与台湾高科技行业的合作将日益紧密。台湾与大陆产业转移与融合，极有可能形成台湾的技术、大陆的制造与市场这样的分工。这一趋势已经在服务业和高科技产业上有所体现。2009 年 4 月，中国移动认购台湾远传电信 12% 股权，是期望借助远传的 3G 技术平台。中国移动还希望借助联发科和宏达电在 TD 方面的技术。在手机制造方面，台湾凭借其全球芯片之王的地位，也可与中国移动进行广泛的合作。

两岸科技产业对于 ECFA 的最大期待，莫过于半导体代工、液晶面板、芯片设计等仍未完成向大陆转移的三大产业是否会进入免降税清单。不过，从早期清单来看，答案仍然是否定的。但后 ECFA 时代，这一情况将有机会改观。ECFA 签署后，在电子产业方面，中国台湾和日韩可能会进入"全面对战时代"。两地厂商势必要在中国大陆市场正面厮杀，台商之前输在起跑线上，但 ECFA 的签署使台湾具有一定的通路优势，必须赶紧提出策略，整合战力，尽全力与在中国大陆市场扎根已久的日韩厂商竞争。

（5）服务业

在两岸签署和 ECFA 早收清单中，大陆同意开放 11 项服务业，包括 3 项金融服务业和 8 项非金融服务业；而台湾同意开放 9 项，包括 1 项金融服务业和 8 项非金融服务业。两岸因为享受超 WTO 的待遇，从而有机会在服务业方面有进一步的合作。

在金融服务业方面，在 ECFA 签署之前，两岸已经签订了金融监管合作谅解备忘录（MOU），再加上现在已经签署的 ECFA，两岸的金融合作有了实质性的进展。而 ECFA 的签署对两岸金融业来说绝对是一加一大于二的。首先，台湾受制于地区限制，金融业发展已经饱和，要扩大经营规模只有走出去，而大陆又是一个极具潜力的超级市场，并且两岸的语言互通和文化同种也使得合作更具优势。其次，两岸贸易往来密切，大量台商在大陆投资，特别是 ECFA 签署后，贸易合作会更加紧密，金融合作也是必不可少。而台湾在金融开放程度上优于大陆，如果金融业合作可以使大陆接触国际最先进的金融管理理念，可以更好地与世界接轨，无论在服务、技术还是监管方面都能取得更好的进步。因此 ECFA 和 MOU 的签署将极大促成两岸金融的密切合作，并创造无限商机。

对于非金融服务业，两岸的商业服务业、配销服务业、通讯服务业、娱乐、文化及运动服务业、健康相关服务业和社会服务、运输服务业方面都进入了早期税收清单，对于相关产业在两岸市场的发展有所帮助。服务业目前占台湾 GDP 的比率已经超过 70%，但很少具有出口能力，要让台湾服务业具备全球市场竞争力，目前来看难度较大，但如果要将服务业出口到亚洲地区，则是切实可行的策略。再者，如果台湾当局无法让台湾服务业出口，就难以取得规模经济的优势，无法提高生产力，服务业也将永远陷于低报酬的困境中。而大陆正好为台湾服务业的出口提供了一个广阔的市场，一方面大陆在服务业方面发展比台湾落后，正好有接纳台湾服务业的足够市场；其次，台湾服务业来大陆可以为大陆服务业的发展提供更好的帮助。这是一个合则两利的贸易，所以 ECFA 签署对非金融服务业的发展确实起到了助推的作用。

6. 小结

ECFA（两岸经济合作框架协议）签署两年多来，两岸货物贸易规模持续扩大，服务贸易自由化进程不断加快，两岸的产业合作愈发紧密，在两岸特别是在台湾获得良好的经济、社会效益，得到了大多数民众的肯定与支持。ECFA 早期收获计划自 2011 年 1 月 1 日全面实施以来，进展顺利，带动了两岸贸易发展。在货物贸易领域，大陆方面统计，截至 2012 年 4 月，台湾对大陆出口享受 ECFA 早收优惠关税待遇的产品共计 45234 批次，金额约 66. 14 亿美元，关税优惠约 2. 73 亿美元。特别是 2012 年 1 至 4 月，超过 94% 的早收清单产品实现零关税，台湾对大陆出口享受 EC-FA 早收优惠关税待遇的产品金额约达 24. 94 亿美元，同比增长 110%，关税优惠约 1. 5 亿美元，同比增长 349%；据台湾方面统计，截至 2012 年 4 月，大陆对台湾出口享受 ECFA 早收优惠关税的产品共计 22575 批次，金额约 14. 68 亿美元，关税优惠约 3882 万美元。在服务贸易领域，截至今年 3 月底，有 6 家台湾会计师事务所获得临时执业许可证，131 家台湾企业获准设立独资或合资企业，大陆引进了 8 部台湾电影。在金融领域，涉及 19 家台湾金融机构，包括 3 家台资银行筹建分行，1 家台资银行获准经营大陆台资企业人民币业务，13 家台资金融机构获得 QFII（合格境外机构投资人）资格，2 家台湾保险公司设立了子公司。与此同时，ECFA 项下的大陆资本赴台投资案有 43 件，投资或增资金额 1. 08 亿美元，其中中国银行台北分行、交通银行台北分行已获准营业，6 月 27 日中国银行台北分行正式开业。①

从当前的发展情势看，对台湾经济发展产生直接的影响的，除全球经济复苏外，就是两岸签署 ECFA 所引致的直接经济效应。事实上，协议的签署不仅使两岸经济合作进入正常化、规范化和机制化的新阶段，而且也为两岸通过优势互补更好地参与国际分工与区域经济合作奠定坚实基础。从 ECFA 的具体内容看，内容涵盖两岸关税减让、贸易与投资便利化、经济合作、争端解决机制等，基本涉及两岸经济合作的各方面内容，具有前瞻性、务实性、互惠性。更重要的是，随着两岸政治互信的日渐积累，依据两岸已达成的共识，在具体协商进程中，还可以参照 FTA 的协商模式，分阶段逐步加以推进，进一步充实具体内容，减少负面影响，妥善解决争端，以使协议发挥更大的效应。

整体而言，ECFA 的签署对两岸经济合作存在着多方面的影响。大陆目前已成为台湾最大的出口地区、贸易顺差来源地和最大的对外投资地。长期以来两岸经济

---

① 参见 "ECFA 签署将满两周年　两岸获得良好的经济、社会效益"，http：//www. chinatai-wan. org。

合作始终是以"投资带动贸易"模式为重心，以"招商引资"为手段，而其中以出口导向为主的电子信息产业一直是台商投资的主体。在这一经贸互动的过程中，尽管通过优势互补，使两岸在很大程度上实现资源整合，互蒙其利，但此种状况也导致了两岸经济合作的局限性，包括投资区域集中（80%以上的投资集中在沿海地区）、产业集中（60%以上为电子信息产业）、对外依赖度高（80%的产品以出口为指向）、合作模式单一（投资带动贸易方式）等。从两岸的产业内贸易指数看，1990年间约为23%，到1995年时已上升至41%，自2000年以来则多维持在50%以上，① 显示彼此产业分工与贸易整合程度已愈来愈紧密，使台湾对大陆的经济依赖不断深化。现阶段，随着大陆经济的发展及两岸经济合作层次的深化，诸如成本快速上升、土地储备不足、政策优惠弱化、国际竞争压力增大等问题也日渐凸显，从而在一定程度上减弱了两岸经济合作的动力与要素配置的效率，而改变这一状况的关键就是要调整两岸经济合作的方式，实现更合理的要素结构调整与配置效率的提升。而ECFA的协商签署为两岸经济合作方式的调整与变化提供了有利的契机，其具体影响体现在以下方面：

从有利方面看，包括四方面：一是随着合作的深化，两岸经济的整体优势将得到有效的整合，合作的层次和领域会进一步扩展，产业集聚效应愈加显现，有利于两岸经济在现有的基础上推动合作层次的提升，例如在合作领域与范围（金融业、信息服务、物流直通、物联网、高等教育、职业人才培训、文化创意、共同研发、合作制定标准等）的拓展等，尤其是可以有效地做大做强双方在商贸服务领域的合作，实现要素更合理有效的配置，从而进一步提升资源利用的效率，扩大经济增长的内涵与空间；二是有利于在既有的产业合作平台进一步扩大生产服务功能，推动产业合作向上下游延伸，提升合作的层次，强化生产基地与生产性服务的辐射中心的功能，促进经济结构调整和产业升级，尤其是重点新兴产业发展目标的确定，更使两岸在相关领域的合作空间进一步扩展；三是有利于进一步拓展新的合作空间，尤其是在构建陆资入台的综合服务平台、积极推动官方半官方交流与相互设点工作以形成有效的功能性合作平台以及企业之间的合作（尤其是大企业合作以及与此相关的产业项目合作，如大型计算机、无线宽频、新能源、新材料、绿能汽车等）；四是通过签署ECFA，有助于实现台湾经济与东亚区域经济一体化进程的有效衔接，

① 参见台湾"经济部"工业局编印：《台湾制造业白皮书》，2008年版，第72页。

充分利用台湾在拓展国际市场的经验和大陆的优势，结合两岸企业向海外延伸，拓展更大的经济发展空间。

从全球经济走向及两岸经济合作趋势看，ECFA 为两岸提供了进一步合作发展的新机遇。其背后最重要的支撑在于大陆的内需市场将实现具有划时代意义的伸展，逐步由"世界工厂"迈入"世界工厂与世界市场并列"的新阶段。大陆消费市场的巨大发展潜力，工业化和城市化进程的加快所形成的巨大的利益空间，将为两岸经济合作开辟全新的天地。如果说两岸以往的经济合作是一种面向国际市场的"外向型"的经济合作，那未来的合作则更多的是立足于两岸市场、兼顾内外的模式，这对台湾企业、台湾经济乃至两岸而言都是全新的发展挑战，不仅有助于实现产业结构升级、自主创新以及品牌与通路的建构，而且可以切实向价值链的高端发展。从这一角度看，两岸若能抓住机遇，则不仅会在东亚产业分工网络中占据更有利的位置，而且也会使两岸经济合作实现新的突破，进而重塑世界经济发展的格局。

第三节　ECFA 未来发展趋势

1. 两岸合作空间将进一步拓展

目前世界贸易大部分是通过 FTA 进行，而在大陆与东盟 10 国签订 FTA 后，越来越多的亚洲经济体之间也签订了 FTA，亚洲地区逐渐整合的趋势更加迅速。两岸签署 ECFA，还为发展基于区域多边合作的两岸经贸合作关系创造了条件，拓展两岸经贸合作的新空间，使两岸经贸关系由单纯的双边关系向双边与多边关系同时并存发展转变，两岸经贸合作关系进入新的发展阶段，具体表现就是把两岸经贸合作融入东亚区域合作，两岸共同参与东亚区域合作。

东亚区域经济在 2015 年有可能建立成为全球最大的贸易板块，其除了对全球经济板块的重组与贸易结构调整有重要影响之外，还会对置于东亚板块内的台湾经济增长或产业发展造成极大冲击。如果台湾一直不能融入东亚区域经济板块内，那么可能迫使台湾经济被边缘化或产业陷入空洞化危机。

在东亚区域经济整合中，台湾一直扮演着投资者的角色，其投资水平仅次于日本，而同时也扮演着东亚地区产业分工枢纽的角色，台湾的生产技术和经营模式被东亚各国及其他国家模仿。而大陆凭借其低廉的生产要素成本优势，已然成为东亚地区最主要的生产基地，也是最重要、增长最快的出口市场，东亚地区各国对中国大陆的依赖程度也不断加强。所以如果台湾与大陆一起融入东亚区域经济的整合，则可以对整个东亚的经济发展带来强劲的动力。

所以融入东亚区域经济合作中，对台湾来说至关重要。而 ECFA 的签署，则是无法避免的选择。ECFA 的签署也可以为台湾经济步入国际舞台提供良好的契机，不但表现在市场占有上，还表现在充分利用东亚地区业已形成或正在形成的产业链关系，通过跨国公司的生产和销售网络在东亚地区各经济体之间的水平分工联系，发挥台湾成为跨国企业的"全球创新中心"、"亚太经贸枢纽"和"台商运筹经营"的"营运总部"的作用。因此，ECFA 的签署是台湾在东亚区域整合过程中，寻求较为有利策略的必然选择。

在未来参与东亚地区区域整合过程中，台湾可以继续扮演促进贸易和提供资金的角色。针对区域内的各种议题，如产品规格标准相互承认、通关流程等贸易便捷化，以及电子资讯、金融合作、中小企业发展、能源环境以及人才培训与交流等方面，台湾也应该积极参与。台湾的商品化及制造能力，尤其是电子资讯产品，在全球产业分工格局中占据重要地位，在全球运筹管理和研发方面也积累了相当丰富的经验，加强区域内双边乃至多边经贸合作，必定能为台湾本身和东亚区域创造更多的经济利益。

而大陆现在凭借其广阔的市场和巨大的贸易额已经在东亚地区有着极高的影响力，再加上近年来大陆已经与东亚大部分国家之间签订了 FTA，对于整个整合趋势有着强劲的推动作用。可以预见，在未来东亚地区经济整合过程中，大陆必定在整个过程中起着举足轻重的作用，为整个东亚地区的整合提供巨大的生产能力和广阔的市场空间。借助 ECFA，台湾可以通过大陆在东亚区域发展中占据一席之地，发挥至关重要的作用，对台湾自身而言，可以为未来的经济发展铺平道路，增强国际竞争力；而对于整个东亚地区区域经济的整体发展来说，台湾也起着不可或缺的作用，有助于东亚地区平衡发展，引导亚洲及至世界经济的发展。

2. 两岸产业合作新领域将进一步扩大

ECFA 对未来两岸的影响，不应该仅限于投资及贸易方面，还应该在全球产业链中找准方向，强化产业合作。两岸产业交流合作的重点包括产业共同研发、共同生产、共同投资、产销合作以及两岸跨国企业运营管理、产业融资、金融服务、仓储物流等方面的合作。特别是目前国际上正积极发展的各类新兴产业，如太阳能、生物科技、绿色能源以及其他科技产业，两岸在这些方面可以有很大的合作空间。

两岸近些年来合作密切，大陆扮演了"世界工厂"的角色，给擅长代工的台湾企业无疑提供了最佳机会。目前，大陆已经是台湾最大的贸易伙伴、最大的出口市场、最大贸易出超来源、最大的海外投资据点；而台湾也早已成为大陆重要贸易伙伴。但现在大陆劳动密集产业面临生存压力，逐渐由"世界工厂"向"世界市场"转型，并且由出口扩张转为内需市场推动的发展模式，也使得台湾代工产业面临生存压力，双方都需要借助 ECFA 作出调整。台湾对大陆的直接投资促进了大陆的资本形成，同时带来了先进的技术和管理经验，台湾与世界跨国大厂结盟，从全球经营战略角度着眼，把国际产业链中部分加工组装活动大规模迁往大陆，对于大陆制造能力的提升、产业结构升级、创造新的就业机会和出口扩张有着明显的贡献。尽管两岸的经济合作程度已经相当深，不过与潜在合作水平比仍有很大差距，而EC-FA 在很大程度上促进两岸经贸关系正常化，经济融合程度必将深化，对台湾和大陆经济发展大有裨益。

两岸通过 ECFA 可以更加方便、更低成本加强各个领域的合作，未来两岸产业分工与合作的态势也愈来愈明确，两岸进入产业结构调整的关键期，双方均对加速产业结构升级表示出高度重视。台湾立法部门通过"产业创新条例"，意在扩大鼓励民间投资、引导产业发展创新、加速产业结构转型升级。大陆 2010 年的《政府工作报告》提出"要把保增长与调结构紧密结合起来"，而"调结构"的重点是"加大产业结构调整力度"。为此，大陆制定并实施了"十大重点产业调整振兴规划"，并鼓励企业加快技术改造，重点行业继续推进兼并重组。

大陆提出，在"十二五"期间，要加快产业结构调整，鼓励具备条件的大、中型城市和地区率先形成以服务经济为主的产业结构；加速研究、制定、培育战略性新兴产业的政策，并在新能源、节能环保、新材料、生物医药、生物育种、资讯、新能源汽车、航空航天、海洋等战略性新兴产业领域实施一批市场前景好的重大工程和计划。加速推动产业结构转型升级已成两岸当务之急。

两岸要充分发挥各自优势，搭建并充分利用两岸产业合作平台，推动各自的产业结构升级与创新，丰富和完善有规划指导、有政策支持、有产学研一起参与的两岸新型产业合作模式。与台湾的后工业化阶段相比，大陆尚处于工业化进程中，工业在经济中的地位较重，而服务业发展也并不充分。加速产业结构调整不仅是应对国际金融危机冲击的有力举措，也是顺应世界经济发展新趋势、转变经济增长方式的重要内容。两岸新型产业合作的思路和方向应该放在以下几个方面：加快改造提升传统产业、着力推进高新技术产业、及时发展战略性新兴产业、培育壮大现代服务业。

3. 未来发展仍存不确定性，但发展前景光明

ECFA 的签署实施是两岸经济合作的里程碑。ECFA 提出"进一步增进双方的贸易与投资关系，建立有利于两岸经济繁荣与发展的合作机制"。这一制度性的安排是深化两岸经济合作的保障，也是实现互利双赢的理性选择。

ECFA 是两岸经济一体化制度建设的重要开端。通过两岸公权力之间的谈判、协商，签署制度性的协议，才能够真正推动两岸经济合作进入到制度性一体化阶段。从发展进程看，按照经济一体化的理论，两个或两个以上的经济体，依据关税减让与商品自由流动程度、共同对外关税、生产要素自由流动及经济政策协调情况，逐步推动制度性经济一体化的深化和发展，其一般发展进程包括优惠贸易安排、自由贸易区、关税同盟、共同市场和经济同盟。两岸签署的 ECFA 既有自由贸易区的性质，而其涵盖的内容则超越了 WTO 关于 FTA 的规范框架，包含了投资与服务领域的开发，为实现更高层次的经济一体化创造条件。可以说，ECFA 的签署开启了两岸制度性经济一体化建设之门。

今后，两岸将在 ECFA 框架下，以落实"早期收获"措施为基础，继续展开货物贸易协议、服务贸易协议及其他经济合作事项等议题的磋商，并签署相关协议，进一步完善两岸合作的制度性安排。依据 WTO 的相关规定，通过 ECFA 早期收获清单的实施及后续协议的磋商、签署与落实，两岸大部分货物贸易将逐步实现零关税，两岸服务市场将大幅相互开放，两岸经济交往和合作的制度化将达到一个相当高的程度，两岸制度性的经济一体化框架将逐步形成。在 ECFA 基本目标实现之后，两岸经济的制度性一体化发展将迈向新的阶段，逐渐实现生产要素自由流动，从而更有效地整合两岸资源，实现经济更持续稳定发展，为达到两岸全面的经济一体化奠定坚实的基础。

尽管 ECFA 的签署本身有益于强化两岸经济合作、进一步增进两岸民众福祉，但也必须认识到，ECFA 的签署只是两岸深化经济合作的新起点，其后，尚有诸多

更加错综复杂的问题和涉及的领域需要克服和突破。这主要体现在两方面：首先，ECFA 属于框架性的协议，除早期收获计划外，尚不涉及具体内容，因此，进程与推进尚待后续性协商的开展，其能否顺利进行对 ECFA 的整体推进有着实质性的影响；其次，ECFA 在性质上属于 FTA，但考虑到两岸关系的特殊性及两岸经济合作的实际需要，而对名称与协议内容进行了相应的调整，因此，如何使之符合 WTO 的规范，达到既能够惠及台湾全体民众和弱势产业，又有利于促进两岸经济合作的深化与合作领域的延伸，这方面的举措与政策实施尚待进一步的完善和发展。更重要的是，ECFA 是建构在两岸互信基础上的，不仅是规范两岸经济一体化关系发展的主要载体，也承载着促进和推动两岸关系发展的功能，因此，必须立足于建立两岸"和平发展"框架的角度来规划和处理 ECFA，使之发挥真正的作用。

从两岸关系发展的角度看，由于 ECFA 在岛内仍存在着较多的争议，尤其是绿营势力以进行"公投"为诉求，不断鼓动与凝聚反 ECFA 的力量为选举造势，从而对 ECFA 的实际运行产生一定的阻碍。事实上，ECFA 作为两岸经济合作协议，其本身的设计不仅希望能够有效避免引发两岸间的政治争议，而且更是希望通过协议的实施有效解决当前台湾经济发展所面临的困境，推动两岸经济合作的深化，探讨两岸经济合作机制与东亚区域经济一体化相衔接的问题，在优势互补的基础上共同提升两岸的国际竞争力和在国际产业分工体系中的地位，增进民众福祉。这是两岸协商签署 ECFA 的基本原则和总体目标，其原则是互补互利，方式是循序渐进，途径是彼此尊重、相互协商，其目标是实现共同繁荣，这是符合两岸民众根本利益和两岸经济合作现实的，既有效反映出两岸在经济发展水平、规模和要素禀赋上的差异，也有效顾及台湾民众的关切（例如，"互惠说"与目前"不开放大陆劳工赴台、不开放大陆农产品入台"承诺），因此，也得到工商界和许多民众的支持。正是基于上述原因，在马英九与蔡英文就是否应当与大陆签署 ECFA 进行辩论后，岛内对 ECFA 的知晓度上升至 78%，支持度为 48%，较辩论前上升 7%[①]。而根据"旺旺中时民调"资料，参与民调的岛内民众在收看辩论后改变立场，其中 81% 由反对转为支持，10% 由支持转为反对，表明 ECFA 在岛内已获得越来越多的民众理解与支持。[②]

---

① 参见《"英双会"后民众对 ECFA 的支持度攀升》，台湾：《联合报》，2010 年 4 月 25 日。
② 参见"中国时报声明：公布民调档案，不要再回避"，http：//www.douban.com/group/topic/11020393/。

　　当然，对台湾部分民众存在的疑虑，必须予以关注和妥善解决。一方面台湾当局需要通过积极的宣传，使民众对 ECFA 有更加清楚的认知，进而减少疑虑。而另一方面是通过 ECFA 的实践，使民众充分感知 ECFA 对台湾经济和民众福祉的增进效果，使民众从 ECFA 中获得实利。这就需要注意以下三方面的问题：一是密切关注 ECFA 签署后的实际推进进程与效果，使其效应切实惠及多个领域，能够为全民所享有（尽管针对不同产业、区域、阶层难免会有所差异），从而避免为泛绿势力恶意利用，使 ECFA 问题出现政治性的干扰与反复（如"公投"等）；这就需要在积极推进 ECFA 的同时，辅之以其他相应的配套措施（大陆扩大在台采购、岛内加快实施产业救济与促进就业政策等），以产生更加直接的效应。二是切实推进相关的协商进展与照顾两岸经济发展的实际需求，避免产生政策脱节，从而影响 ECFA 实际效益的发挥，尤其是切实解决好台湾经济发展与东亚区域经济一体化相衔接的问题，减缓台湾经济界对边缘化的疑虑。三是认真细致地做好产业损害评估与完善补偿机制问题，对两岸受到损害的产业予以积极的照顾，尤其是要注意，一方面通过 ECFA 实现两岸相关产业竞争力的提升，另一方面有效解决在相关产业转移与替代过程中所衍生的相关经济与社会问题，其核心原则就是好事办好，从而使 ECFA 的正面效应大于负面效应，也使得 ECFA 获得更多的台湾民众的支持与理解，使 ECFA 成为推动两岸经济合作深化与两岸关系发展的机制和平台。

　　但需要注意的是，ECFA 的实施仍存在诸多不确定因素，其后续发展将在很大程度上受制于台湾政局变化及两岸政治关系的互动，但毕竟两岸经济合作的新路径已经开启。诺贝尔经济学奖获得者诺思（1993 年）曾说过，"人们过去的选择决定了他们现在可能的选择"，[①] 也就是所谓的路径依赖。路径依赖有两种形式：一种是沿着既定的路径进入良性循环的轨道并迅速实现优化；另一种则是顺着原来的错误路径往下滑，被"锁定"在某种无效率的状态下而导致停滞。随着 ECFA 的签署，长期困扰两岸经贸交流的最大症结已经消除，两岸经济合作机制化成为大势所趋。在今后的发展过程中，即使两岸经济合作在短期内仍会因政治因素的干扰而面临波折，但已经不可能从根本上改变两岸经济"合作发展、互利双赢"的趋势。

---

　　① 参见王宙：《制度变迁与经济增长——诺贝尔经济学奖得主诺思的经济思想评述》，《国际经济评论》，1996 年增刊第 3 期，第 59 页。

第十六章 未来两岸产业合作的发展

展望未来，两岸产业合作面临着诸多机遇和挑战。在前文的第六章本文已经论述了当前大陆企业赴台投资面临的机遇和挑战，其实两岸产业合作与大陆企业赴台投资这二者面临的机遇和挑战有许多共性的地方，这里就不再赘述。本章节主要从影响产业发展的要素及发展环境视角来展开论述。

第一节 两岸产业合作的机遇与挑战

1. 发展机遇

（1）两岸经贸的区位优势明显

从地缘关系看，海峡西岸的福建及粤东、赣南、浙南与海峡东岸的台湾一衣带水，咫尺海峡成为相互之间社会经济交往与联系的纽带。海峡两岸沿海港口直航的海运路程仅为从香港转口的四分之一，费用可省一半以上。得天独厚的地缘优势，在实现全面的直航后，大大有利于台资企业降低运输费用，减少贸易成本，从而增强企业竞争力。

从人文关系看，祖国大陆和台湾同根、同源、同宗，具有相同的血统、历史、语言、文化背景和生活习俗，虽然历史与政治的因素使两岸暂时分离，但民族认同意识使其相互间的经济合作具有浓厚的人文与社会基础。这种源远流长的人文关系，为海峡两岸经济合作提供了天然的纽带和桥梁。从历史关系看，海峡两岸经济交往一直十分密切。即使是在两岸对峙时期，民间的贸易活动也从来没有中断过。

（2）两岸产业结构的互补性

海峡两岸在经济发展的各个层次上都各具长短，互补性强，这就为在多层次上进行两岸生产资源组合与转换提供了条件和依据。从两岸产业的比较优势来看，两岸经济现代化的起步时间、发展路径不同，两岸生产水平、产业层次和产品竞争力相互交错，各具优势，决定了两岸之间可通过产业分工合作实现优势互补。

两岸产业结构的差异性和互补性表现在以下方面：首先，传统制造业内部结构具有互补性。大陆制造业中传统产业所占比重相对较高，新兴产业和高科技产业起步较晚，虽然发展势头强劲，但其所占比重仍然偏低；台湾制造业中资本技术密集型产业主导局面已经形成，传统产业产值所占比重较小，电子及电子器材制造业成为支柱产业。特别是表现在制造业具体部门两岸互有竞争优势。在传统加工制造业中，纺织、服装、家具、塑胶制品、金属制品、电力及电子器材等等，大陆的竞争力显著提高，台湾的竞争力逐步下降，台湾的出口市场已逐步被大陆产品所取代；化工、石油制品、机械设备制造、烟草、运输工具、精密器械等，两岸竞争力大致在同一水平；食品、造纸、非金属矿物制造，两岸在国际市场均不具优势。在高新技术领域，大陆在航天、能源、核能等产业竞争力大于台湾；消费性电子、资讯、自动化产业方面台湾胜于大陆；通讯、新材料、环保、医疗保健等两岸各具所长。其次，高科技产业的竞争优势具有互补性。作为未来产业发展的主导，高科技产业及其对传统产业的改造越来越影响到产业结构的调整。两岸发展高科技及其产业，各具优势，各有不足，同样存在交流与合作的良好基础。

祖国大陆具有相对更丰裕的自然资源、劳动力，因此在资源密集型产品和劳动密集型产品上应当更具有优势；台湾地区资本、技术相对丰裕，在资本、技术产品的出口上具有比较优势。从产业分工来看，祖国大陆仍处于垂直分工的下游位置，输出的原料、半成品居多，而台湾资本、技术型产品输往祖国大陆较多，处于分工上游位置。为此，两岸只有从生产的现实出发，发挥各自比较优势，既实行适当错位发展，又加强产业合作，才能取得比较利益。

专栏 16 – 1 两岸高新技术产业优劣势比较

1. 台湾地区高科技产业发展的优劣势

台湾地区发展高科技产业的优势主要体现在：充裕的资金与经营人才、成功的市场拓展与经营经验、商品化包装与整合能力、丰富的信息应用技术、优异的中小企业营运经验、充足的国际行销布局经验等。特别是在多年国际竞争中，台湾为了支持出口产业，一向重视应用技术和技术产业化，技术密集和资金密集型产业的增长较快，电子、信息等产业具有较强的国际竞争力，占有相当份额的国际市场。在这一倾斜政策的长期推动下，台湾一般科技成果的产业化程度较高，市场开拓能力强，技术管理经验丰富。总体上看，两岸高科技产业存在一定的位差，台湾产品技术水平高于祖国大陆。以当前跨海峡布局的高科技主导产业——电子信息业为例，台湾高科技产业中集成电路产业的发展已超过韩国而仅次于美国和日本；电脑及周边产业的发展最初由个人电脑起家逐步形成从研发设计、生产制造到市场行销的较完整的上、下游体系并延伸到电脑周边产业及零部件，在世界市场具有很强的竞争力。

同时，台湾高科技产业发展也存在明显的劣势和问题。主要是：基础研究实力薄弱，内需市场不足；高技术人才匮乏，工资成本高涨；同业竞争激烈，产品生命周期缩短；厂地取得困难，土地厂房成本高；外来投资减少，制约了深度参与国际产业链合作的空间。与大陆相比，台湾高技术、尖端技术的实力不足，特别是需要高强度的科研投入才能获得的科学成果和技术成果显得比较薄弱。尽管岛内的基础研究和应用研究取得了一定进展，但由于高科技产业研发能力不足，在关键技术上仍受美日的牵制，致使台湾高科技产业仍长期采取代工生产策略。从近年来台湾在 R&D 活动的费用构成来看，台湾较侧重于应用研究、试验发展，而基础研究经费支出占 R&D 活动总费用支出的份额平均在 10% 左右。这与发达地区及新兴工业化地区相比仍有较大差距。这也是台湾难以在高新技术前沿有新发明和创新的主要原因，并已成为台湾产业升级的一个亟待解决的问题。

2. 大陆发展高科技产业的优劣势

大陆的优势主要体现在：处于工业化中期向后期发展的过渡期，经济增长迅速，市场潜力巨大，发展前景广阔；发展科技基础研究实力雄厚，人才资源丰富；生产研发制造成本低；政府高度重视，各级政府都有多种优惠政策加以扶持等。祖国大陆由于科研体系完整，精英荟萃，基础研究能力很强，自主开发潜力远远超出台湾，高科技产业技术来源于自有技术占绝大多数，若干基础科学、高新技术和尖端科技方面也积累了相当实力，形成了一批具有自主知识产权的高新技术产品，在某些高技术领域已经达到了国际领先水平。然而祖国大陆科技与经济相脱节的现象仍十分严重，科研经费匮乏，因此企业技术创新明显不足，许多高科技成果无法及时转化为现实生产力。

大陆高技术产业发展面临的主要制约因素在于，科技创新体制存在缺陷，企业在高技术产业中的主体地位不明确；R&D 经费投入不足，科技成果向现实生产力的转化速度较慢。尽管具备了完整的科技体系与工资较低的科技人力资源等优势，但由于受科技研发机制僵化、缺乏国际市场观、商品化与市场拓展能力不足等因素影响，研发绩效并不显著。科学技术的自有率高，但转化成本也偏高，且市场化、商品化、国际化程度较低，科技与经济脱节的问题比较突出。据教育部部署的一项研究课题报告显示，由于受到缺乏内在动力机制、缺乏外在经济载体和社会投资机制不畅等三大"瓶颈"制约，大陆高校虽然每年取得近万项科技成果，但实现成果转化与产业化的不到其中的六分之一。

可见，两岸在高技术产业发展的要素条件上具有很强的互补性，大陆所富正是台湾所缺，反之亦然。大陆基础研究实力雄厚但应用开发不足，台湾强于产业化应用而弱于基础研发。一方面由于产业化能力不足，大陆的许多科研成果、专利未得到及时转化应用，形成巨大的知识浪费；另一方面，台湾每年却要花费巨资购买技术。尽管台湾通过大量引进先进技术和设备，使高技术产业能够在短时间内迅速发展并初具规模，但消化吸收和自主研发能力不够，限制了台湾高技术产业整体水平的提高。大陆的基础研究力量可以在很大程度上弥补台湾先进高新技术储备不足的缺陷，而台湾的经营管理水平、产品开发和产业化经验方面的优势则恰好可以弥补大陆在市场开拓和科研成果转化方面的不足。两岸发展高新技术产业所存在的优劣势为实现两岸产业分工合作奠定了的重要基础。

资料来源：根据有关网络资料整理。

（3）"三通"的实现

2008年11月4日，海协会会长陈云林和海基会董事长江丙坤在台北达成了海运、空运、邮政、食品安全等四项重要协议；2009年4月，两岸两会又在南京签署了三项补充协议。根据此协议，2008年12月15日，两岸海运直航、空运直航和直接通邮开始全面启动。此举意味着两岸民众期盼30年之久的"三通"已经变成了现实，具有里程碑意义。

首先，从台湾自身发展看，"三通"为台湾的经济发展注入了活力。根据台湾著名经济学家叶万安的研究，近10年来，由于台商赴大陆投资，诱发了台湾对大陆的出口和巨额出超，扩大了对外需求，使台湾的经济增长率平均每年提高0.5个百分点。[1] "三通"也有利台湾区域经济发展定位与目标的实现。同时也为两岸同胞的经贸交流节约了时间和经济成本。实现"三通"后，台湾每年仅在货运、空中客运、电信、电汇方面即可以省下7.3亿美元，而每年台湾民众在香港或澳门的转机可节省许多宝贵时间。即使是台湾"行政院"公布的"两岸直航之影响评估"也不得不承认，如果两岸实现直航，台湾海运每年可节约8.2亿元新台币；空运每年节省132亿元、旅行时间860万小时；货运每年节省8.1亿元、运输时间26万小时。[2]

其次，"三通"基本实现，有利于两岸实现"经济一体化"的进程。两岸直接"三通"不仅可以大幅度降低两岸人员与商品往来的运输和时间成本，更可以促进解除过去两岸资源或资金配置扭曲的问题，开创两岸产业分工合作的新契机。具体来看，一是"三通"将开放大陆企业及人士到台投资，改变过去投资的单向流动，从而让两岸蕴藏的经济合作潜力与能量逐步得到释放，为两岸产业双向互利分工合作创造新契机，促进形成新的两岸产业分工与合作格局。二是两岸实现直接双向直航带来的交通和投资的便利性，有利于台商深化对大陆市场的布局和开发，加快两岸产业对接与融合，推动两岸产业合作由目前的台湾产业梯次向大陆转移、以大陆作为加工出口基地为主的方式，向共同提高两岸产业技术层次和竞争力方向升级，提升两岸产业链的关联度与融合度，并通过合作摆脱两岸产业在全球产业分工体系

---

[1] 参见"周志怀：海峡两岸的'三通'现状与发展趋势"，http://www.qzwb.com/gb/content/2005-09/07/content_1790210.htm。

[2] 参见胡军，冯邦彦，陈恩主编：《经济全球化格局下的两岸产业分工与合作》，北京：经济科学出版社，2006年版，第393页。

中的相对弱势地位。同时，还有利于吸引外商来台投资，让台湾成为外商进入大陆市场的跳板，进而使得台湾有更大的机会成为亚太的营运中心与运筹中心。三是"三通"标志着两岸开启了制度化协商相互间经济协作关系的新阶段，为建立两岸经济合作常态化机制创造了基本条件，有利海峡两岸经济的进一步融合与一体化发展，也为两岸关系和平发展创造更为坚实的基础。①

最后，大陆和台湾在经济发展过程中形成了各自的特点与优势，"三通"将使两岸的资金、技术、资源和人才等经济因素充分结合，实现优势互补，推动两岸经济持续快速发展。具体来说，在土地、市场、劳动力、原材料和人才等方面，台湾地区有极强的需求而供给不足，而祖国大陆则有能力对其供应。相反，台湾地区在资金、应用性科技、营销能力和生产管理等方面有较大的供应，而这正是祖国大陆需要的。因此，两岸生产力的发展要求通过两岸产业的转移承接，达到各种生产要素与市场需求和供给的取长补短，实现双赢。

（4）两岸有关产业政策的陆续出台，为两岸产业合作的深度开展提供了有力支持

产业政策是国家或政府为了实现某种经济和社会目的，以全产业为直接对象，通过对全产业的保护、扶植、调整和完善，积极或消极参与某个产业或企业的生产、经营、交易活动，以直接或间接干预商品、服务、金融等的市场形成和市场机制的政策的总称。产业政策基本类型包括产业组织政策、产业结构政策、产业布局政策和产业技术政策。最明显反映中国大陆产业政策的是每五年一度国家制定的国民经济发展和社会计划或规划，从上世纪 50 年代开始的"一五计划"到目前为止形成了第十二个五年规划，强调了国民经济与国家产业发展的布局、重点、目标等。台湾在现代经济发展过程中，在不同的经济发展时期根据实际情况，为促进社会生产力发展采取了一系列不同的经济方针和政策。从 20 世纪 50 年代开始，台湾制订了多个经济建设计划，推动了台湾的经济快速发展。而目前决定台湾产业发展方向的产业政策主要有"两兆双芯"计划和发展高新产业促进产业升级的《关键产品计划书》。

在两岸关系缓和两岸交流顺畅进行的背景下，第十一届全国人大第四次会议通

---

① 庄荣良：《海峡两岸产业分工的发展阶段、模式演进和发展机遇》，《福建论坛·人文社会科学版》，2009 年第 5 期，第 140 页。

过的"十二五"规划纲要在两岸经济政策上提出深化两岸经济合作，落实两岸经济合作框架协议，促进双向投资，加强新兴产业、金融等现代服务业合作。规划强调了在今后一段时间两岸产业合作的主轴是决定两岸经济发展制高点的新兴产业与现代服务业，同时促进两岸的双向投资，使两岸的产业合作更加深化。

长期以来，两岸经济关系尤其是在互相投资上存在严重的非均衡性。大陆对台湾企业来大陆投资持欢迎鼓励态度，但台湾对大陆企业赴台投资却有严格的限定。台湾在 2008 年 7 月在"深耕台湾、连接全球"的前提下，松绑大陆投资金额上限，并简化大陆投资审查程序。个人投资由现行新台币 8000 万元，放宽为每年 500 万美元；中小企业新台币 8000 万元或净值或合并净值之 60%。同时，为了简化大陆投资审查程序，除取消重大投资案件须进行政策面审查之规定外，未来大陆投资金额在 100 万美元以下的申请案，可于投资施行后 6 个月内申报；个案累计金额逾 5000 万美元，始进行专案审查等。① 同时台湾开始允许大陆资本赴台湾投资，两岸开始了双向投资的新时代。利用两岸产业标准、ECFA 和两岸产业政策搭建的架构平台，就能够为结合双方产业优势"共创两岸与全球华人知名品牌"创造良好的产业政策环境。未来台湾将采取循序渐进方式向大陆开放投资领域。台湾先期将会以正面列表方式公布开放投资项目，主要集中在制造业、服务业和公共建设领域，以后逐渐扩大开放领域，待时机成熟时改由负面列表的方式。

（5）两地均提出产业调整目标，重点发展战略性新兴产业

随着两岸经济合作框架协议（ECFA）的签署，未来两岸产业分工与合作的态势也愈来愈明确，两岸进入产业结构调整的关键期，双方均对加速产业结构升级表示出高度重视。2010 年 5 月台湾地区领导人马英九在就职两周年的记者会上提出："台湾的产业结构一定要改变，台湾的经济策略也一定要调整。"大陆 2010 年的《政府工作报告》提出要"把保增长与调结构紧密结合起来"，而调整产业结构的重点是：加快改造提升传统产业、着力推进高新技术产业、及时发展战略性新兴产业、大力发展节能环保产业、培育壮大现代服务业，这也为加强两岸新型产业合作提供了具体的思路和方向。

台湾近年来提出并重点推动的"六大新兴产业"包括：生物科技、精致农业、

---

① 参见："郑晓舟：台湾放宽台企投资大陆限制"，http：//www.p5w.net/news/gatxw/200807/t1780658.htm。

医疗照护、绿色能源、观光旅游、文化创意等产业。而大陆提出的新兴战略性产业则主要包括：节能环保、新一代信息技术、生物、高端装备制造、新能源、新材料和新能源汽车。国际金融危机后，美国等发达国家开始实施以先进制造业为核心的"再工业化"，大力发展新能源、新材料、电子信息、生物医药等产业，意图在新一轮技术革命中抢占未来科技和产业发展的制高点。这些产业多需要大投资和大市场，两岸产业可以充分发挥各自优势进行合作，强化和交流双方在相关领域的基础研究和新技术研究，共同探讨科研成果进行商业转化的体制和机制。

2. 面临挑战

（1）台资企业的本土化程度不高，两岸产业融合有待深化

外资的本土化，主要是指原材料和半成品采购、经营管理干部和人才的使用、产品销售、技术工艺的采用等方面的当地化。一般来讲，跨国企业在东道国的当地化程度越高，显示企业与当地企业及相关产业的互动越紧密，对外资东道国的经济效益越大，反之亦然。台商在大陆投资的数量规模不断扩张，而且产业层次也不断提升，两岸分工模式也已由上世纪 90 年代以前的以垂直分工为主逐步发展到目前的多元化、混合型、功能性分工格局。如前文所述，尽管近年来台商投资大陆出现了一些本地化有所强化的趋势，但总的来看，台资企业在大陆的本土化程度还并不高，两岸产业合作的深度还有待进一步提升。台资企业多数是以独资方式经营，产业的外向关联度大，虽然在原材料、零部件采购、人才任用、研发、融资等方面出现了一定的本土化倾向，实际上并未真正融入当地经济，从而与地方经济缺乏内在的有机联系。以高科技产业为例，台湾厂商赴大陆投资之后，基本上仍与台湾地区的产业维持紧密的分工关系。有采取水平分工的，例如部分高端产品在台湾制造，而大量低端产品移往大陆生产。也有采取产业内垂直分工方式，例如将产品制造过程切割成好几段，依两岸的制造优势分工生产，最后由台湾的母公司进行整合，这种分工模式的典型就是 IC 产业的两岸布局。台资企业投资所呈现的产业集聚也主要是集群内部企业之间以及集群内企业与台湾岛内或海外企业之间存在网络化的紧密联系，与岛内或海外的原材料、机器供货商等上游企业以及其他支撑体系保持相当紧密的网络联系，基本上可以不依赖当地的供货商网络，与当地相关产业的关联效应较差。这说明两岸产业融合度还不高，多数台资企业仍然只把大陆作为其全球生产链的制造加工基地，两岸产业功能性分工的格局有待拓展。

当然，这一问题的产生，也与大陆本身的产业配套环境不够理想有关。一方面，由于大陆企业特别是中小企业素质不高，中小企业科技发展相对薄弱，难以与台资企业，特别是大型科技企业形成互补、有机协作的关系；另一方面，是因为大陆地方政府的招商引资政策存在误区，往往更多地关注改善投资硬环境和提供优惠政策，而忽视构建大陆企业与台资企业协作配套关系的重要性，对于培育产业配套环境没有给予足够重视。这也在客观导致台资企业只能从岛内的其他上下游关联企业中寻找配套支持。

（2）大陆经济环境发生变化，大陆台资面临转型压力

近年来，随着大陆经济发展持续繁荣，其他跨国资本在大陆投资不断增加，加上大陆自身产业竞争力显著提升，大陆经济环境已发生改变。如新《劳动合同法》出台导致工人工资成本显著上升；"两税合一"之后原先赋予台商的税收优惠已逐步弱化；规范国有土地出让制度后土地成本也大幅上升；另外，人民币汇率升值、大陆民众环保意识的增强以及市场竞争的加剧，再加上近年来台湾当局出台了一些吸引台资回流的政策，大陆台资回流以及向东南亚转移的现象增多。应该说，大陆经济环境的变化，是经济发展过程中不可回避的一个过程。

但这些因素叠加在一起，使台商在大陆的经营和发展成本明显增加，对台商投资大陆带来了新的挑战。面对这一状况，对已在大陆运营的企业来说，要么加大研发和创新力度，或将其在岛内的研发环节转入大陆，以形成在更激烈竞争条件下的新优势；要么向其他更具成本优势的区域转移，以延续其产品生命周期。而部分尚未到大陆投资的企业，就可能出现踌躇观望的情形。近几年大陆利用台资额的持续下降，也在很大程度上与此有关。近两年来，由于大陆投资环境的变化以及台当局的政策鼓励，部分中小企业台商开始返台投资，返台投资项目主要为金属加工、纺织等传统产业，投资主要集中在台当局税收优惠较多的行业内。另外，大陆的对外贸易摩擦持续增多以及人民币升值也导致了台商向东南亚地区转移，尤其是纺织业等传统产业最为典型。如越南已成为继大陆之后台商投资增长最快的地区，台商对越南累计投资已居越南外资首位。可以说，大陆发展条件的变化，促使大陆台资结构悄然发生改变，其经营策略也将相应地逐步作出调整。

（3）国际金融危机和欧美主权债务危机的冲击，给两岸产业合作带来压力

自2008年下半年开始，国际金融海啸迅速由虚拟经济向实体经济扩散，由发达经济体加快向新兴经济体传导，近年来欧美主权债务危机愈演愈烈，几乎全世界

所有国家和地区都遭受空前冲击，两岸也无法独善其身。特别是长期扮演世界经济增长火车头和两岸重要出口市场的美国经济严重衰退，国际市场全面萎缩，两岸经济面临过去二三十年中前所未有的困难，经济下行压力巨大，给两岸特别是台湾以出口为导向的经济增长模式带来严峻考验。可以说，现阶段两岸经济都面临着自身经济结构调整和国际金融危机的双重压力，在大陆投资的台商也面临 20 年来最严峻的转型升级考验。两岸业已形成的"日本进口、台湾接单、大陆制造、出口欧美"的四角贸易与投资形态面临空前考验。

当前，虽然欧债危机已有所缓解，但全球整体经济仍处疲软态势，两岸出口年增长率在 2012 年 2 月来到高峰后即呈现逐月下滑趋势，尤以贸易为主体的台湾衰退幅度最大，出口下滑主要因为资通讯产品出口持续减少，未来出口扩大前景暗淡，出口额将难以出现明显的上升。而大陆虽然仍维持正增长，但增长幅度也因景气影响明显下滑。鉴于两岸产业结构的高度互补性和加强两岸产业合作的良好基础条件，双方通过加强产业分工合作，携手加快两岸经济关系转型升级，共同为应对国际金融危机注入新的增长动力，显得更加刻不容缓。

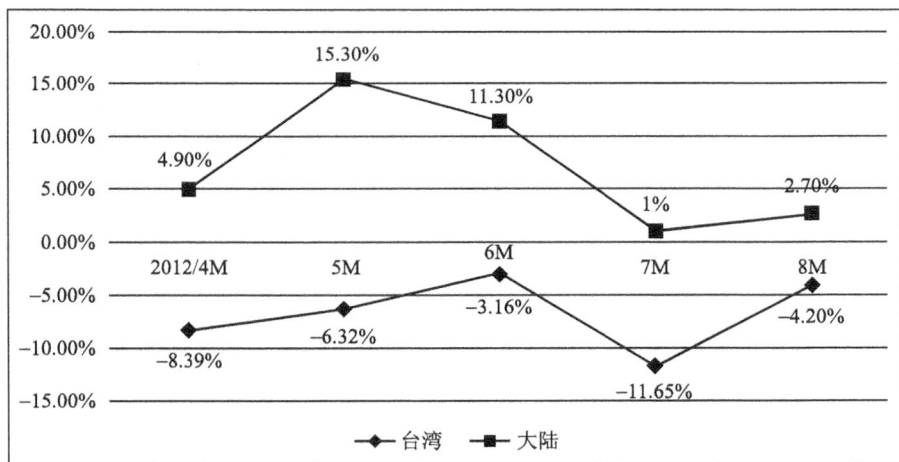

图 16 - 1　2012 年 4—8 月两岸出口总值年增长率情况

资料来源："中华征信所"。

（4）经济上的异质，限制了两岸经贸合作向深层次发展

台湾地区经济已完成了向高科技产业结构的转型，对美国的经济融合力度得到加强。台湾高科技企业顺应国际市场变化，注重全球经营理念，努力避免两岸关系

不稳定所带来的风险，注意分散投资，出现了经济转型过程中的非大陆化倾向。而大陆还处在新型工业化过程中，大陆的台资企业面临着进口和生产的激烈竞争，两岸合理的产业分工格局没有真正形成，两岸生产技术与经济发展水平存在着一定的差距，经济总量与经济实力也存在差异，双方所获收益可能不均。这些差异在某种程度上可能影响两岸经贸合作的顺利进行。

第二节　两岸产业合作的重点领域

1. 纺织工业

就目前来看，两岸纺织产业的互补表现在很多方面，首先是市场的互补。台湾基本上是一个外销导向的行业，台湾纺织业的产品大部分用于出口。目前全球的纺织品市场供过于求，但大陆的内需市场是全世界纺织品生产和增长的原动力。台湾在地理位置上离大陆很近，在市场互补方面有很好的先天条件，可以跟大陆的企业进行互补和合作。大陆巨大的内需市场对于大陆本地的纺织行业来说是一个很好的发展基础，实际上对于邻近的台湾而言，大陆巨大的内需市场也是台湾纺织行业一个很好的发展基础。伴随着ECFA的签署，台湾和大陆之间已实现零关税，这对于两岸的纺织行业来讲就是一个很好的发展诱因。可以预见，未来两岸纺织产业在市场方面的互补会带动整个产业合作的深入推进。

其次，是资源的互补性。台湾纺织业的发展近十几年来在技术方面已达到较为成熟的地步，通过相当程度的改善，积累下了很多技术资源。但台湾基本上没有天然原料，纺织业完全靠台湾的石化工业维系着。长期以来，化纤业一直是台湾纺织业发展的主体，当然这同时也使台湾在化纤领域中有一些技术方面的优势。目前的现状就是：台湾掌握着技术资源但缺乏天然资源，与台湾恰恰相反，大陆纺织业在天然纤维的这个领域最近十几年发展得非常好，不管是在毛、麻还是在棉的部分都有很好的基础，尤其是棉纺及其面料产品，在市场的推动下已经给台湾生产同类产品的企业带来了竞争压力。从技术互补的程度来看，未来两岸的投资或合作时应把握一个原则：杜绝重复投资，要找一些有差异、有"区别"的产品来实现互补。

就两岸纺织工业的合作而言，ECFA的签署，纺织业界可以说期盼已久。纺织业是台湾的传统产业之一，也是台湾重要的民生工业。台湾纺织业近年来业绩下滑，整个产业发展的关键就在大陆。台湾纺织业整体产量的三分之一销往大陆，但大陆拥有劳动力成本优势，台湾劳动力成本很高，台商想在台湾扩大生产非常困难。因此，台湾纺织产业除了要保持技术、创意优势之外，还要和大陆加强合作。另一方面，两岸的纺织工业的合作对大陆也有利好的一面；首先，台湾纺织产业规模不大，产能有限，无法跟大陆相提并论；其次，台湾原材料、劳动力等各种成本较高，没有特别的优势，并且很多企业已经把工厂转移到大陆。即使有部分产品进来，对大陆的纺织业来说也并不是件坏事，恰恰相反，外部压力会促使大陆纺织业淘汰落后，不断升级进步。与此同时，大陆纺织企业还可以学习对方的长处，台湾纺织企业在全球资源整合、新产品研发、开拓市场、接单方面确实有许多可借鉴之处。此外，未来十年以后两岸的纺织产业的合作主要表现为时尚品牌的推动与合作。台湾跟大陆同根同宗，双方应加强合作，共同打造具有文化影响力的纺织品牌。

2. 电子信息产业

台湾自 20 世纪 80 年代初期积极发展信息工业，从早期的加工组装，逐渐建立本岛及海外生产体系。自 1993 年起的大规模投资后，台湾的信息产业已经发展成为非常完备的上下游供应体系，包括上游的芯片设计、芯片加工，中游的主机板、光盘机、电源供应器等零部件，下游的扫描器等配套产品。其中不少厂商在全球信息产业中扮演着举足轻重的角色，不但具备坚实的制造能力，产值规模更在全球名列前茅。例如笔记本电脑、主机板、电源供应器、影像扫描仪、键盘、鼠标等产品的产量已居世界第一，台湾已成为国际电子信息产品的主要供货来源。

目前台湾经济已经转型为以信息科技（IT）产业为主导，IT 产业对经济增长的贡献率已达约 25%，台湾经济对 IT 产业的依赖程度已相当高。总之，台湾 IT 产业发展了 20 多年，在经验知识、销售渠道、研发技术及全球行销等方面具有优势，但囿于岛内市场及生产体系规模狭小、成本高、人才不足等原因，尚不能充分发挥既有的产业优势。[1]

大陆信息产业经过数十年的发展，网络规模和用户规模均达到全球第一；产业规模和自主创新能力不断提高，移动通信、网络设备、交换机系统生产水平达到世

---

[1] 参见黄梅波：《海峡两岸的投资互动及其前景》，《国际经济合作》，2002 年第 7 期，第 18 页。

界领先，不仅满足自身需求，还大量出口。而大陆则在原材料、劳动力资源等方面拥有自己的优势。

两岸在发展电子信息产业方面具有各自的优劣势。根据相关资料整理与统计，两岸电子信息产业在生产要素和经济条件方面具备的优势程度及产生的需求程度是不同的，其对应的互补关系也不一样，随之而进行的分工合作不尽相同。两岸电子信息产业在劳动力、资源、内需市场、科技基础研究、科技人才管理、市场信息、产品结构、营销能力和融资等方面，有着较强的互补关系，具有巨大的合作潜力和广阔的合作前景，为两岸未来进一步合作提供了高起点的市场基础和产业合作机会。

3. 汽车工业

2012 年 1—8 月大陆汽车产量 1338.4 万辆，产量稳步增长，较去年同期增长了 8.7%，而有关数据显示，2012 年 6—8 月汽车产量明显回落，较 3—5 月衰退了 13.27%，由于大陆城市限购与鼓励购车政策的退出效应，汽车产销首当其冲受到影响。台湾汽车产量 2012 年 1—8 为 22.64 万辆，较去年同期小幅增长了 1.98%；八月适逢农历七月（俗称鬼月），产量明显较低。而 2012 年 1—8 月大陆的汽车产量规模为台湾的 59 倍。

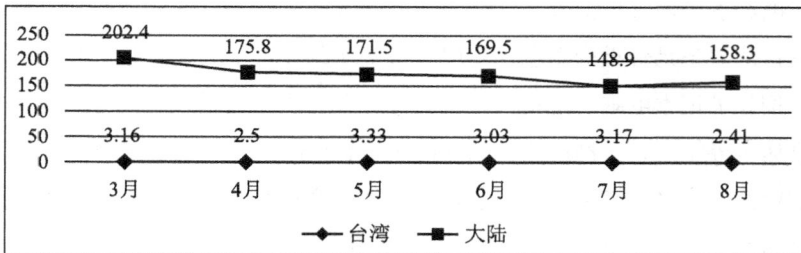

图 16-2　2012 年 3—8 月两岸汽车产业比较　单位：万辆

资料来源："中华征信所"。

大陆自 2009 年起汽车产量全球排名第一，但在汽车出口方面，却未能同步坐上龙头宝座。近三年的车辆出口增长，更有逐年趋缓态势。台湾长期与日系车厂技术合作，在品质与技术上已渐受国际市场肯定，在积极拓展中东等海外市场布局下，近三年车辆出口增长率持续保持在 40% 以上的增长高峰；反观大陆的汽车产销开始进入微增长时代，今年上半年汽车出口增长率更从去年的 50% 下滑至 17%，远逊色于台湾的 43.6% 的增长表现。

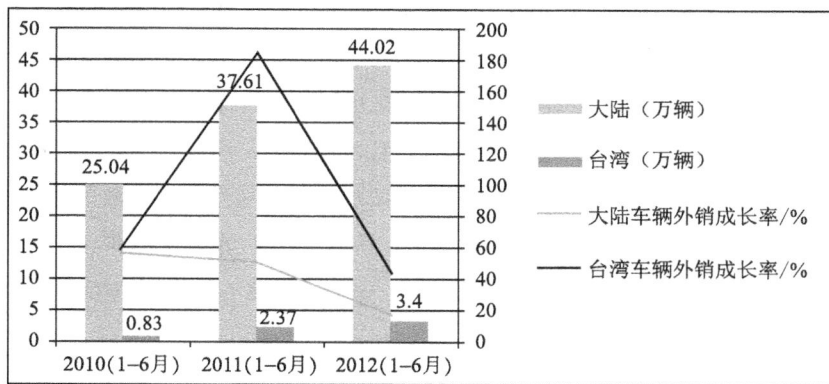

图 16 - 3　2010—2012 年上半年两岸汽车出口情况

资料来源："中华征信所"。

台湾汽车产业主要采取竞争与扶持兼容的产业政策，上游零部件体系在整车生产的带动下，台湾汽车零部件企业形成少量多样、弹性制造的专业细化分工模式，零部件研发力量和制造品质已具一定的国际竞争力。与大陆汽车产业相比，台湾汽车产业在系统化的零部件制造、电子控制器及车用电子等方面更具优势。台湾汽车电子的发展，呈现出功能多样化、技术一体化、系统集成化和通信网络化的特点，在 GPS 导航系统、CAN—BUS 总线、自动变速控制系统、防盗系统、车载 TV、汽车空调、安全气囊、检测总线等方面，都可以与国际汽车零部件巨头齐头并进。

大陆的自主品牌汽车企业在经济型轿车的设计制造方面，通过多年来与合资企业的同台竞技，已经具备了相当的实力和基础，对于台湾的低端轿车市场来说，双方有着广阔的合作前景，完全可以打破日系车在台的垄断局面，可以把这块市场空间牢固地掌握在两岸同胞自己的手中。反之在一些关键零部件的攻关方面，有了台湾企业的帮助，大陆企业也可以早日结束被日本汽车商"钳制"的局面。大陆的自主品牌企业在中低端市场有较大的价格优势，尤其是以奇瑞、吉利为代表的民族自主品牌。总的来看，大陆民族品牌汽车一是产品线比较丰富，其产品价位均在 3—8 万元人民币，这对替代台湾岛内上千辆摩托车有着积极的作用，二是民族自主品牌车企已经在国际汽车市场上进行了多年开拓，因此，对开发同种共源的台湾市场有着得天独厚的优势。

此外，两岸在汽车制造和汽车零部件方面的合作，将会在很大的程度上互利互惠，取长补短。特别是在汽车制造业方面，台湾可以把大陆从世界工厂转变为世界市场，签署 ECFA 后，台湾有 500 多项货品销往大陆，这些产品中，台湾具有竞争力的汽车零部件将会受益匪浅。有了与台湾汽车市场的互动，势必就能在一定的时间内，让大陆汽车及零部件的制造业，建立起新的发展目标。①

海峡两岸携起手来，无论是对台湾汽车工业的发展，还是对大陆制造业的新拓展，都有着非常重要的进步意义。这就会在双方的合作与发展上，取得相得益彰的互动效果；另一方面，与国际市场的新合作，又给中国汽车制造业带来全面国际化发展，提供了一个具有缓冲性质的预演空间。当前 ECFA 的签订将有力促进两岸未来民族汽车工业的快速发展。

4. 节能环保产业

当前及今后一个时期，大陆仍处于工业化和城市化快速发展阶段，环境和资源问题面临着巨大的压力。目前，大陆一些河流和城市污染程度仍处在较高的水平，环境承载能力下降和资源短缺已成为制约大陆经济社会发展的瓶颈。大陆为确保实现"十二五"节能减排约束性目标，缓解资源环境约束，应对全球气候变化，促进经济发展方式转变，建设资源节约型、环境友好型社会，增强可持续发展能力，根据《中华人民共和国国民经济和社会发展第十二个五年规划纲要》，制定了《节能减排"十二五"规划》。该规划规定到 2015 年，全国万元国内生产总值能耗下降到 0.869 吨标准煤（按 2005 年价格计算），比 2010 年的 1.034 吨标准煤下降16%（比 2005 年的 1.276 吨标准煤下降 32%）。"十二五"期间，实现节约能源 6.7 亿吨标准煤。② 大陆将节能减排确立为约束性指标，赋予了节约资源能源保护环境的重大历史使命，同时也使环境保护工作乃至环保产业发展具有更加丰富的内涵，获得前所未有的发展机遇。

加强环境整治工作极大地带动了环保产业的市场需求，大陆将投巨资实施危险废物和医疗废物处置、城市污水处理、城市垃圾处理、燃煤电厂脱硫等八大重点环境保护工程。这些工程项目的实施，无疑将极大地拉动环保产业的市场需求。"十

---

① 参见"ECFA 将为海峡两岸汽车工业发展挂上高速挡"，http：//auto. qq. com/a/20100703/000077. htm。

② 参见"中国 2015 年全国万元 GDP 能耗较之 2010 年再降 16%"，http：//www. china. com. cn/economic。

二五"时期，大陆的环保产业将获得更大的发展空间和市场。

大陆环保产业虽被认为是朝阳产业，但也面临着一些困扰。一是环保产业的广阔前景吸引了大量外资涌入，而大陆的大多数的环保企业是在乡镇工业基础上发展起来的，环保产品技术含量低，与外资竞争会遇到许多困难。二是环保产业市场秩序不规范。三是科技研究和开发跟不上发展的需要，急需建立产学研相结合和以企业为中心的环保产品科研体制。

台湾环保产业起步较晚，但目前来看发展势头良好。台湾经济发展过程中曾为生态环境的保护付出过惨痛代价，然而也造就了台湾环保产业的蓬勃发展。上世纪80年代中期以来，台湾注重经济发展与环境保护、生态保育的协调发展，追求两者双赢的发展模式。一是调整环保行政官僚体系。二是制定、颁布、实施了一系列有关环境与自然生态保护的法律规章。三是以市场经济手段规范环保行为，建立环境税制。四是积极鼓励环保产业的发展。目前，台湾环保产业已具相当规模，环保产品种类繁多，环保服务体系较为完备，环保产业呈现良好发展势头。但台湾环保产业也存在一些问题，比如环保产业贸易特性强，环保产品的进口依存度高。空气污染防制设备、噪音污染防制设备、振动污染防制设备、环境监测设备、水污染防治设备及废弃物清理设备的零配件等大多自日本、美国、德国、丹麦及法国进口。另外，环保产业技术可持续发展存在"瓶颈"制约。主要体现在：环保产业群体仍以中小企业为主，占90%左右的比例；投入的研发、资金、人才相对不足，产学研结合不紧密；岛内环保需求市场相对狭小等等。①

大陆的环保产业近年来发展非常快速，有着广阔的市场，但技术含量相对较低。台湾的环保产业已日趋成熟，积累了丰富的管理经验和人才。但台湾资源缺乏，环保需求市场相对狭小。所以，未来两岸在环保产业方面可以做到优势互补，加强交流与合作，走出一条互利双赢的可持续发展之路，共同打造两岸绿色家园。

大陆环保产业对台合作及投资的重点领域主要包括以下方面：一是发展循环经济的支撑技术。包括资源综合利用、废旧物品的回收利用技术等；推进清洁生产、绿色设计、生活消费洁净产品等；可再生能源、绿色能源等；节能、节水技术和产品等。二是环境污染防治与生态保护领域。包括水污染防治与回收利用技术、饮用

---

① 参见杜强：《台湾环保产业现状与发展趋势》，《中国环保产业》，2003年第11期，第40—41页。

水安全保障技术等；大气污染治理、清洁能源、燃煤电站脱氮脱硫、可吸入粉尘、垃圾和危险废物焚烧烟气净化、机动车排气污染控制技术等；垃圾卫生填埋、污染土壤恢复技术等。三是环境监测仪器领域。包括污染源在线监测仪表和控制传输系统，大流量烟尘、烟气排放口、污水处理厂监测与过程控制系统；空气环境质量和水环境质量监测技术及监测网系统建设技术；环境应急监测与预警技术等。

5. 新能源产业

在经济发展的进程中，随着常规能源的日益枯竭和生态环境的日益恶化，人类面临的可持续发展的挑战越来越严峻，可持续发展已经成为当今世界共同的主题。其中，能源的可持续发展在经济的可持续发展中扮演着重要的角色，这就需要以能源的可持续发展来满足经济的可持续发展，代表未来能源发展方向的新能源具有极大的发展潜力。目前两岸都已把发展新能源作为重大战略举措，这为两岸开展新能源合作创造了良好的条件，两岸可以通过在新能源开发领域的合作，保证两岸经济的持续发展。此外，在现阶段，新能源未能实行有效的大规模开发，原因就在于其开发技术的不成熟、开发需要的资金规模过大、在开发利用的条件上存在较高的要求等多方面的限制，这就需要两岸在合作中实现优势互补，通过提高开发的效率以加快发展的速度。其中，两岸在新能源的开发上具有极为显著的互补性：大陆存在新能源开发的丰富资源要素和技术研发上的人才优势，同时拥有新能源需求的巨大市场；台湾则具有新能源开发上的技术和资金优势以及产业化运作的经验。

具体来看，当前，大陆极力发展新能源产业，发展太阳能、风能、电动汽车、核能，以及节能环保的 LED 产品等。鉴于科技的迅速发展和市场的快速养成，大陆可能将 2020 年太阳能发电内需市场总容量 180 万千瓦的原本规划数字变为 1000 万千瓦，甚至是 2000 万千瓦，最大增幅超过十倍。2020 年风电的发展目标有可能从原先的 3000 万千瓦提高至 1 亿至 1.5 亿千瓦。"十城万盏"计划预估总体商机高达新台币 700 亿至 800 亿元。[①] 有统计指出，全球风力发电设备 2008 年产值 588 亿美元，大陆新增装机容量增长率为 1107%，居全球之冠。预估到 2015 年全球风力发电设备产值可达 1800 亿美元商机，其中美国、中国大陆与印度是未来的主要风力

---

① 参见张远鹏：《台湾六大新兴产业规划和两岸经济合作》，《世界经济与政治论坛》，2009 年第 6 期，第 89 页。

发电市场。大陆如此庞大的市场和消费能力，加上"和平发展两岸关系"的主旨，台湾企业应该抓住机遇，加强两岸节能环保、新能源产业在技术研发、产品应用、市场推广、双向投资等方面的合作，鼓励两岸企业积极研究、使用和推广节能环保产品和新能源技术，定期召开两岸研讨会，建立沟通平台，推动两岸建设节能、环保社会。今后，两岸可以在福建或高雄地区，建立新能源科技园区，加强风能、太阳能、生物燃料、煤转油技术的研制开发；建立新能源交易所，促进新技术与信息的交换。

6. 现代服务业

毋庸讳言，ECFA 的签署有利于加深两岸产业合作，促进两岸的产业转型与升级。产业合作是两岸 ECFA 的一大重要特色。根据国际贸易理论，经贸正常化和整合化之后，双方的比较优势更会充分地显现，而 ECFA 确实是能够加快两岸经贸的正常化以及产业的整合。两岸建立制度化的合作机制可以帮助双方具有比较优势的产业获得更大的市场发展空间。台湾劳动力密集型产业向大陆转移，附加值较高的高科技产业将得以更快地增长，从而带动台湾的产业升级。而大陆也可以借助台湾产业转移的契机大力发展传统产业，在技术及创新理念方面有所提高。另外，继制造业后，现代服务业才是两岸合作的新热点。当前，大陆服务业占 GDP 的比例只有40% 左右，远低于发达国家70% 的比例，所以服务业将是未来大陆发展潜力巨大的产业。ECFA 的签署有利于台湾服务业向大陆转移，两岸可以抓住时机共同发展现代服务业。

台湾为适应全球经济形势变化和两岸经济合作框架协议签署后的发展形势，正在研究制订"黄金十年"产业规划（"2020 台湾愿景计划"），而此产业规划的重点即是服务业的扩大化与精致化，同时制造业也由过去的代工、制造型产业转型升级为营运、管理、创新、智慧、服务型产业。在台湾产业结构演进过程中，服务业产值占 GDP 比重已经接近70% 左右，本应替代制造业扮演拉动经济增长的龙头角色，但却长期呈现低实质增长、低投资比例、低劳动投入、低研发投入、低国际竞争力、低产业关联度等特点。[1] 主要原因在于台湾的市场容量太小，导致其在服务产业链相关环节无法发挥自身的潜力，不利于未来服务业的扩大和发展。而在 ECFA

---

[1] 参见曹风歧：《两岸金融合作"大戏"》，《资本市场》，2012 年第 6 期，第 20 页。

签署之后，在两岸经济交流与合作的新形势下，台湾服务业拓展大陆市场已经得到松绑，且在大陆服务业市场增长潜力大于制造业产品市场的前景下，台湾服务业已经具有了利用大陆市场迅速扩大经营版图的最有利时机。台湾应该将现代服务业作为发展重点，具体包括金融、物流、通讯、医保、人才培训、环境设计、文化创意、资讯、研发、环保等利用知识而产生高附加值的领域。台商投资大陆的服务业正好满足了大陆对物流、金融、电子商务等服务业的巨大需求。台湾连锁、餐饮等服务业在大陆更具优势。特别是随着海峡两岸贸易与投资的扩大，对两岸金融等服务业的需求更是迫切，台湾金融服务业也具有百万大陆台商的基本市场。台湾服务业在大陆市场以外，还可与大陆服务业加强合作，共同承接全球服务业的转移和外包，在国际服务业分工格局中占得一席之地。服务业之间的合作最重要的是服务意识的提高与投资环境的改善，而之前两岸在这方面的合作却是极少的，因为两岸之间缺少一个可以互相交流与学习的环境，两岸在机制与制度方面都有较大不同。但ECFA 的签署却极大地改善了以往的交流限制，两岸可以自由地互相投资与学习，突破服务业合作的瓶颈，打造以物流和供应链管理为先导，面向东盟和周边市场的生产性服务基地，完善集群功能。展望未来，两岸服务型企业还应该在境外的品牌推广、技术中心和市场营销渠道等建设方面加强合作，可以共同提高两岸服务型企业的国际竞争力。①

---

① 参见"朱磊：后 ECFA 时代加速推动两岸产业合作与转型升级"，http：//www. taiwan. cn/jin-rong/zjzl/201006/t20100612_1411872. htm。

第十七章　促进两岸产业合作的政策措施建议

第一节　主要政策建议

1. 加强对台商产业转移和企业转型的引导与扶持

针对当前台商投资大陆产业向大陆中西部转移的趋势，以及部分台资企业转型升级的迫切需求，大陆有关部门应积极予以支持。一是工信部等政府部门应继续加大陆中西部地区的公共设施建设的投资力度，改善西部地区招商引资的软硬环境，提升相关配套能力建设，为台资企业产业转移提供便利。二是应积极主动地在有关地区筹建台资企业产业转移的示范基地、示范园区或台商投资园区，宣传和引导台资涌向具有竞争力的产业承接地，提高其产业市场竞争力。三是为体现国家产业政策导向，建议中央财政设立一定数额的产业转移风险基金，支持符合国家产业转移政策导向的东部台资企业向西部转移，同时，由财政担保，以信贷方式向转移西部的台资中小企业提供融资。四是东部区域各行政主体应根据本区域产业转型升级形势，在省级行政区税收权限内实施对台资企业转移的激励性政策，动员和鼓励适合于在西部发展的劳动密集型台资产业转移。而西部作为弱势区域，其对产业转移所承担的成本，除体现在为台资产业发展提供低廉的土地、资源、劳动力和优惠税收外，更主要的则在于优化区域投资环境，减少台商投资西部的不确定性，降低其机会成本。五是针对台资企业迫切的转型需求，工信部应积极出台各项政策予以扶持和帮助，帮助其实现转型升级，大陆各级政府应积极帮助台资企业在大陆开拓市场，建立销售渠道。

2. 提高本地企业对台资企业的产业配套能力，促进本地企业产品进入台资企业的采购系统

针对大陆的产业配套环境不够理想，特别是本地企业对台资科技型企业的配套能力较弱的问题，大陆应在产业规划上主动对接台湾 IC、光电等优势产业的发展和转移趋势，加快发展本土原辅材料、零组件、组装等配套企业，提升本地企业对台资企业的协作、渗透、配套能力。经过多年的发展，大陆沿海地区产业技术水平和产品质量不断提升，相当一部分产品已达到或接近台资企业的技术标准和产品质量要求。而台资企业为降低生产成本和扩大市场份额，不断加快推进本土化策略。本地企业应顺应这一趋势，建立与台资企业统一的技术标准和产品规格，使本地企业产品加快进入台资企业的营销网络和采购系统，大幅增加台资企业对本地企业生产的原辅材料和零部件、半成品的采购，以促进两岸产业在价值链中的融合。

3. 加强对台资的政策性引导，优化台资的投资结构与布局

为优化台商直接投资对大陆产业结构调整的正向效应，促进大陆产业结构向合理化及高级化方面发展，促进产业结构的优化升级，当前关键要加强对台资的政策性引导。一是有针对性地吸收台资，提升台资企业带来的资本形成效应，引导台资直接投向资金与技术密集型产业，特别是电子信息、石化等行业，把吸收台资与大陆产业结构调整的方向相结合，改善投资结构，优化投资质量，引入优质资本，改造传统行业；二是引导台商向广大的中西部地区投资，促进产业结构区域布局的合理化，中西部地区应根据当地的比较优势，确定较为合理的引资方向，可重点引进劳动密集型企业，改善当前台商投资的区域布局；三是持续吸引台商投资于先进制造业，引导台商优先投资于高新技术产业，大力发展电子信息行业，提高制造业的自主创新能力，加快粗放型经济增长方式的转变，鼓励台商更多地在资本密集型和技术密集型行业投资，提高投资质量，优化投资结构，促进大陆第二产业内部结构的合理化与高级化，逐步转变大陆第二产业大而不强的局面，由制造业大国向制造业强国转变。

4. 为两岸产业合作提供人力资源方面的支持

在新的历史时期，两岸应该实施更加积极灵活的人才政策，满足两岸产业合作

中对人才的需求。一是工业和信息化部应积极鼓励大陆的国有企业、民营企业建立现代企业制度，并对此予以充分重视，在用人制度上有所突破，大胆聘用具有良好口碑、有广泛行业影响力的台湾职业经理人；二是建立在"信用机制与共同利益"基础上的经理人合作机制，以实现两岸产业的深度融合，可以在半导体、光电等人才缺乏但又急需突破的领域聘用台湾职业经理人；三是由工业和信息化部牵头推动建立两岸共同的科技人才库，通过各种形式加强两岸高层次人才的合作与交流。

第二节　其他措施建议

1. 建立两岸相关产业合作新机制

在新的历史时期，特别是在"十二五"时期，为推进两岸在工业化和信息化领域的深度合作，应考虑建立两岸在工业和信息化领域的合作新机制。一是通过工业和信息化部和台湾"经济部"的主导和推动，构建两岸产业合作的双向机制，制定两岸建制性合作产业的发展目标，如在高新技术产业，两岸可探讨共同建立研发基地，并在某些研究领域进行分工；加强两岸科技园区的合作，促进园区之间的技术转移，合作开发技术含量高的品牌产品；合作建立创业风险投资公司，为两岸的高科技厂商提供融资渠道；逐步形成大陆企业主要负责生产、研发，台湾企业主要负责营销的新型产业链，共同开发国际市场等。二是伴随着 ECFA 的签署实施，下一步两岸经济制度化合作发展的重要目标是建立高度整合的两岸经济合作机制或经济一体化建设，即着手"两岸经济共同体"（两岸共同市场）的建设。

2. 强化两岸经济合作委员会的功能

根据 ECFA 第五章的规定，两岸已于 2011 年 1 月 6 日宣布成立两岸经济合作委员会（下称"经合会"），这是两岸首次在所达成的协议框架下共同成立的组织，是两岸经济合作从功能性一体化向制度性一体化转换中的重大体制性突破。但从所能发挥的功用上看，作为监督与解释、推进 ECFA 的一个临时性组织，"经合会"现阶段仍以临时性、应急性和事务性为主，每半年在两岸轮流举行协商，这种运行机制只能发挥处理 ECFA 后续发展过程中出现的相关问题的机能，而无法起到提升两岸合作层次、推进两岸合作深化、共同应对区域经济一体化进程加快所带来的挑战的作用。因此，作为第一个两岸共同组成的促进经济合作的机构，若从推动两岸经济合作从功能性一体化向制度性一体化的发展的角度分析，"经合会"应尽快向专业化、专职化、专门化方向发展，从而推动两岸经济合作的机制化建构，为今后两岸合作的深化形成更有利的机制保障。

3. 深化两岸制造业功能性分工，提升两岸国际分工地位

两岸制造业应顺应两岸产业结构转型升级的需要，通过深化分工、加强合作，着力推动分工模式由此前的台湾产业梯次向大陆转移、以大陆作为加工出口基地为主的方式，向共同提高两岸产业技术层次和竞争力方向升级，突破目前为先进国家代工的分工体系。大陆由于经济发展的多样性，具有在高科技基础研究方面的雄厚基础，而台湾在技术研发及品牌创造方面具有较丰富的经验，双方具备在各层面进行多元化分工的条件。双方应重视加强在技术研发、品牌创造及营销策略等产业链高端的合作。对于台湾企业来说，应利用大陆内需市场优势和台湾企业的全球化生产销售网络优势，推动实施国际品牌战略，摆脱对代工生产模式的依赖。大陆应在承接台湾制造端转移的同时，更注重借助和汲取台湾在研发和行销方面的优势，把人才、科技的潜在优势转化为技术研发的现实优势，促进制造业向高附加值方向延伸，努力从"制造大国"向"制造强国"的转变。

4. 加强宣传推广活动，促进两岸产业合作深入开展

工业和信息化部和台湾的"经济部"中的相关机构要加强联合宣传推广，联合举行招商和贸易推广、"产业搭桥会"活动，为两岸企业优势互补、合作互动牵线搭桥。两地主管部门和相关服务机构要多形式、多渠道、大范围宣传推广，使两地企业方便获取所需信息，促进双方的合作与互动。当前，一是应鼓励大陆和台湾同胞共同携手"走出去"，两岸的企业可以一起到境外开设经济开发区，大陆企业和台资企业联手开拓市场渠道，收购境外的商业网络，对此，两岸相关部门应做好信息服务工作；二是加强两岸中介服务机构的合作，让中介机构成为行政主管部门和企业之间联系的桥梁，在两岸企业与企业、企业与行政主管部门之间牵线搭桥，扮演一个沟通平台的角色，今后，应该鼓励两岸的中介机构进一步携手合作，促进和深化两岸企业间的联系。

参考文献

一、中文论著

福建省地方税务局编：《中国台湾税收制度》，北京：中国税务出版社，2007年版。

经济日报社编：《台湾经济年鉴》，北京：经济日报出版社，2009年版。

台湾"经济部"工业局编印：《台湾制造业白皮书》，2008年版。

周志怀主编：《台湾2009》，北京：九州出版社，2010年版。

中国企业投资协会，台湾并购与私募股权协会，汇盈国际投资公司编：《投资台湾——大陆企业赴台投资指南》，北京：九州出版社，2012年版。

李鹏：《海峡两岸经济互赖之效应研究》，北京：九州出版社，2010年版。

周志怀主编：《台湾研究优秀成果奖获奖论文汇编2008卷》，北京：九州出版社，2009年版。

李闽融主编：《海峡两岸竞争力论坛论文集》，长春：长春出版社，2011年版。

朱磊，张晓楹：《投资台湾指南》，北京：中国经济出版社，2012年版。

朱磊：《台湾产业与金融研究》，北京：九州出版社，2012年版。

石正方主编：《两岸经济合作与海西建设》，北京：九州出版社，2011年版。

唐永红：《两岸经济制度性合作与一体化发展研究》，北京：九州出版社，2010年版。

林则奘：《成功赴台投资——台湾地区投资法规与实务》，北京：台海出版社，2009年版。

黄绍臻：《走向整合——海峡经济区发展报告》，北京：经济管理出版社，2011年版。

黄梅波，庄宗明：《海峡两岸的产业合作》，北京：人民出版社，2007 年版。

石正方主编：《台湾研究新跨越·经济分析》，北京：九州出版社，2010 年版。

戴淑庚：《海峡两岸和其他台商投资相对集中地区的经济发展——基于两岸经济整合的视角》，北京：北京大学出版社，2012 年版。

［美］迈克尔·波特：《国家竞争优势》，北京：中信出版社，2007 年版。

李非：《21 世纪初期海峡西岸经贸关系走向与对策》，北京：九州出版社，2002 年版。

陈丽瑛等：《两岸产业分工政策执行成效之评估》，台湾"经济部"工业局委托研究报告，1997 年版。

盛九元：《两岸经济合作的路径选择与机制建构——基于一体化理论的研究视角》，长春：吉林人民出版社，2011 年版。

李非：《海峡西岸经济合作问题研究》，北京：九州出版社，2000 年版。

李非：《海峡西岸经贸关系》，北京：对外贸易教育出版社，1994 年版。

史惠慈：《制造业厂商赴大陆投资行为转变及政府因应政策之研究——以电子资讯业为例》，台湾"行政院研究发展考核委员会"编印，2003 年版。

李保明：《两岸经济关系 20 年——突破与发展历程的实证分析》，北京：人民出版社，2007 年版。

朱华晟：《浙江产业群——产业网络、成长轨迹与发展动力》，浙江：浙江大学出版社，2003 年版。

仇保兴：《小企业集群研究》，上海：复旦大学出版社，1999 年版。

段小梅：《台商投资祖国大陆的区位选择及其投资环境研究》，北京：中国经济出版社，2006 年版。

台湾区电机电子工业同业工会：《2008 年中国大陆地区投资环境与风险调查：脱变跃升谋商机》，台北：商周编辑顾问股份有限公司，2008 年版。

李非：《加入 WTO 与两岸经贸发展》，厦门：厦门大学出版社，2003 年版。

邓利娟主编：《台湾研究 25 年精粹——经济篇》，北京：九州出版社，2005 年版。

李非主编：《台湾研究 25 年精粹——两岸篇》，北京：九州出版社，2005 年版。

胡军，冯邦彦，陈恩主编：《经济全球化格局下的两岸产业分工与合作》，北京：经济科学出版社，2006 年版。

黄梅波：《两岸经贸关系回顾与展望》，北京：人民出版社，2007 年版。

曹小衡：《2000 年以来台湾经济与两岸经济合作回顾与展望》，《2005—2006 年度台湾经济与两岸经济合作研究报告》，北京：九州出版社，2006 年版。

易刚，许小年：《台湾经验与大陆经济改革》，北京：中国经济出版社，1994 年版。

李非：《台湾经济发展通论》，北京：九州出版社，2004 年版。

许振明：《经济全球化及区域化下两岸产业的竞争与分工探讨》，《经济全球化格局下的两岸产业分工与合作》，暨南大学台湾经济研究所编，北京：经济科学出版社，2006 年版。

林汉川，魏中奇：《中小企业发展的国别比较》，北京：中国财政经济出版社，2001 年版。

刘建兴，黄文真：《台湾经济介评》，北京：中信出版社，1993 年版。

李家泉：《台湾经济是怎样发展起来的》，北京：人民日报出版社，1989 年版。

林汉川，邱红：《中小企业管理教程》，上海：上海财经大学出版社，2006 年版。

陈恩：《台湾地区经济结构分析——从产业结构角度切入》，北京：经济科学出版社，2003 年版。

沈祖良，陈继勇：《南朝鲜台湾香港新加坡经济述评》，武汉：湖北人民出版社，1990 年版。

吕桐生，裴浩林：《台湾香港经济研究》，北京：农村读物出版社，1989 年版。

中国社会科学院台湾研究所编：《转型期的台湾经济与社会》，北京：时事出版社，1991 年版。

于宗先，王金利：《台湾中小企业的成长》，台中：联经出版事业公司，2000 年版。

李国鼎：《台湾经济高速发展的经验》，南京：东南大学出版社，1993 年版。

［日］中村哲：《东亚近代史理论的再探讨》，北京：商务印书馆，2002 年版。

［美］何保山：《台湾的经济发展》，上海：上海译文出版社，1981 年版。

陈碧笙：《台湾地方史》，北京：中国社会科学出版社，1982 年版。

王家骥：《台湾金融与经济发展》，北京：中国经济出版社，1992 年版。

李国鼎：《台湾经济发展中的科技与人才》，南京：东南大学出版社，1994

年版。

［日］隅谷三喜男，刘进庆，涂照彦：《台湾经济发展的成就与问题——新兴工业化经济群体的典型分析》，厦门：厦门大学出版社，1996 年版。

保罗·克鲁格曼等：《国际经济学》，北京：中国人民大学出版社，1998 年版。

迈克尔·波特：《竞争战略》，陈小悦译，北京：华夏出版社，2001 年版。

袁奇：《当代国际分工格局下中国产业发展战略研究》，成都：西南财经大学出版社，2006 年版。

（台）翁嘉禧：《台湾的发展：全球化、区域化与法制化》，台北：巨流图书公司，2006 年版。

（台）张亚中：《全球化与两岸统合》，台北：联经出版事业有限公司，2003 年版。

（台）高长：《大陆经改与两岸经贸》，台北：五南图书出版公司，2008 年版。

伊启铭：《台湾经济转折时刻》，台北：商周出版社，2004 年版。

石正方：《台湾研究新跨越·经济分析》，北京：九州出版社，2010 年版。

严正主：《台湾产业结构升级研究》，北京：九州出版社，2003 年版。

张玉冰：《大陆沿海与台湾地区竞争力比较研究》，北京：九州出版社，2007 年版。

高希均等主编：《两岸经验 20 年——1986 年以来两岸的经贸合作与发展》，台北：台湾天下文化出版社，2006 年版。

张传国：《台商投资大陆问题研究》，上海：商务印书馆，2007 年版。

邓丽娟，石正方：《海峡西岸经济区发展研究》，北京：九州出版社，2008 年年版。

王建民，张冠华，曹小衡：《海峡两岸经济贸易与投资大全》，北京：东方出版社，1993 年版。

刘震涛：《台资企业个案研究》，北京：清华大学出版社，2005 年版。

李国鼎：《台湾经济发展背后的政策演变》，南京：东南大学出版社，1998 年版。

（台）高长：《两岸经贸关系之探索》，台北：台湾天一图书公司，1997 年版。

徐滇庆：《台湾经验与海峡两岸发展策略》，北京：中国经济出版社，1996 年版。

盛九元：《东亚经济格局变动与两岸经贸关系发展》，吉林：吉林人民出版社，2006 年版。

北京：《台湾研究》（历年），中国社会科学院台湾研究所编印。

《台湾经济年鉴》（历年），台湾经济日报社编印。

《海关统计月报》（历年），中华人民共和海关总署编。

《中国统计年鉴》（历年），中华人民共和国统计局编，中国统计出版社。

《中国外商投资报告》（历年），中华人民共和国商务部（外经贸部）编。

《台湾：制造业多角化暨国际化调查报告》，台湾"经济部"统计处编印（历年）。

《中小企业白皮书》（历年），台湾"经济部"工业局编印。

《制造业赴大陆投资行为转变与政府因应政策之研究：以电子资讯业为例》，台北："中华经济研究院"编印，2003 年版。

杨家彦：《两岸经贸新局下的产业合作方向》，"两岸经贸浦东论坛"会议论文，浦东台湾经济研究中心，2009 年版。

段小梅：《台商投资祖国大陆的区位选择及其投资理论研究》，北京：中国经济出版社，2006 年版。

二、期刊论文

熊俊莉：《"陆资入岛"的新进展及前景展望》，《两岸关系》，2011 年第 5 期。

林银木：《"陆资入台"可能面临的投资风险及其应对之策》，《福建法学》，2010 年第 2 期。

俞毅：《大陆企业对台投资的现状、障碍及对策》，《国际经济合作》，2011 年第 6 期。

李友华：《当前两岸建立经济合作机制的症结及对策》，《安徽师范大学学报》，2008 年第 1 期。

刘相平：《2008 台湾"大选"后的两岸关系走向预测》，《世界经济与政治论坛》，2008 年第 3 期。

李非：《两岸产业合作研究》，《福建师范大学学报》，2010 年第 5 期。

陈德升：《经济全球化与台商投资大陆：策略与布局》，"经济全球化与台商投资大陆"研讨会论文，主办单位：台北市两岸经贸文化交流协会。

殷存毅：《大陆经济转型与台商投资演变趋势》，《台湾研究集刊》，2007 年第

3 期。

　　张传国：《台商直接投资对大陆沿海地区经济效应的实证分析》，《台湾研究集刊》，2003 年第 4 期。

　　张传国：《台商在大陆的研发投资问题研究》，《台湾研究》，2004 年第 4 期。

　　方志坚，郑胜利：《台商大陆研发创新的特点与趋势分析》，《台湾研究》，2007 年第 6 期。

　　郑胜利：《复制群居链——台商在祖国大陆投资的"集群"特征分析》，《决策参考》，2002 年第 7 期。

　　郑胜利，周丽群，朱有国：《论产业集群的竞争优势》，《当代经济研究》，2004 年第 3 期。

　　李非，李继翔：《台商投资中国大陆区位选择的实证研究》，《厦门大学学报（哲学社会科学版）》，2004 年第 6 期。

　　邓利娟：《大陆台资企业研发创新问题浅析》，《台港澳与经济特区研究》，2007 年第 13 期。

　　王雅琳：《政府与集群内自主创新：国际经验与昆山的实践》，《江苏经贸》，2008 年第 7 期。

　　张传国：《台商对祖国大陆直接投资的地域分异与成因分析》，《世界经济》，2003 年第 10 期。

　　《"英双会"后民众对 ECFA 的支持度攀升》，台湾：《联合报》，2010 年 4 月 25 日。

　　黄德春：《台商在祖国大陆投资的区位比较研究》，《软科学》，2002 年第 6 期。

　　赖钮城，林婉婷：《由海峡两岸劳动力结构来看台湾竞争优势》，《台湾经济金融月刊》，2005 年第 3 期。

　　吴迎春：《与世界接轨——地方竞争力崛起》，台湾：《天下杂志》，2003 年第 280 期。

　　宋玉珍：《城市竞争力评比初探》，台湾：《台湾经济论衡》，2005 年第 7 期。

　　李非，熊俊莉：《略析台湾产业技术发展策略的转变》，《台湾研究》，2009 年第 20—24 期。

　　李月：《台湾大陆投资的新特点及对台湾经济的影响》，《当代经济研究》，2008 年第 8 期。

李杏：《台商对大陆投资特点及发展趋势研究》，《商业研究》，2004 年第 7 期。

张锐钢：《台商对祖国大陆投资趋向》，《中国投资》，2002 年第 12 期。

郝望：《从两岸经济实力对比看中国统一前景》，《台湾研究》，2003 年第 4 期。

张传国：《厦门港与高雄港综合竞争力的定量化比较研究》，《台湾研究》，2005 年第 2 期。

台湾"经济部投资审议委员会"：《核准对中国大陆投资分年分业统计表》（2010 年和 2011 年报、2012 年 1—11 月报）。

陈晓东：《竞争优势弱化下的大陆台资企业问题分析》，《台湾研究》，2009 年第 1 期。

肖文：《台商在浙江、江苏投资区位分布比较分析》，《台湾研究》，2007 年第 1 期。

王兴化：《世界制造业中心发展新趋势与台湾制造业转型问题研究》，《台湾研究》，2006 第 6 期。

张冠华：《从因素变动探讨两岸产业分工关系之发展》，《台湾经济金融月刊》，1995 年第 6 期。.

陈丽瑛，吕惠敏，林宗庆：《两岸产业分工模式：20 家企业之个案研究》，《劳工行政》，1997 年第 11 期。

邓利娟：《两岸产业分工合作模式之探讨——评"两岸产业垂直分工论"》，《福建学刊》1996 年第 4 期。

史惠慈：《自贸易结构推论两岸产业分工》，《台北银行月刊》，2000 年第 27 卷 12 期。

翁嘉禧：《两岸经贸关系及其展望——比较利益观点的分析》，《第十届海峡两岸关系研讨会论文集》，2001 年。

曹小衡：《变动中的东亚经济格局与两岸经济关系前景》，《台湾研究》，1999 年第 1 期。

张冠华：《两岸经济关系的转型趋势与影响》，《台湾研究》，2006 年第 3 期。

王海东：《世界经济大趋势与海峡两岸经济合作发展前景》，《亚太经济》，2000 年第 4 期。

林长华：《世纪之交的台湾经济形势分析》，《亚太经济》，2001 年第 2 期。

裴长洪：《构建两岸合作的新格局——论多元化分工结构的演进》，《国际贸易问题》，1995 年第 4 期。

李非：《台湾高科技产业与两岸产业合作趋势》，《厦门大学学报》，2003 年第 3 期。

许振明：《对外直接投资之角色——台湾与大陆间之经济整合》，两岸经贸发展研讨会暨中华国际经贸研究学会年会论文，2003 年。

潘文卿，李子奈：《祖国大陆经济对台商直接投资的依存研究：一个基于联接模型的分析》，《世界经济》，2001 年第 10 期。

吴进泰：《跳板乎？黑洞乎？中国大陆在台湾经济发展角色》，《台湾经济研究月刊》，2001 年第 24 卷第 3 期。

林灼荣：《WTO 架构下两岸经贸关系之展望》，《台湾经济研究月刊》，2002 年第 25 卷第 8 期。

高长：《两岸电子产业分工现状与合作展望》，《经济前瞻》，2001 年第 7 期。

高长：《台湾电子产业两岸分工与全球布局策略》，《经济前瞻》，2002 年第 9 期。

郭国庆等：《论台湾科技产业发展的缺陷与两岸合作模式》，《中国科技论坛》，2001 年第 6 期。

王凤生等：《从高科技产业动态发展模式解析两岸产业竞合策略》，《科技管理学刊》，2003 年第 8 期。

张厚明，刘世磊：《以调整创新融合加快我国工业转型升级》，《中国经济时报》，2012 年 8 月 6 日。

张厚明：《内地与香港经济合作前景与对策》，《亚太经济》，2011 年第 3 期。

陈信宏，史惠慈，高长等：《台商在大陆从事研发趋势对台湾科技创新之影响及政府因应策略之研究》，台湾"经济部"委托研究报告，2002 年版。

张传国：《台商直接投资对大陆沿海地区经济效应的实证分析》，《台湾集刊》，2003 年第 4 期。

周力，张楠等：《促进我国新一轮重化工业发展的方略思考》，《当代财经》，2005 年第 9 期。

黄松玲，易志云：《海峡两岸产业分工的现状和发展途径》，《天津师大学报（社科版）》1996 年第 3 期。

叶万安：《台湾产业发展和向大陆转移及其展望》，《海峡科技与产业》，2006

年第 4 期。

石正方：《台湾经济"四化"问题与两岸经济合作》，《台湾研究集刊》，2005年第 1 期。

王永龙，郑胜利：《台商投资从集聚到集群的对策分析》，《经济问题》，2002年第 9 期。

张冠华：《台湾 IT 产业祖国大陆投资格局与两岸产业分工》，《台湾研究》，2003 年第 1 期。

黄景顺，胡日东：《台商投资祖国大陆的经济效应分析》，《台湾农业探索》2004 年第 1 期。

李非：《台湾高科技产业投资大陆走向》，《台声》，2005 年第 2 期。

张继军，郑远强：《中国大陆与台湾经济结构变迁比较》，《生产力研究》，2005年第 11 期。

俞震：《台资对大陆经济影响的经济学分析》，《社会科学家》，2005 年第 9 期。

叶日松，郭丽华：《投资大陆对台湾经济的影响与展望》，《中华管理评论》，2006 年第 9 卷 1 期。

陈恩，汪书军，罗睿：《台商投资大陆的区位选择分析与实证研究》，《世界经济研究》，2006 年第 8 期。

殷存毅：《两岸经济合作目标愿景及其影响》，《海峡科技与产业》，2006 年第3 期。

郭慧：《两岸经贸对经济共同繁荣的影响》，《中国统计》，2006 年第 9 期。

段小梅：《台商投资大陆的规模结构演变分析》，《改革与战略》，2006 年第3 期。

李月：《台湾大陆投资的新特点及对台湾经济的影响》，《当代经济研究》，2008年第 8 期。

洪财隆：《两岸经贸关系的拓展与正常化》，《台湾经济研究月刊》，2008 年第31 卷。

韩清海：《进口替代时期台湾企业的成长环境与发展概况》，《台湾研究集刊》，2002 年第 2 期。

吴传清：《台湾中小企业发展问题探析》，《中国制笔》，2000 年第 4 期。

刘彦生，梁永郭：《台湾中小企业的发展及其对大陆的启示》，《东南学术》，

1999 年第 2 期。

徐宗玲，李艳华：《台湾中小企业发展的政策环境与启示》，《开发研究》，2004 年第 6 期。

黄立军：《台湾中小企业发展面面观》，《发展研究》，2000 年第 3 期。

杨大楷，常定辉：《台湾中小企业海外直接投资研究》，《世界经济研究》，2002 年第 1 期。

张为付：《国际产业资本转移的基础、规律及趋势》，《国际贸易问题》，2005 年第 6 期。

邹德发：《当前台湾经济发展的问题与前途》，《中国经济问题》，2006 年第 6 期。

戴淑庚，金虹：《大陆经济崛起对台湾地区出口发展影响的实证分析》，《经济与社会发展》，2006 年第 12 期。

（台）谢邦昌：《两岸新兴产业合作"十二五"展望》，《财经界》，2011 年第 1 期。

（台）谢邦昌：《ECFA 对两岸经贸的影响》，《财经界》，2010 年第 11 期。

林毅夫，易秋霖：《海峡两岸经济发展与经贸合作趋势》，《国际贸易问题》，2006 年第 2 期。

林祖嘉，谭瑾瑜：《开放大三通对台湾经济的影响》，《海峡科技与产业》，2009 年第 1 期。

黄庆森，鲁明泓：《台湾大型企业投资大陆途径模式之调研》，《现代管理科学》，2006 年第 9 期。

王鹏：《海峡两岸产业合作的互补关系及发展策略》，《海峡科技与产业》，2005 年第 3 期。

黄劲草，蒋如洋，陈乃彬：《建立海峡两岸自由贸易区必要性及可行性分析》，《发展研究》，2011 年第 1 期。

朱钟棣：《对台湾产业资本外移的几点判断》，《亚太经济》，2001 年第 1 期。

李非：《当前台湾产业转移的特点与对大陆投资趋势》，《两岸关系》，2005 年第 9 期。

王凤生：《在 ECFA 下推动海峡两岸经贸特区产业合作发展之机会》，《理论参考》，2009 年第 7 期。

张传国：《台商直接投资对大陆沿海地区经济效应的实证分析》，《台湾研究集刊》，2003 第 4 期。

张玉冰：《台湾产业结构升级与两岸经济合作关系的实证研究》，《亚太经济》，2007 年第 5 期。

张远鹏：《东亚经济格局的变动及其对两岸经贸关系的影响》，《亚太经济》，2007 年第 2 期。

张远鹏：《台湾六大新兴产业规划和两岸经济合作》，《世界经济与政治论坛》，2009 年第 6 期。

陈永志，郝鑫：《两岸经贸发展与海峡经济区构建》，《福建论坛（人文社会科学版）》，2007 年第 4 期。

胡鞍钢，常黎：《两岸经贸关系对台湾的影响》，《国际经济评论》，2006 年第 1 期。

高长，陈威如：《台商赴大陆投资所有权进入模式决定因素的分析》，《管理学报》，1998 年第 15 期。

庄宗明：《两岸经贸合作的现实选择——两岸共同市场的构建》，《两岸关系》，2007 年第 8 期。

黄绍臻：《海峡两岸经济一体化的发展趋势和目标定位》，《福建论坛（人文社会科学版）》，2005 年第 10 期。

郑胜利，黄茂兴：《从集聚到集群——祖国大陆吸引台资的新取向》，《世界经济与政治论坛》，2002 年第 3 期。

殷存毅：《大陆经济转型与台商投资演变趋势——以昆山市为例》，《台湾研究集刊》，2007 年第 3 期。

俞震：《台湾对大陆经济影响的经济分析——以江苏省苏州市为例》，《社会科学家》，2005 年第 5 期。

王成超，黄民生：《台商投资大陆地区的区位选择及空间拓展研究》，《人文地理》，2008 年第 6 期。

吕玉宝，程前锋，邹春莹：《台商大陆投资的发展历史与结构现状分析》，《当代经济》，2008 年第 23 期。

洪世键，朱银娇：《台商在大陆投资产业的演变与展望》，《华侨大学学报》，2005 年第 4 期。

唐永红：《当前两岸制度性经济一体化的经济可行性考察》，《台湾研究集刊》，2007 年第 1 期。

薛荣久：《两岸经贸关系发展现状及瞻望》，《国际经济探索》，2007 年第 6 期。

王直：《中国台湾在经济一体化中面临的挑战与契机》，《国家经济评论》，2004 年第 5 期。

石正方：《台湾企业集团投资大陆现况与策略研究》，《台湾研究集刊》，2006 年第 2 期。

台湾：《台经》（历年），台湾经济研究院编印。

台湾：《前瞻》（历年），台湾"中华经济研究院"编印。

台湾：《统计月报》（历年），台湾"经建会"编印。

台湾：《两岸经贸》（历年），海基会编印。

台湾：《中国大陆地区投资环境与风险调查》（历年），台湾电电公会编印。

庄荣良：《海峡两岸产业分工的发展阶段、模式演进和发展机遇》，《福建论坛（人文社会科学版）》，2009 年第 5 期。

陈晓东：《透析台湾制造业国际竞争力的衰退》，《国际贸易问题》，2002 年第 12 期。

邓利娟：《现阶段两岸关系的进展与障碍》，《台声》，2001 年 1 月。

吴庆春，舒均治：《海峡两岸经贸交流的现状及未来展望》，2005 年 8 月，第 96 页。

赵晓霞，徐楠：《中国大陆劳动力成本的变化趋势对台商投资的影响》，《当代经济研究》，2009 年第 5 期。

李月：《台湾大陆投资的新特点及对台湾经济的影响》，《当代经济研究》，2008 年第 8 期。

曾建权：《对台湾工业发展模式的探讨》，《台湾研究》，1997 年第 1 期。

梁茹，张展生，伍晓玲，刘洋，林雄：《台湾中卫体系的发展经验及对广东省专业镇转型升级的启示》，《科技管理研究》，2012 年第 16 期。

黄立军：《台湾中小企业发展面面观》，《发展研究》，2000 年第 3 期。

周志怀：《台湾中小企业的特点与未来发展方向》，《亚太经济》，1987 年第 3 期。

李非：《本期话题：两岸产业合作研究》，《福建师范大学学报（哲学社会科学版)》，2010 年第 5 期，第 69 页。

刘旭：《后危机时代台湾经济的发展趋势》，《中国经济时报》，2010 年 4 月 27 日。

盛九元：《ECFA 对两岸经济合作的影响：进展与前景》，《世界经济与政治论坛》，2010 年第 4 期。

谢志忠，林天时：《海峡两岸经济合作协议对台湾地区经济之影响》，《财经科学》，2012 年第 5 期。

王宙：《制度变迁与经济增长——诺贝尔经济学奖得主诺思的经济思想评述》，《国际经济评论》，1996 年增刊第 3 期。

黄梅波：《海峡两岸的投资互动及其前景》，《国际经济合作》，2002 年第 7 期。

曹凤歧：《两岸金融合作 "大戏"》，《资本市场》，2012 年第 6 期。

杜强：《台湾环保产业现状与发展趋势》，《中国环保产业》，2003 年第 11 期。

三、网站资料

中华人民共和国中央人民政府网站：http：//www. gov. cn/；

全国台湾研究会网站：http：//tyh. taiwan. cn/；

华夏经纬网：http：//www. huaxia. com/；

中国投资指南网：http：//www. fdi. gov. cn/；

世界银行，世界发展指数数据库，http：//date. worldbank. org/；

国务院台湾事务办公室网站：http：//www. . gwytb. gov. . cn/；

新华网：http：//www. xinhua. com；

华夏网网站：http：//www. huaxia. com；

国家商务部台港澳司站：http：//tga. mofcom. gov. cn/；

国家统计局网站：http：//www. stats. gov. cn/；

投资台湾网：http：//www. iitw. taiwan. cn/；

中国台湾网：http：//www. taiwan. cn/；

［美］战略与国际研究中心网站：http：//www. csis. org/；

［美］传统基金会网站：http：//www. heritage. org/；

［美］布鲁金斯研究院网站：http：//www. brookings. edu/；

"两岸共同市场基金会" 网站，http：//www. crossstrait. org/；

"中华经济研究院" 台湾 WTO 中心网站，http：//taiwan. wtocenter. org. tw；

WTO 官方网站，http：//www. wto. org；

（台湾）投资台湾入口网：http：//investtaiwan. org/；

（台湾）陆资来台服务网：http：//iitw. cnfi. org. tw/；

（台湾）工业用地资讯网：http：//idbpark. moeaidb. gov. tw/；

（台湾）投资台湾全球招商网：http：//cepd. gov. tw/investtw/；

（台湾）"财政部"网站：http：//www. mof. gov. tw/；

（台湾）"行政院"网站：http：//www. ey. gov. tw/；

（台湾）"行政院经济建设委员会"网站：http：//www. cepd. gov. tw/；

（台湾）"行政院国科会"网站：http：//webl. nsc. gov. tw/；

（台湾）"行政院陆委会"网站：http：//www. mac. gov. tw/；

（台湾）"经济部"网站：http：//www. moeaic. gov. tw/；

（台湾）"经济部"投资业务处网站：http：//www. dois. moea. gov. tw/；

（台湾）"经济部"工业局网站：http：//www. moeaidb. gov. tw/；

（台湾）"经济部投资审议委员会"网站：http：//www. moeaic. gov. tw/；

（台湾）"经济部"技术处网站：http：//doit. moea. gov. tw/；

（台湾）"经济部"中小企业处网站：http：//doit. moeasmea. gov. tw/。

四、外文文献

Gary，Gereffi（1998）. Commodity Chains and Regional Division of Labor in East A-sia，Economic Development and the Global Political Economy.

Francis Hutchinson（2004）. Globalization and the "Newer" International Division of Labor. Labor and Management in Development Journal（6）.

Michael E. Porter（1998）. Clusters and the New Economics of Competition，Harvard Business Review；Boston；Nov/Dec.

M. Shahid Alam（1989）. Government and Market in Economic Development Strategies：Lessons from Korea，Taiwan and Japan，New York：Praeger.

Wade R. and Gordon White（eds. ），1984. Developmental States in East Asia：Capitalist and Socialist，Sussex：IDS Bulletin No. 15.

Wade，R. （1991）. Governing the Market：Economic Theory and the Role of Government in East Asia Industrialization Princeton：Princeton University Press.

World Bank，（1993）. The East Asian Miracle：Economic Growth and Public Policy, New York: Oxford University Press.

Flash, David. 1989. Vertical Restraints in Taiwan, The World Economy.

Lockwood, William, (1965) . "Taiwan's New Capitalism" In William Lockwood, The State and Economic Enterprise. Princeton, N. J. : Princeton University Press.

Pempel, T. J. (1978) . Regime Shift: Comparative Dynamics of the Taiwan's Political Economy. Ithaca, N. Y. : Cornall University Press.

Hymer. S. F. (1976) . The International Operation of National Firms: A Study of Direct Foreign Investment, MIT Press.

Bucklcy. P. J. and Casson. M. (1976) . The Future of the Multinational Enterprise. Macmillan.

Raymond Vernon. International Investment and International Trade in the Product Cycle, Quarterly Journal of Economic. May 1966.

Knickerbocker. F. T. (1973) . Oligopolistic Reaction and the Multinational Enterprise, Harvard Graduate School of Business Administration.

Kojima. K. (1978) . Direct Foreign Investment: a Japanese Model of Multinational Business Operation. Croom Helm.

Mundell R. A. (1957) . International Trade and Factor Mobility. American Economic Review. June.

Dunning J. H. (1977) . Trade, Location of Economic Activity and the Multinational Enterprise: A Search for an Eclectic Approach. London: Macmillan.

Dunning J. H. (1981) . International Production and the Multinational Enterprise. Allen and Unwin.

Steven Brakman. Marry Garretsen. Charles van Marrewijk. (2001) . An Introduction to Geographical Economics. Cambridge University Press.

Rugman. A. M. (1981) . Inside the Multinational: the Economics of Internal Markets. Croom Fielm.

Michael E. Porter. (1998) . Clusters and the New Economics of Competition, Harvard Business Review; Boston; Nov/Dec.

Chu – Yuan Cheng. (1998) . Economic Relations Across the Taiwan Straits: Mutual Dependence and Conflicts, Paper presented for the 16th International Conference on Asian

Affairs at St. John's University on October.

Chao – Cheng Mai, Chine – Sheng Shin. （1986）. Taiwan's Economic Success Since 1980, In Associate with the Chung – Hua Institution for Economic Research.

Tain – Jy Chen, Ying – Hua Ku, The Effect of Overseas Investment on Domestic Employment, East Asian Seminar on Economic, 2003 （4）.

后 记

笔者曾长期从事两岸经济合作相关课题的研究，并为国家工业和信息化部港澳台处提供业务支撑工作。本书是笔者近年来从事两岸经济合作理论研究的一些思考。改革开放三十多年来，两岸关系跌宕起伏，风云变幻。伴随着近年来台湾当局打开大陆企业赴台投资的大门，两岸关系进入了一个良好的历史发展机遇期。在此背景下，海峡两岸如何深刻把握当前来之不易的投资与合作的机会，共同应对双方面临的问题与挑战，采取积极应对措施，加强经济合作，推动两岸投资与产业合作进入更高的层次和水平，加强此方面的研究，目前来看，具有极大的理论和实践意义。

本书的成稿，得益于众多机构和人士的帮助和支持，在此一并表示感谢。首先感谢中国电子信息产业发展研究院罗文院长、王鹏副院长的一贯的支持、引导和关怀，感谢国家工业和信息化部国际合作司赵文智副司长、文勇副巡视员、原港澳台处杜晓雁处长、王超楠等人的帮助和业务指导，感谢中国电子信息产业发展研究院文芳所长、曾建平博士等人的指导、帮助和支持，感谢汤文仙所长、郭志伟博士、姚霞博士等人提供了大量的资料和素材。还要感谢与我合作过的其他领导和同事们，与他（她）们的合作和交流经常使我从中得到很多启迪。

理论探索离不开相关研究成果的积累。本书的撰写无疑也是"站在无数前辈的肩膀上"，借鉴并参考了业内外众多学者和专家的研究成果，在此一并表示感谢。对于引用的相关成果，我都尽量在书中标注，但是，由于疏忽原因，可能会有个别引用没有明确注释，在此一并表示歉意。

最后，要感谢我的爱人任佳女士默默的付出，没有她的一再督促和坚定支持，本书的完成时间可能还要拖后。感谢我的岳父和岳母对我生活上的无微不至的照顾，使得我有大量的时间撰写书稿。感谢我远在家乡的父亲和母亲，谢谢你们一如既往的支持和关怀，有了你们作为我的坚强后盾，我更加有勇气去面对来自生活的任何困难与挑战。

张厚明

2013 年 9 月于北京

新书简介

陈孔立著作系列

定价：55.00元

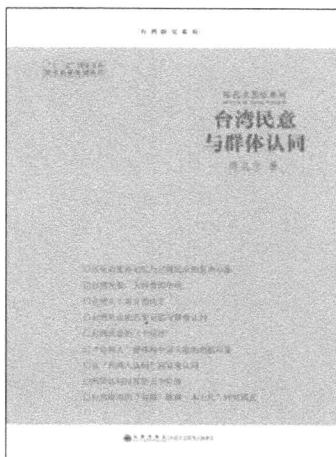

定价：48.00元

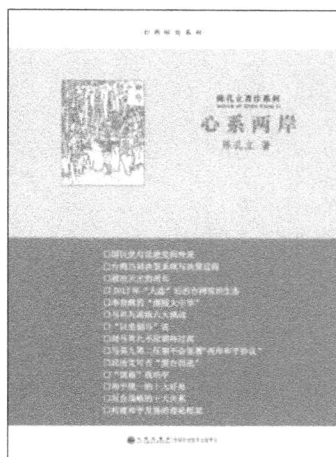

定价：75.00元

《台湾史事解读》

本书是作者研究台湾史事的专题论文集。全书分三部分，第一部分是对台湾研究的历史观和方法论的考察，第二部分是对台湾若干史事的辨正，第三部分主要针对台湾方面有人蓄意制造"历史失忆"的行为，对台湾历史作出了深刻的解读。

《台湾民意与群体认同》

本书是作者研究台湾民众心态和民意趋向的文集。全书分三部分，第一部分着重分析不同社会政治背景下台湾民众的复杂心态，第二部分研究台湾民众的身份认同问题，第三部分提出了"省籍—族群—本土化"的台湾政治研究模式，对台湾近年来"去中国化"等现象进行了深刻的剖析。

《心系两岸》

本书是作者多年来研究台湾政局和两岸关系发展的一部文章合集，全书将岛内蓝绿较量、观察国民党、观察民进党、剖析"台独"言论和两岸政治大局及政治难题等内容分为两个部分：观察台湾和关注两岸。研究范围涉及 2012 年"大选"后岛内政治生态、马英九第二任期执政理念、两岸间政治难题的解决方案等等。

两岸关系定位与国际空间——台湾地区参与国际活动问题研究

本书为解决两岸关系定位和台湾地区参加国际活动进行理论上的准备，并形成具有现实可行性的方案，认为解决台湾地区参加国际活动的问题，既需要政治人物的智慧和魄力，也需要理论的助力。

祝 捷 著
定价：66.00元

冷战后台湾地区与东盟各国关系研究

本书主要讲述了冷战结束后台湾与东盟各国的关系发展演变，在和平解决台湾问题、实现祖国的最终统一过程中，就如何提升台湾问题和平解决的机会系数、推动两岸的和平统一与中国的和平崛起，提出了自己的见解。

王俊峰 著
定价：42.00元

台湾"国家认同"问题概论

本书从台湾"国家认同"问题切入，分析论证了台湾"国家认同"的概念、内涵、特点和现状等问题，进而深入探讨了影响台湾"国家认同"变化的各种因素，在理论探讨和实证基础上，提出了有效、系统、务实的对策建议。

刘 红 著
定价：58.00元

台湾民主化与政治变迁——政治衰退的视角

本书主要用亨廷顿的政治衰退理论来看台湾政治现代化进程及其得失，比较系统地探讨台湾政治变迁和民主化过程中出现的政治衰退所及其理论意涵，对于理解台湾政治未来发展方向有一定的价值。

陈 星 著
定价：38.00元

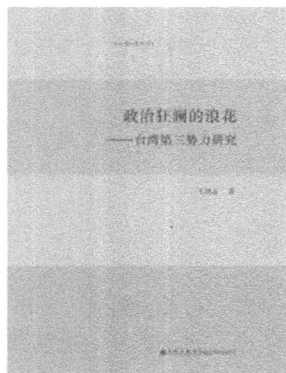

政治狂澜的浪花——台湾第三势力研究

本书研究了独立于两大政党之外、以影响政治为目标且具有一定影响力的组织或有组织背景的个人，揭示了此第三方势力对台湾版图变迁的影响和非政党型第三方势力的发展脉络及概况，揭示其存在的必然性和发展的局限性。

王鸿志 著
定价：32.00元

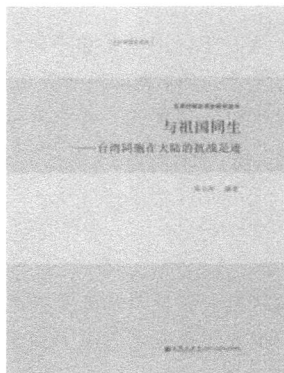

与祖国同生——台湾同胞在大陆的抗战足迹

本书讲述抗日战争时期台湾同胞冲破日本殖民政府的封锁，积极奔赴大陆支持祖国抗战事业的英勇事迹。书中有丰富的历史资料，包括大量馆藏解密档案和珍贵的历史图片及历史人物的诗文和书信等，具有极高的史料价值。

陈小冲 编著
定价：46.00元

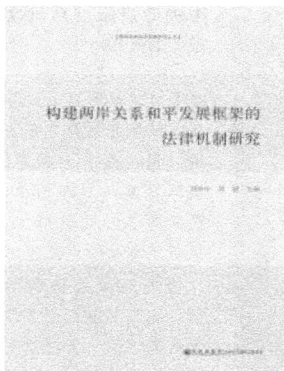

构建两岸关系和平发展框架的法律机制研究

本书以构建两岸和平发展框架的法律机制为研究对象，先从宏观方面论述宪法机制对于构建两岸和平发展框架的意义以及构建该框架的法律障碍和解决机制；进而从微观入手，论述构建行政合作机制及司法协调机制面临的困境。

周叶中 祝 捷 主编
定价：48.00元

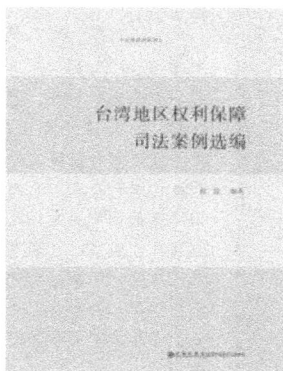

台湾地区权利保障司法案例选编

本书以台湾地区"宪政改革"后"大法官解释"为研究对象，分基本权利保障的总论和基本权利保障的分论两部分，对台湾地区法律制度进行介绍和分析，案例均与台湾地区人民的基本权利息息相关。

祝 捷 编著
定价：60.00元

依法行政与社会治理比较研究

本书共收录第十届海峡法学论坛精品论文50余篇，以"依法行政与社会治理"为主题，就现代中国社会治理模式创新、行政强制与行政处罚制度、行政诉讼及相关司法制度、行政决策与公众参与等问题，进行了深入研究。

张大共 主编
定价：98.00元

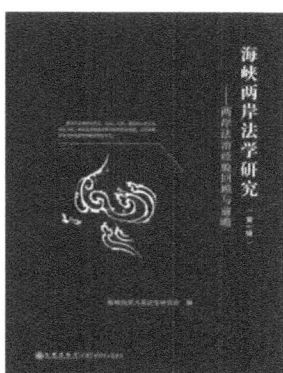

《海峡两岸法学研究》（第一辑）

本书为首届两岸和平发展法学论坛的论文集，大陆学者论文和台湾学者论文分别以简体字和繁体字排版，各自分为法治理论、民事法治和刑事法治三部分，既有两岸法治发展的理论分析，也有契合当下两岸事务和经贸往来的具体问题的讨论。

海峡两岸关系法学研究会 编
定价：78.00元

"九二共识"文集

本书汇集1992至2012年11月底两岸有关"九二共识"的存证资料，包括亲历香港会谈前后两会磋商和达成"九二共识"过程的权威人士的回忆；重要文件和新闻报道；两岸的权威宣示和阐述；海内外专家学者的研究成果和评论等。

许世铨 杨开煌 主编
定价：49.90元

潮起潮落

本书以纪实性的手法，全面展示了海协会、海基会机制的产生背景和两会成立以来的折冲与共处历史，深入挖掘了台湾各界对两岸关系的复杂反思与抉择过程，揭示了两岸筋骨相连的血脉联系和命运共同体关系。

郑 剑 著
定价：98.00元

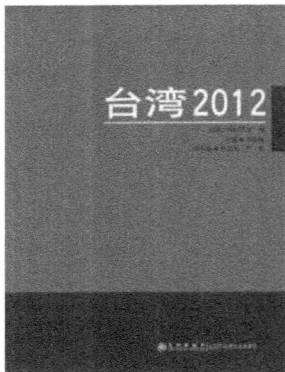

台湾 2012

本书是对 2012 年台湾的全面论述和介绍，包括综述、台湾大事记、祖国大陆对台重要文献和统计资料。深入介绍 2012 年的两岸关系以及台湾社会经济、文学艺术、教育、军事等各方面的情况，并为研究者提供详尽准确的参考资料。

全国台湾研究会 编 周志怀 主编
定价：68.00元

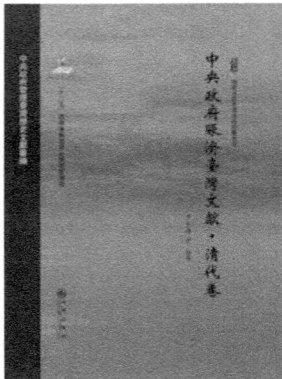

中央政府赈济台湾文献·清代卷

本书为清政府赈济台湾相关原始文献的史料选编，包含起居注档案、兵部档案、户部档案、奏折等各种文献形式，说明了当时中央政府对台湾的有效管辖和治理，说明了当时台湾与大陆统一于一个中央政府的历史事实。

尹全海等 整理
定价：290.00元

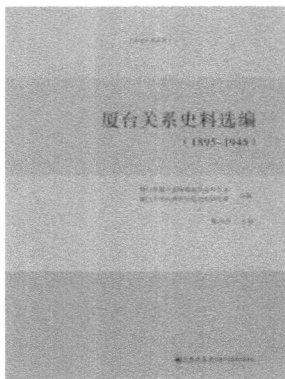

厦台关系史料选编（1895-1945）

厦门与台湾一衣带水，在日本殖民统治台湾期间（1895 年台湾被强占直至 1945 年台湾光复），两者关系尤为曲折复杂。该书汇集了这期间的历史档案和国内及厦门本地主要媒体的相关报道，全方位地展现了厦台关系的方方面面。

陈小冲 主编
定价：82.00元

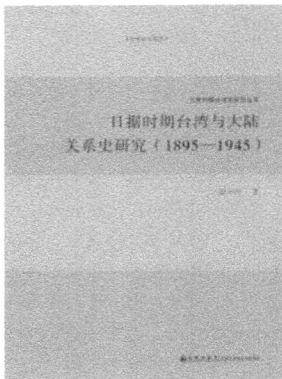

日据时期台湾与大陆关系史研究（1895-1945）

本书针对前期研究偏向于台湾义勇队、台湾籍民的状况，增加日据时期两岸人员往来、经贸联系、文化交流等的探讨；还搜集原始档案、报章杂志等罕见史料，展现了台湾与大陆关系在殖民当局隔离政策夹缝中的生存和发展。

陈小冲 著
定价：42.00元

根在中原：闽台大姓氏探源

本书以台湾陈、黄、林、郑、杨、王、蔡、张、刘、李十大姓为研究对象，利用正史、族谱及个人回忆录等史料，梳理了中原移民入闽迁台的史实，探寻前人辗转迁移的社会、历史原因，以追根寻源，了解祖先的生活历史。

尹全海 孙炜 主编
定价：298.00元

两岸关系和平发展的巩固与深化

本书选编全国台湾研究会 2012 年学术研讨会精品论文，收入了台湾问题专家李逸舟、刘国深、杨立宪等的论文 50 余篇，是有关两岸关系、台湾问题最新、最权威的研究成果。

周志怀 主编
定价：88.00元